Vlastimil KOZON
Norbert FORTNER
(Herausgeber)

Gegenwart und Perspektiven der Pflege

ÖGVP
Österreichischen Gesellschaft für vaskuläre Pflege
Wien 2000

Das Buch wurde mit der Unterstützung
von folgenden Firmen gedruckt:

Baxter Vertriebs GmbH, Wien
3 M Österreich GmbH, Wien
Fresenius Kabi Austria GmbH, Graz
Gebro Broschek GmbH, Fieberbrunn
Janssen-Cilag Pharma GmbH, Wien
Johnson & Johnson Medical Austria, Wien
KCI - MEDISCUS Klinikausstattung GmbH, Wien
Pharmacia Austria GmbH, Wien
Schülke & Mayr GmbH, Wien

Sekretariat: Wiener Medizinische Akademie, Alser Strasse 4, A-1090 Wien

ISBN: 3-9500776-4-2

Inhaltsverzeichnis

Vorwort

Pflege ist eine Praxisdisziplin, die in der Gegenwart eine rasante Entwicklung erlebt. Diese macht es notwendig, die theoretischen Grundlagen und die multidisziplinären Aspekte der Pflege zu reflektieren. Uns ist bewußt, wie wichtig es ist, die Zukunft der Pflege positiv zu beeinflussen bzw. zu steuern. Die theoretischen Disziplinen wie „Geschichte der Pflege“ und „Pflegeforschung“ sind zwei Meilensteine, ohne die eine optimale Entwicklung der modernen Pflege als Praxisdisziplin nicht mehr denkbar ist. Das neu gewonnene Wissen aus der Geschichte bzw. Gegenwart der Pflege hilft uns, die derzeitige bzw. zukünftige Pflege bewusst gestalten zu können.

Die Verbindung von Theorie und Praxis ist in der heutigen Zeit der Informationslawine von besonderer Bedeutung. Es ist wichtig, einseitige Zugänge in die Pflege in Form von isoliertem Praktizismus oder Theoretizismus zu vermeiden und stattdessen brauchbare Theorien und Erkenntnisse der Pflegepraxis anzuwenden. Wir können mit den derzeitigen Entwicklungen und Perspektiven der Pflege teilweise zufrieden sein. Wir sollten die weiteren Wege sehr genau und kritisch betrachten. Unzufriedenheit und Neugierde sind der Motor des Fortschrittes. Seien wir also auch ein bisschen unzufrieden und neugierig, um die Perspektiven für das Morgen mitbestimmen und mitgestalten zu können.

Dieses Buch ist das schriftliche Ergebnis des IV. Pflegekongresses der Österreichischen Gesellschaft für vaskuläre Pflege im September 2000 in Wien. Die AutorInnen der einzelnen Beiträge bemühten sich, die verschiedenen Themen so darzustellen, dass letztendlich die Pflegepraxis profitieren kann. Wir danken allen AutorInnen für die hochprofessionelle Vorbereitung ihrer Beiträge, die den LeserInnen Impulse für ihre praktische Arbeit geben können.

Vlastimil KOZON Norbert FORTNER

Wien, Oktober 2000

Historischer Rückblick, Perspektiven für Morgen Tradition und Wandel in der Pflege

ILSEMARIE WALTER
WIEN

1 Einleitung

Wenn auf einem Kongress, der der klinischen Pflege gewidmet ist, über die Geschichte der Pflege gesprochen wird, liegt es nahe, sich zuerst einmal die Frage zu stellen, welche Bedeutung historisches Wissen für die Gegenwart und die Zukunft haben kann, um die es ja bei einer solchen Veranstaltung geht. So sollen hier wenigstens kurz einige Funktionen von Geschichte genannt werden, die ich in diesem Zusammenhang für besonders wichtig halte.

Zunächst einmal kann Geschichte helfen, etwas, was heute ist, aus seinem Gewordensein zu verstehen. Dies betrifft auch Widersprüche und Ungereimtheiten der heutigen Situation, die ohne geschichtliche Betrachtung unerklärlich und sinnlos erscheinen würden. Zweitens hat geschichtliche Erkenntnis eine relativierende Funktion, indem sie die gesellschaftliche Bedingtheit von Einrichtungen, Ordnungen, Meinungen usw., aufzeigt. Gesellschaftliche Bedingtheit heißt zugleich immer auch Veränderbarkeit. Uns Selbstverständliches kann in Frage gestellt werden, Alternativen und Freiräume werden sichtbar. Und drittens werden bei geschichtlicher Betrachtung Zusammenhänge erkennbar. Dabei geht es nicht um zwingende Folgen, wie dies etwa bei Naturgesetzen der Fall ist; immer gibt es auch andere Möglichkeiten. Es zeigen sich jedoch Regelmäßigkeiten, die wir überdenken und bei unserem heutigen Handeln berücksichtigen können.

In diesem Beitrag möchte ich - schlaglichtartig und zusammenfassend - Vergangenheit und Gegenwart in bezug auf drei Aspekte gegenüberstellen, nämlich in Bezug auf Pflege und Pflegeberuf, auf die Kranken und auf die Ausbildung zur Pflege. Dabei werde ich mich auf die Pflege im Krankenhaus beschränken. Ich möchte nicht den Anschein erwecken, einen unbedingten Fortschrittsglauben zu vertreten; es ist nicht alles, was es heute in der Pflege gibt, besser, als es früher war. Und vor allem ist auch nicht alles, was als Standard einer guten Pflege gefordert wurde und wird, überall in der Praxis realisiert; es geht also eher um Sollvorstellungen. Mein Hauptanliegen ist es, zum Nachdenken über Pflege anzuregen. Florence Nightingales Hauptwerk trägt bekanntlich den Titel „Nursing - what it is und what it is not“ (Pflege, was sie ist und was sie nicht ist). Die Fragen, die sich heute der Pflege stellen und die in den nächsten Jahrzehnten zu beantworten sein werden, basieren auf dieser Grundfrage, aber sie gehen darüber hinaus. Welche Pflege wollen wir? Welche Alternativen zu bestehenden Strukturen gibt es? Wie können wir Pflege den sich ändernden Bedürfnissen der Gesellschaft anpassen? Wie können wir unsere Vorstellungen von Pflege trotz ökonomischer und anderer Zwänge verwirklichen? Das sind nur ein paar Beispiele für eine Fragenliste, die sich beliebig verlängern ließe.

In meinen Darstellungen geht es um allgemeine Trends, wobei ich notwendigerweise vereinfachen muss. In der historischen Entwicklung der Pflege gibt es große regionale Unterschiede und die historische Realität ist nicht nur viel komplexer, als dies in einem kurzen Vortrag zum Ausdruck kommen kann, sondern auch viel komplexer, als die historische Pflegeforschung - zumindest beim gegenwärtigen Wissensstand - sie zeichnen kann.

2 Pflege/Pflegeberuf

2.1 Geschichtlicher Rückblick

Im 19. Jahrhundert kann man folgende Schwerpunkte in der Auffassung von Krankenpflege feststellen: Pflege wird einerseits als Aufopferung, andererseits als Hilfe für den Arzt gesehen. Pflegende werden nach den Eigenschaften beurteilt, die von ihnen fordert und die in langen Listen, den sogenannten „Tugendkatalogen“, zusammengestellt werden. Ihre Tätigkeit wird durch Aufzählung einzelner Verrichtungen beschrieben, die oft organisatorischer oder administrativer Natur sind.

Die Auffassung, dass Krankenpflege Aufopferung bedeute und voraussetze, stammt vor allem aus der Tradition christlicher Nächstenliebe und der langen Geschichte christlicher Pflegeorden. Dabei kann Pflege als Aufopferung für Gott, für die Kranken, für die Gesellschaft, für das Vaterland (bei Verwundetenpflege) usw., verstanden werden. Das Konzept der Krankenpflege als Hilfe für den Arzt entstand hingegen sehr viel später - im wesentlichen erst im 19. Jahrhundert - im Zusammenhang mit der Entwicklung der Medizin und des modernen Krankenhauses. (vgl. Seidl, 1996, 35-80, insbes. 62-70)

Diese Auffassung hat sich sehr lange gehalten; noch in den 70er Jahren des 20. Jahrhunderts trug ein bekanntes Lehrbuch über Chirurgie für Pflegepersonen den Titel „Die Helferin des Chirurgen“. (Fuchs)

Die sogenannten „Tugendkataloge“, also Aufstellungen von Eigenschaften, welche eine gute Krankenpflegerin haben solle, fehlen fast nie in der Pflegeliteratur des 19. Jahrhunderts. Genannt werden z. B. Gewissenhaftigkeit, Reinlichkeit, Pünktlichkeit, Gehorsam, Verschwiegenheit, Geduld und noch vieles andere. (vgl. Walter, 136) Eine dieser den Schwestern antrainierten Eigenschaften möchte ich dabei hervorheben, weil sie später im Nationalsozialismus sehr unheilvolle Folgen gehabt hat: den Gehorsam. In Deutschland hat die Erziehung zur „gehorsamen Krankenschwester“ sehr viel mit der Entwicklung der Krankenpflege als bürgerlichem Frauenberuf in der zweiten Hälfte des 19. Jahrhunderts zu tun, wie es vor allem Claudia Bischoff dargestellt hat. In Österreich war die Krankenpflege im 19. Jahrhundert *kein* bürgerlicher Frauenberuf - und trotzdem war auch hier die Krankenschwester über verschiedene andere Wege auf den Gehorsam eingeschworen: über christlichen Gehorsam, über die allgemeine Stellung der Frau, über die bürokratische Hierarchie, über den niederen Status der Wärterinnen, über die militärische Unterordnung im Krieg.

Die Auffassung von Krankenpflege als Ausdruck christlicher Nächstenliebe führte zu zwei paradoxen Behauptungen, die ungeheuer zählebig waren und die Entwicklung des Pflegeberufs nachhaltig beeinflußten:

- Die erste Argumentationskette lautete: Pflege ist Liebestätigkeit und daher unbezahlbar; muss sie aus praktischen Gründen dennoch bezahlt werden, so reicht eine geringe Bezahlung, da der wahre Wert der Pflege ja doch nicht abgegolten werden kann. (vgl. Seidl, 1993, 82-85)
- Die zweite Argumentation bestand darin, zu postulieren: Gute Pflege ist unbezahlbar; daher kann Pflege, die bezahlt wird, keine gute Pflege sein. Dies war das Dilemma, in das z. B. die Wärterinnen am Wiener Allgemeinen Krankenhaus unlösbar verstrickt waren. Man warf ihnen immer wieder vor, dass sie nicht (aus-) gebildet waren, und alle möglichen Vorschläge zu ihrer Ausbildung wurden gemacht. Diese Vorschläge wurden aber immer wieder gleich mit der Behauptung abgewertet, dass man für Geld - und für Geld heißt ja: als Beruf - gar nicht „gut“ pflegen könne. Wozu sollte man sich also die Mühe der Ausbildung machen? Die Wärterinnen hatten also einen Beruf, den man per definitionem nicht zufriedenstellend ausüben konnte - ein Paradox, das ihnen vermutlich gar nicht bewußt war. Aus diesem Dilemma half dem österreichischen Pflegeberuf - so traurig es ist - erst der bevorstehende Erste Weltkrieg heraus, der den Mangel an ausgebildeten Pflegepersonen bedrohlich erscheinen ließ und die gesetzliche Regelung der Krankenpflegeausbildung und die Gründung öffentlicher Krankenpflegeschulen zur Folge hatte. (vgl. Dorffner)

2.2 Gegenwart

Auf die Frage, wie Pflege heute gesehen wird, geben verschiedene Definitionen von Pflege Antwort. Ich möchte hier jene anführen, die der Schweizerische Berufsverband im Jahre 1999 formuliert hat:

„Die Gesundheits- und Krankenpflege befasst sich mit den Auswirkungen und Folgen von aktuellen oder potentiellen gesundheitlichen Beeinträchtigungen und ihrer Behandlungen auf das Alltagsleben einzelner Menschen, ihrer Angehörigen und von Gruppen. Die Gesundheits- und Krankenpflege leistet einen wichtigen Beitrag zur Gesundheitsförderung und Gesunderhaltung. Die beruflich Pflegenden motivieren Menschen, gesundheitserhaltende und gesundheitsfördernde Verhaltensweisen zu übernehmen. Sie unterstützen diese Menschen, ihren Alltag den sich daraus ergebenden Veränderungen anzupassen." (Schweizerischer Berufsverband, 6)

Pflege ist also Unterstützung, Hilfe für die *PatientInnen und deren Angehörige* - und nicht für den Arzt. Mit dem Arzt sollte Pflege kooperieren - was nur aus einer gleichwertigen Position heraus möglich ist. Pflege hat einen eigenverantwortlichen Bereich, wie er im Gesundheits- und Krankenpflegegesetz von 1997 festgehalten ist. Pflege ist auch ein „eigenständiges Phänomen". (vgl. Steppe, 1993, 3) Damit ist gemeint, dass Pflege zwar parallel zu ärztlicher Tätigkeit und in Entsprechung zu bestimmten Krankheitsbildern ausgeübt werden kann, aber nicht muss. Überall dort, wo keine medizinische Behandlung zur Verfügung steht - etwa bei vielen alten, pflegebedürftigen Menschen, chronisch Kranken, Sterbenden - ist Pflege eine Tätigkeit, die für sich steht als Unterstützung bei der Bewältigung des Alltags und mithilft bei der Verarbeitung schmerzlicher Ereignisse.

Pflege ist ein Beruf, und zwar ein wichtiger Beruf mit großer Verantwortung im Gesundheitswesen, der entsprechende Anerkennung - auch materielle - verdient. Eine „Profession" ist Pflege, nebenbei bemerkt, derzeit sicher nicht, zumindest nicht in Österreich. Ob es wünschenswert ist, die Pflege zu einer Profession zu machen, ist eine andere Frage, die hier nicht erörtert werden kann. Eine Behandlung dieses Themas würde es u. a. erforderlich machen, sich mit den verschiedenen Definitionen von „Profession" und „Professionalisierung" ausführlich auseinanderzusetzen.

Was ist aus dem anderen Punkt, der in der Vergangenheit betont wurde, der „Aufopferung", geworden? Soll man ihn einfach ersatzlos streichen? Ich möchte hier gerne mit einem Zitat von Hilde Steppe antworten: „Die alte Selbstlosigkeit sollte endlich einer realistischen Einschätzung persönlicher Stärken und Schwächen weichen, denn nur sie garantiert einen lebendigen Umgang mit den Patienten und eine Sicherung des Arbeitsvermögens", sagte Hilde auf dem 2. Symposium „Pflegeberuf - Entwicklung und Perspektiven" 1991 in Wien. Dann fuhr sie fort: „Pflege ist eine Dienstleistung, in der Altruismus und Autonomie eine Synthese eingehen. Altruismus im positiven Sinne meint, dass ich gerne mit und für pflegebedürftige Menschen etwas tun will, dass ich bereit bin, ihre Bedürfnisse zu akzeptieren und sie, so weit es möglich ist, zu erfüllen. Das bedeutet aber nicht, dass ich mich selbst dabei aufgeben muss ... Altruismus und Autonomie sind ... keine Gegensätze, sondern zwei unverzichtbare Anteile des erwachsenen Umgangs miteinander." (Steppe, 1991, 38) Ich bin der Ansicht, dass dies nicht nur auf die Pflege, sondern auch auf viele andere Berufe zutrifft oder zutreffen sollte, die mit Menschen, vor allem solchen in Notsituationen, zu tun haben: SozialarbeiterInnen, Ärzten/Ärztinnen, JuristInnen usw.

Zusammenfassend kann man also sagen, dass Pflege heute als Unterstützung der PatientInnen und ihrer Angehörigen gesehen wird, als eigenverantwortlicher Tätigkeitsbereich und „eigenständiges Phänomen". Pflege ist ein Beruf, der eine Synthese von Altruismus und Autonomie erfordert.

Was die Pflegenden betrifft, so werden sie heute nicht mehr nach ihren (angeborenen oder anerzogenen) Eigenschaften beurteilt, sondern nach ihrer Kompetenz. (vgl. Alexander) Auf die Frage der Kompetenz möchte ich noch später zurückkommen.

3 Die Kranken

3.1 Geschichtlicher Rückblick

Die Position der Kranken im Spannungsfeld männlicher Arzt - weibliche Krankenschwester war die von Kindern, was auch immer wieder verbalisiert wurde. Auch in Krankenpflegeschulen wurde das sogenannte „Familienmodell der Pflege", in dem der Arzt den wissenden Vater, die Schwester die fürsorgliche Mutter und dienende Hausfrau und die PatientInnen die unmündigen Kinder darstellen, unterrichtet. Antje Grauhan entschuldigte sich 1986 öffentlich dafür. (vgl. Grauhan, 306-309; Seidl, 85-92)

Die Individualität der Kranken wurde wenig berücksichtigt. Der Bedeutung der psychischen Komponente der Pflege wurde aber insofern Rechnung getragen, als man die PflegerInnen zu Geduld und Rücksicht den Kranken gegenüber ermahnte, die wie unmündige Kinder Launen hätten und auch oft etwas wünschten, was ihnen schaden könnte. „Wie soll die Pflegerin den Kranken liebhaben?", wird in einem deutschen Krankenpflegelehrbuch, das immer wieder aufgelegt wurde, gefragt. Die Antwort lautete: „Wie eine vernünftige Mutter ihr hilfloses Kind.", wobei das Wort „vernünftig" gesperrt gedruckt ist. (Feßler, 4)

Man unterschied die Pflege von Frauen und Männern - vor allem aus Schicklichkeitsgründen - doch war der unspezifische Ausdruck „der Kranke" (nur in der männlichen Form) und später „der Patient" weit verbreitet.

Durch viele Jahrzehnte hindurch war für die Pflege das magische Wort „Zum Wohle der Kranken“ bestimmend, was sicher positiv zu bewerten ist. Allerdings konnten die Vorgesetzten (Oberin, Oberschwester, Stationsschwester usw., aber auch Ärzte und Verwalter) unter Berufung auf das „Wohl der Kranken“ von den Pflegepersonen verlangen, was immer sie für gut hielten, so z. B. auch das „Säubern in Ecken und Schränken“. (vgl. Rodhe, 11-12, 16-17; Walter, 134 -135) Ob die Kranken selbst auch der Überzeugung waren, dass dies für ihr Wohl so wichtig war, danach wurde nicht gefragt.

Die Angehörigen der Kranken waren in unserem Krankenhaussystem eher eine Störung, wodurch wir uns wesentlich von anderen Kulturen unterschieden, wo vielfach auch das intramurale Gesundheitssystem auf der Mithilfe der Angehörigen aufgebaut ist. Eine strenge Hausordnung forderte von den Angehörigen eine ebenso große Disziplin wie von den Kranken. Als Grund gegen häufige Besuche von Angehörigen wurde angegeben, sie könnten die Kranken aufregen, ihnen verbotene Speisen bringen oder Krankheiten einschleppen. Ein deutscher Arzt bezeichnete 1904 die „Trennung von den Angehörigen“ sogar als einen oftmals „wesentlichen Punkt des Heilverfahrens“. (Jessen, 131) Allerdings waren die erlaubten Besuchszeiten in den einzelnen Krankenhäusern sehr verschieden. So wird z. B. Im Jahr 1844 für das Krankenhaus der Elisabethinerinnen in Wien, in das nur weibliche Kranke aufgenommen wurden, eine Besuchszeit von 2 - 4 Uhr angegeben, „wobei jedoch vom männlichen Geschlechte nur den nächsten Verwandten der Eintritt gestattet ist“ (Haidinger, 434), während zur gleichen Zeit im Wiener Allgemeinen Krankenhaus in der I. und II. Klasse Besuche „zu allen Stunden des Tages“, in den übrigen Klassen von 9 Uhr früh bis 4 Uhr nachmittags erlaubt waren. (Haidinger, 424)

3.2 Gegenwart

Heute gelten die Kranken - wenigstens den Zielvorstellungen nach - als mündige Erwachsene, die den im Gesundheitswesen Tätigen gegenüber Rechte haben, die sie auch einfordern können. Auch für Kinder und besonders verletzliche Personengruppen wurden Rechte formuliert. Die Individualität der Kranken, ihren kulturellen Hintergrund, ihre Biographie und ihre Angehörigen einzubeziehen, gehört heute zu den Kriterien einer professionellen Pflege.

Statt vom „Wohle der Kranken“ spricht man heute eher von ihren Bedürfnissen oder man sagt: „Der Patient steht im Mittelpunkt unserer Bemühungen“. Dies wäre aber wohl bloß eine Änderung der Terminologie, wenn diese Bedürfnisse und die Prioritäten bei ihrer Erfüllung von den Pflegepersonen bestimmt und nicht in Kooperation mit den Kranken und ihren Angehörigen ermittelt würden.

Andererseits kann das Pendel aber auch zu sehr nach der anderen Seite hin ausschlagen, wenn von der „Kundenorientierung der Pflege" gesprochen wird. PatientInnen sind wohl auch KundInnen - aber sie sind nie nur KundInnen. Sie sind immer auch leidende Menschen, die von der Pflege Beratung und Expertise erwarten. (vgl. Schnell; Wiese) Das altmodische „Wohl der Kranken" als Zielvorstellung ist nicht passé. Die Pflegepersonen müssen mit dem Spannungsfeld zwischen ihrer Expertise einerseits und dem Ernstnehmen der Wünsche und Prioritäten der Kranken andererseits umzugehen lernen.

4 Ausbildung zur Pflege

4.1 Geschichtlicher Rückblick

Was die Ausbildung zur Pflege betrifft, die in Österreich später als in den meisten anderen Ländern eingerichtet wurde, so möchte ich von einem Satz ausgehen, der 1896 in einem Beitrag auf dem Schweizerischen Kongress für die Interessen der Frau ausgesprochen wurde: Es handle sich bei der Ausbildung von Krankenschwestern mehr darum, sie zu erziehen, als ihnen Wissen und Fertigkeiten zu vermitteln („il s'agit plus ici d'éduquer que d'instruire"). (Fritschi, 134)

Als man infolge der Entwicklung der Medizin begann, die Pflege als wichtige Unterstützung für die Tätigkeit des Arztes anzusehen, wurde man sich auch dessen bewußt, dass Pflegende Wissen brauchen - vor allem medizinisches Wissen - doch war die Einstellung, besonders der Ärzte, dem für die Pflegenden notwendigen Wissen gegenüber von Anfang an sehr ambivalent. Wissen war nötig - aber es sollte nicht zu viel sein. Ein Beispiel aus dem Vorwort eines deutschen Krankenpflegelehrbuches von 1890 soll dies illustrieren: „Durch eine zu große Ausführlichkeit und Pseudowissenschaftlichkeit sollen nicht der den Frauen eigene klare Blick und das leichte Auffassen gegebener Verhältnisse getrübt werden; wir lassen vielmehr dieser dem weiblichem Geschlecht eigenthümlichen Begabung den vollen, ihr gebührenden Spielraum..."

Zwei Ängste waren dabei im Spiel: einerseits, die Schwestern könnten den Ärzten dreinreden, ja sie vielleicht sogar kritisieren; und andererseits, sie könnten selbst therapeutische Handlungen empfehlen oder vornehmen, also „pfuschen". Diesbezügliche strenge Ermahnungen sind praktisch in allen älteren Krankenpflegelehrbüchern zu finden. Vorbehaltlos betont wurde hingegen die Notwendigkeit, die Krankenschwestern zu den verschiedensten Tugenden zu erziehen. Offensichtlich verließ man sich, trotz der Behauptung, dass der Frau die Eignung zur Krankenpflege angeboren sei, doch nicht so sehr auf deren angeblich angeborene Fähigkeiten. Als besondere Hilfe bei der Erziehung wurde das Internat angesehen, in dem die Schülerinnen wohnen mussten. (vgl. Leban, 105-109)

Man kann in der geschichtlichen Literatur zur Pflegeausbildung noch eine dritte Dimension finden, nämlich das Erlernen formaler Regeln, z. B. administrativer Vorschriften des betreffenden Krankenhauses. Im Vergleich zu anderen Berufen stellte der Anschluss der Krankenpflegeschulen an die Krankenhäuser eine ständige Versuchung dar, den Pflegepersonen eine Ausbildung zukommen zu lassen, die auf einen speziellen Arbeitsplatz ausgerichtet war. „Abrichten" wurde dies genannt, teilweise auch innerhalb der eigenen Berufsgruppe. (vgl. z. B. Sommer, 11-14) Besonders zeichneten sich die Behörden der österreichisch-ungarischen Monarchie, die ja bekanntlich besonders bürokratisch orientiert war, dadurch aus, dass sie immer wieder eine Pflegeausbildung durch Dienstvorschriften oder Hausordnungen ersetzen wollten. Die Geschichte der Krankenpflegeschule am Wiener Allgemeinen Krankenhaus ist voll von solchen Versuchen. (vgl. z. B. Seidl, Walter, 233, 243)

Wenn man das Gesagte zusammenfaßt, bestanden also die drei Dimensionen früherer Pflegeausbildung in:

- Vermittlung von Wissen und Fertigkeiten
- Erziehung (zu Werten, Moral)
- Beibringen formaler Regeln („Abrichten")

4.2 Gegenwart

Wenn man heute nach den Dimensionen fragt, für die Pflegeausbildung qualifizieren soll, könnte man diese in etwa nach Wittneben so zusammenfassen, wie es in der folgenden Grafik dargestellt wird:

Ziele der Pflegeausbildung (Schlüsselqualifikationen)
(nach Wittneben)

· Fach-/Sach- und Personenkompetenz	)	Komplexe
· Methodenkompetenz	)	pflegeberufliche
· Selbstkompetenz	)	Handlungskompetenz
· Sozialkompetenz	)	

Fach-/Sach- und Methodenkompetenz entsprechen in etwa der oben genannten Vermittlung von Wissen und Fertigkeiten. Wittneben hat dem Modell noch die „Personenkompetenz" hinzugefügt, um die Notwendigkeit des Wissens über den Menschen zu betonen.

Dass Pflege Wissen braucht - und zwar vielfältiges Wissen - wird heute wohl kaum jemand mehr leugnen. Ein Weg dazu ist sicher auch ein Studium. In Österreich ist jetzt endlich ein Durchbruch gelungen mit der Einführung des Individuellen Studiums Pflegewissenschaft an der Wiener Universität. Die Studiendauer beträgt 8 Semester, Abschluss mit Mag. phil. Damit haben wir endlich etwas im internationalen Feld aufgeholt. Aber natürlich müssen wir uns immer wieder fragen: Welches Wissen soll vermittelt werden? Natürlich muss an einem Curriculum für ein ordentliches Studium Pflegewissenschaft gearbeitet werden. Am wichtigsten ist dabei sicher die Reflexion, die kritische Auseinandersetzung mit verschiedenen Themen und Zugängen. Ein Studium bietet Zeit und Gelegenheit, Pflege und ihre zahlreichen Dimensionen und Aspekte in Ruhe zu überdenken und sich in der Reflexion darüber zu üben - etwas, wozu man während der praktischen Tätigkeit nicht genügend Möglichkeiten hat. So sagen auch die AbsolventInnen des Grazer Pädagogikstudiums mit dem Fächerbündel Pflegewissenschaft bei der Auswertung mehrheitlich, das wichtigste sei für sie das Kennenlernen neuer Sichtweisen und Zugänge gewesen, die Erweiterung des Horizonts und der Erwerb von Überblickswissen, die selbständige Auseinandersetzung mit Konzepten und Themen, der Zugang zu Literatur. (Gruber, Kuss, 69-75)

Weiters nennt Wittneben in ihrem Modell noch die Sozialkompetenz und die Selbstkompetenz. Die erstere findet ihren Ausdruck in sozialgerichteten Fähigkeiten wie Kooperationsbereitschaft, Konfliktbewältigung, Verhandlungsfähigkeit usw., die früher nicht als Gegenstand des Lernens betrachtet wurden. Selbstkompetenz kann als „werteinsichtiges Verhalten" definiert werden. (Reetz; nach Wittneben a.a.O.) Damit wird sichtbar, dass die Frage nach Werten auch heute noch aktuell ist, vielleicht sogar mehr als in den letzten Jahrzehnten. Es wird als eines der Charakteristika der Postmoderne bezeichnet, dass Werthaltungen und Gefühle wieder ihren Anspruch durchsetzen. (vgl. Richter, 193) Im alten Sinn wird heute wohl niemand mehr Gesundheits- und Krankenschwestern und -pfleger „erziehen" wollen, schon gar nicht in einem Internat. Heute geht es darum, sich die Werte bewußt zu machen, die hinter einem bestimmten pflegerischen Handeln, einer bestimmten Organisationsform der Pflege, aber z. B. auch hinter einer bestimmten wissenschaftlichen Methode liegen. Um nur ein Beispiel zu nennen: die Erstellung von Pflegeleitbildern ist ein Versuch zu einer solchen Bewußtmachung von Werten in der Pflege. Pflegepersonen werden dabei veranlaßt, sich mit den Werten zu befassen, die hinter ihrer Art zu pflegen stehen - und sie müssen sich für bestimmte Werte entscheiden.

Von den drei im Rückblick in die Vergangenheit genannten Dimensionen bleibt noch das Lernen formaler Regeln für das Krankenhaus, das „Abrichten", übrig. Früher waren es vielleicht u. a. verschiedene Formulare, deren Gebrauch man kennen musste; heute geht es eher um den Umgang mit bestimmten Computerprogrammen u. ähnl. Hier ist es wohl nötig, die Fachleute aufzurufen, die Regeln möglichst einfach zu gestalten. Viel Zeit für solches formales Lernen zu verbrauchen, lohnt sich meiner Meinung nach nicht, es gibt in der Pflege genug andere Inhalte zu lernen.

5 Abschluss

Forschungsarbeiten haben gezeigt, dass Pflegende, die sich mit der Geschichte ihres Berufes befassen, ihrem Beruf gegenüber aufgeschlossener, sicherer sind und mehr Möglichkeiten zu Veränderungen sehen. Es hat sich auch schon viel geändert in der Pflege. Aber gerade heute sind Entwicklungen auf allen Ebenen nötig, um den Anforderungen gerecht werden zu können, die sich durch den gesellschaftlichen Wandel ergeben. Das Ansteigen chronischer Erkrankungen, die zunehmende Wichtigkeit interdisziplinärer Zusammenarbeit und effektiven Schnittstellenmanagements, ökologische Notwendigkeiten und ökonomische Zwänge - das sind, um nur einige Beispiele zu nennen, solche Herausforderungen für die Pflege.

Der Blick in die Geschichte läßt uns erkennen, dass sich vieles erreichen läßt, auch in der Pflege - es geht oft langsam, es ist oft mühsam und der Weg ist häufig nicht geradlinig - aber es geht, wenn sich Gruppen zusammenschließen, wenn wir Ideen haben und uns dafür einsetzen.

Literatur

Alexander, M.F. (1999): Education strategy for nursing and midwifery in the WHO european region. Paper beim Symposium zum 30jährigen Jubiläum der Akademie für Fort- und Sonderausbildungen, Wien.

Bischoff, C. (1992): Frauen in der Krankenpflege; Zur Entwicklung von Frauenrolle und Frauenberufstätigkeit im 19. und 20. Jahrhundert. 2. Aufl., Campus, Frankfurt/New York.

Dorffner, G. (1999): Die Professionalisierung der Krankenpflege in Österreich unter Berücksichtigung der „Verordnung des Ministers des Innern vom 25. Juni 1914, betreffend die berufsmäßige Krankenpflege". Dissertation an der Geisteswissenschaftlichen Fakultät der Universität Wien.

Feßler, J. (1914): Erster Unterricht in der Krankenpflege (für Haus und Beruf). Verlag der Ärztlichen Rundschau Otto Gmelin, München.

Fritschi, A. (1990): Schwesterntum. Chronos, Zürich.

Fuchs, F. (1972): Die Helferin des Chirurgen, Thieme, Stuttgart.

Grauhan, A. (1986): Männer und Frauen in der Krankenpflege; Vorurteile und Vorgeschichte. Deutsche Krankenpflegezeitschrift, 39, 306-309.

Gruber, E.; Kuss, S. D. (1999): Karriere nach dem Studium. Facultas, Wien.

Haidinger, A. (1844): Die in der k.k. Haupt- und Residenzstadt Wien bestehenden Krankenanstalten; Ein nützliches Hand- und Hilfsbuch. A. Pichler's sel. Witwe, Wien.
Jessen, F. (1904): Soziale Krankenpflege in Krankenhäusern. Gustav Fischer, Jena.
Leban, G. (1949): Schülerinnen in der neuen Umwelt, im Schülerinnenkreis. Die Krankenschwester, 2, 7, 105-109.
Richter, R. (1997): Soziologische Paradigmen. WUV Universitätsverlag, Wien.
Rodhe, E. (1939): Von der Ethik der Krankenpflege, Max Heitner, München.
Schnell, M.W. (1999): Der Patient als Kunde? Genealogische Bemerkungen zu einem ethisch-ökonomischen Zwitter. Pflege und Gesellschaft, 4, 3, 65-68.
Seidl, E. (1993): Pflege im Wandel. Wilhelm Maudrich, Wien.
Seidl, E. (1996): Berufliches Handeln unter dem Einfluß der Zeitgeschichte. In: Seidl, E.; Steppe, H. (Hrsg.): Zur Sozialgeschichte der Pflege in Österreich. Wilhelm Maudrich, Wien.
Seidl, E.; Walter, I. (1998): Pflege im Wiener Allgemeinen Krankenhaus zwischen 1856 und 1913. In: Seidl, E.; Walter, I. (Hrsg.): Rückblick für die Zukunft. Wilhelm Maudrich, Wien, 223-257.
Sommer, H. (1903): Zur Organisationsfrage der Krankenpflegepersonals. Österreichische Krankenpflegerzeitung, 1, 11-14.
Schweizerischer Berufsverband (SBK) (Hrsg.) (1999): Gesellschaft und Pflege. Bern.
Steppe, H. (1993). Grußwort des Hessischen Ministeriums für Jugend, Familie und Gesundheit für die Festveranstaltung zur Eröffnung des Studiengangs Pflege an der Fachhochschule Frankfurt am 13. Oktober 1993; Manuskript.
Steppe, H. (1991): Pflege in der Krise? - Irrwege von gestern - Auswege für morgen. In: Seidl E. (Hrsg.): 2. Symposium Pflegeberuf - Entwicklung und Perspektiven. Wilhelm Maudrich, Wien, 12-40.
Walter, I. (1991): Krankenpflege als Beruf. Wilhelm Maudrich, Wien.
Wiese M. (1997): Kunden- oder Patientenorientierung in der Pflege? Anmerkungen aus professionssoziologischer Sicht. PflegeManagement, 5, 1, 33-36.
Wittneben, K. (1999): Pflegeausbildung im Spannungsfeld von Pflegepraxis, Pflegewissenschaft und Didaktik. In: Koch, V. (Hrsg.): Bildung und Pflege; 2. Europäisches Osnabrücker Kolloquium. Hans Huber, Bern, 1-13.

Die Aufklärungspflicht/Auskunftspflicht der Gesundheits- und Krankenpflegeberufe im Rahmen ihres eigenverantwortlichen Tätigkeitsbereiches

Gertrude ALLMER
Oberwart

1 Einleitung

In unserer Rechtsordnung wird allgemein anerkannt, dass der die körperliche und geistige Integrität des Patienten/Klienten verletzende ärztliche Eingriff sozialadäquat und damit rechtmäßig ist, *vorausgesetzt*, dass die obliegende Sorgfaltspflicht und die „Kunstregeln" in der Medizin nicht verletzt werden und der Patient/Klient dem Eingriff zugestimmt hat, was eine ausreichende Aufklärung voraussetzt.

Die fehlende Einwilligung des Patienten macht eine medizinisch indizierte und lege artis durchgeführte ärztliche Behandlung nicht objektiv sorgfaltswidrig, d.h. es wird nicht der Tatbestand eines fahrlässigen Körperverletzungs- oder Tötungsdeliktes erfüllt, aber es kann die Rechtsnorm des § 110 StGB (eigenmächtige Heilbehandlung) durch diese ärztliche Handlung berührt sein. Die Zustimmung des Patienten rechtfertigt sohin die Verletzung seiner körperlichen Integrität.

In Lehre und Rechtsprechung ist die Aufklärung des Patienten/Klienten den Ärzten vorbehalten im Sinne der Begriffe „Heilbehandlung, Diagnose, Therapie und Prophylaxen".

Seit dem Inkrafttreten des GuKG im Jahre 1997, trifft nunmehr auch die Gesundheits- und Krankenpflegeberufe eine umfassende Aufklärungspflicht bzw. Auskunftspflicht über alle von ihnen gesetzten gesundheits- und krankenpflegerischen Maßnahmen, insbesondere im eigenverantwortlichen Tätigkeitsbereich.

Sowie die Aufklärungspflicht des Arztes nach herrschender Ansicht Bestandteil des Behandlungsvertrages ist, ist die Auskunftspflicht der gehobenen Dienste für Gesundheits- und Krankenpflege über einen bestimmten Sachverhalt, Bestandteil des Pflegevertrages.

2 Rechtsquellen die die Aufklärungs- bzw. Auskunftspflicht der Gesundheits- und Krankenpflegeberufe verifizieren

2.1 Berufsrechtlich normierte Auskunftspflicht im Gesundheits- und Krankenpflegegesetz

Gemäß § 9 Abs 1 GuKG haben Angehörige der Gesundheits- und Krankenpflegeberufe

- den betroffenen Patienten, Klienten oder pflegebedürftigen Menschen,
- deren gesetzlichen Vertretern oder
- Personen, die von den betroffenen Patienten, Klienten oder pflegebedürftigen Menschen als auskunftsberechtigt genannt wurden,

alle Auskünfte über die von ihnen gesetzten gesundheits- und krankenpflegerischen Maßnahmen zu erteilen.

Diese Bestimmung ist im Zusammenhang mit der Verschwiegenheitspflicht (vgl. § 6 GuKG) und der Dokumentationspflicht (vgl. § 5 iVm § 14 Abs 1 und 2 Z 8 GuKG) zu sehen.

Um einerseits der Verschwiegenheitspflicht und dem Datenschutz genüge zu tun und andererseits der Auskunftspflicht nachkommen zu können, haben die gehobenen Dienste für Gesundheits- und Krankenpflege auskunftsberechtigte Personen - sogenannten **Vertrauensperson(en)** - bereits in der Pflegeanamnese bei dem jeweiligen Patienten/Klienten/pflegebedürftigen Menschen zu erheben und entsprechend zu dokumentieren. Ein **Kennwort** („Code") kann mit dem Patienten/Klienten vereinbart werden, um im Anlaßfall telefonische Auskünfte an die vom Patienten genannte Vertrauensperson zu ermöglichen. **Die „Angehörigeneigenschaft" ist grundsätzlich keinesfalls mit der „Vertrauensstellung eines Menschen" gleichzusetzen.**

Die Auskunftspflicht ist eine der **Grundlagen für das notwendige Vertrauensverhältnis** zwischen PatienIn oder KlientIn und der diplomierten Gesundheits- und Krankenschwester/-pfleger. Auskünfte sind jedenfalls und ohne Aufforderung zu erteilen (Bringschuld), während die Einsichtnahme in die Pflegedokumentation nur auf Verlangen zu gewähren ist (Holschuld, vgl. § 5 Abs 3 GuKG).

Gemäß **§ 9 Abs 2 GuKG** haben die Gesundheits- und Krankenpflegeberufe **anderen Angehörigen der Gesundheitsberufe**, die die betroffenen Patienten, Klienten oder pflegebedürftigen Menschen behandeln oder pflegen, die für die Behandlung und Pflege erforderlichen Auskünfte zu erteilen.

Diese Auskunftspflicht gegenüber anderen Angehörigen von Gesundheitsberufen ist ein unverzichtbares Instrument in der interdisziplinären Zusammenarbeit im Gesundheitswesen und entspricht der im Gesundheitsbereich typischen multiprofessionellen Teambetreuung des Patienten (vgl. auch § 16 GuKG).

2.2 Menschenrechtlich normierte Auskunftspflicht im Datenschutzgesetz

Ein **verfassungsgesetzlich gewährleistetes Recht auf Auskunft normiert § 1 Abs 3 Datenschutzgesetz**, wonach jedermann, soweit Daten über ihn automationsunterstützt verarbeitet werden, nach Maßgabe gesetzlicher Bestimmungen, das Recht auf Auskunft darüber hat, wer Daten über ihn ermittelt oder verarbeitet, woher die Daten stammen, welcher Art und welchen Inhaltes die Daten sind und wozu sie verwendet werden.

2.3 Organisationsrechtlich normierte Auskunftspflicht im Krankenanstaltengesetz und patientenrechtiche Bestimmungen

Gemäß **§ 5 a Z 1, 2 und 3 KAG** sind die Träger von Krankenanstalten durch die Landesgesetzgebung zu verpflichten, dass Patienten **Informationen** über die ihnen zustehenden Rechte erhalten und Patienten **ihr Recht auf Aufklärung** und Information über die Behandlungsmöglichkeiten samt Risken ausüben können sowie **auf Wunsch des Patienten** ihm oder seiner Vertrauensperson medizinische Informationen durch einen zur selbstständigen Berufsausübung berechtigten Arzt in möglichst verständlicher und schonungsvoller Art gegeben werden.

Die gegenständliche **patientenrechtliche** Bestimmung wurde im Jahre 1993 in das Bundeskrankenanstaltengesetz (BGBl 801/1993) aufgenommen und konnte daher die Auskunftspflicht der Gesundheits- und Krankenpflegeberufe noch nicht berücksichtigten.

Allerdings wurde schon damals der **Begriff der „Vertrauensperson“** bewußt in den Gesetzestext aufgenommen, während in diesem Zusammenhang der **Begriff „Angehöriger“** keine Erwähnung findet. Dadurch sollte/soll zum Ausdruck gebracht werden, **dass nicht jede Person, die im familienrechtlichen Sinn als Angehöriger zu verstehen** ist, auch von der vorliegenden Regelung erfaßt wird, während umgekehrt eine Reihe von Personen, die nicht Angehörige sind, unter den Begriff der „Vertrauensperson“ fallen (vgl. auch Erläuterungen zur Regierungsvorlage zur KAG-N BGBl 801/1993). Daher ist es von den Gesundheitsberufen insgesamt besonders zu respektieren, wenn ein Patient/Klient bestimmte Personen, selbst wenn es nächste Angehörige sind, von einer Weitergabe bestimmter Auskünfte ausdrücklich ausnimmt.

Interessant ist, dass beispielsweise im § 17 a Wr.KAG, eingefügt durch die Wr. KAG-N 1993, in diesem Zusammenhang ausdrücklich vom ... *„Recht auf Vertrau-*

lichkeit, Recht auf fachgerechte und möglichst schmerzarme Behandlung und Pflege, Recht auf Aufklärung und umfassende Information ... sowie Recht auf Zustimmung ... oder Verweigerung ...", die Rede ist.

Hier reflektiert sich wohl auch der positive Umstand, dass in Wien, zur Wahrung und Sicherung der Rechte und Interessen der Patienten in allen Bereichen des Gesundheitswesens, bereits 1992 die Wiener Patientenanwaltschaft eingerichtet wurde (LGBl für Wien, 19/1992).

Gemäß **§ 8 Abs 3 KAG** dürfen besondere Heilbehandlungen einschließlich operativer Eingriffe an einem Patienten **nur mit dessen Zustimmung**, wenn aber der Patient das 18. Lebensjahr noch nicht vollendet hat oder er mangels geistiger Reife oder Gesundheit die Notwendigkeit oder Zweckmäßigkeit der Behandlung nicht beurteilen kann, nur mit Zustimmung seines gesetzlichen Vertreters durchgeführt werden. Die Zustimmung ist nicht erforderlich, wenn die Behandlung so dringend notwendig ist, dass der mit der Einholung der Zustimmung des Patienten oder seines gesetzlichen Vertreters oder mit der Bestellung eines gesetzlichen Vertreters (Sachwalter) verbundene Aufschub das Leben gefährden würde oder mit der Gefahr einer schweren Schädigung der Gesundheit verbunden wäre.

Zur Sicherstellung der Patientenrechte hat beispielsweise der Bund und das Land Kärnten im Jahre 1999 (BGBl I 195/1999) eine Art 15 a B-VG Vereinbarung getroffen, wo im Artikel 16 auf das **Recht des Patienten/Klienten auf Selbstbestimmung und Information** einschlägig bezug genommen wird: „*Patienten und Patientinnen haben das Recht, im vorhinein über mögliche Diagnose- und Behandlungsarten sowie deren Risken und Folgen aufgeklärt zu werden. Sie haben das Recht auf Aufklärung über ihren Gesundheitszustand, weiters sind sie über ihre erforderliche Mitwirkung bei der Behandlung sowie eine therapieunterstützende Lebensführung aufzuklären.*" Im Artikel 14 der gegenständlichen Vereinbarung u.a.: „*Es ist dafür zu sorgen, dass die Patienten und Patientinnen Vertrauenspersonen nennen können, die insbesondere im Fall einer nachhaltigen Verschlechterung des Gesundheitszustandes zu verständigen sind und denen in solchen Fällen auch außerhalb der Besuchszeit ein Kontakt mit den Patienten und Patientinnen zu ermöglichen ist.*"

3 Schritte der Aufklärung/Auskunftspflicht

Gesundheits- und krankenpflegerische Aufklärung:	Ärztliche Aufklärung:
1. Aufklärung über die Pflegediagnose	Aufklärung über die medizinische Diagnose
2. Aufklärung über die geplanten Pflegeinterventionen	Aufklärung über die geplanten diagnostischen und therapeutischen

	Maßnahmen = Therapieverlaufsaufklärung
3. Aufklärung über potentielle Pflegerisken	Aufklärung über potentielle medizinische Risken

Beispiel: (vgl. H. Stefan, F. Allmer, et al.)

1. Pflegediagnose nach NANDA - Taxonomie:
   6.5. Selbstfürsorgedefizit
   6.6.2. Waschen und Sauberhalten, Grad 4: vollständige Abhängigkeit
   a/v: neuromuskuläre und muskuloskeletäre Beeinträchtigung
   a/d: Schmerz
   Unfähigkeit, die Aktivitäten des täglichen Lebens durchzuführen
   Verminderte Muskelkraft
2. Geplante Pflegeinterventionen:
   Herstellen einer partnerschaftlichen Beziehung unter Einbeziehung der Vertrauensperson
   Bobathorientierte Körperpflege im Bett 2 x täglich
   Basalstimulierende Mundpflege 3 x täglich
3. Potentielle Pflegerisken (leiten sich von weiteren Pflegediagnosen her):
   Hautdefekt, hohes Risiko
   Gewebedurchblutung verändert
   Kommunizieren, verbal, beeinträchtigt
   Selbstschutz verändert,
   Körperbild, Störung
   Periphere neurovaskuläre Störung, hohes Risiko

Über die durchgeführte Aufklärung/Auskunft, insbesondere über potentielle Pflegerisken wird in der Pflegeevaluation mit Datum, Zeitgrenze, - z.B. Aufklärungsgespräch am 05.09.2000 von 9.00 bis 9.20 Uhr - und Handzeichen der diplomierten Gesundheits- und Krankenschwester/-pfleger berichtet: ... *„Ist mit den geplanten Pflegeinterventionen einverstanden und sieht deren Notwendigkeit ein. Wurde insbesondere über folgende Pflegerisken aufgeklärt: .....“.*

4 Leitende Grundsätze der Art und des Umfanges der Aufklärung/Auskunft

Der Oberste Gerichtshof hat in ständiger Rechtsprechung, insbesondere im Zusammenhang mit der Aufklärungspflicht des Arztes, Grundsätze über Erforderlichkeit und Umfang der Aufklärung herausgearbeitet, die durchaus auch für die gesundheits- und krankenpflegerische Aufklärung - im Lichte der potentiellen Haftungsproblematik im eigenverantwortlichen Tätigkeitsbereich - gelten sollen.

Die **Art der Aufklärung** hat der Persönlichkeitsstruktur und dem Bildungsstand des Patienten/Klienten angepaßt und den Umständen des Einzelfalles entsprechend zu erfolgen.

Ist eine Pflegeintervention dringend geboten und würde nach den besonderen Umständen des Einzelfalles durch eine umfassende Aufklärung das Wohl des Patienten/Klienten gefährdet werden, so hat sich der Umfang der Aufklärung am Wohl des Patienten zu orientieren.

Die Aufklärung kann unterbleiben, wenn der Patient über die Art der gesundheits- und krankenpflegerischen Intervention ohnehin Bescheid weiß.

Der Patient kann auch **ausdrücklich** auf eine Aufklärung verzichten: *„Schwester, Sie wissen was für mich gut ist, ich vertraue Ihnen; treffen Sie für mich die richtige Entscheidung ...“.*

Aber aus der Tatsache, dass der Patient/Klient keine Fragen stellt, darf nicht auf einen Aufklärungsverzicht geschlossen werden.

Die Aufklärung hat umso weniger umfassend zu sein, je notwendiger die Pflegeintervention für die Gesundheit des Patienten/Klienten ist. Den gehobenen Diensten für Gesundheits- und Krankenpflege wird hier, wie dem Arzt bei der ärztlichen Aufklärung, ein Beurteilungs- Einschätzungsspielraum eingeräumt.

Bei Pflegeinterventionen, die durch mehrere diplomierte Gesundheits- und **Krankenschwestern/-pfleger durchgeführt werden, hat eine permanente oder stufenweise** Aufklärung stattzufinden. Die diplomierte Gesundheits- und Krankenschwester hat sich zu vergewissern, ob und inwieweit die Aufklärung schon durch andere diplomierte Gesundheits- und Krankenschwestern vorgenommen wurde.

Die Konzeption der gelebten Aufklärung des Patienten/Klienten in unseren Gesundheitsunternehmen ist letztlich auch das Spiegelbild einer funktionierenden multiprofessionellen Teamarbeit. Niemals darf eine Mauer des Schweigens um den Patienten/Klienten aufgebaut werden. Auch der todgeweihte Mensch hat eine Perspektive, **was das Recht auf die Wahrheit** impliziert. (vgl. G. Allmer)

Literatur

Allmer, G. (1995): Berufs- und Standesrecht der nichtärztlichen Gesundheitsberufe und deren strafrechtliche Verantwortung im arbeitsteiligen Handeln. Dissertation, Karl Franzens-Universität, Graz.

Stefan, H.; Allmer, F. et al. (1999): Praxis der Pflegediagnosen, Springer, Wien.

Vaskuläre Pflege im 21. Jahrhundert

Victora A. FAHEY
Chicago

1 Einleitung

Es zeichnet sich eine Veränderung im Gesundheitswesen ab, die durch folgende Faktoren bedingt ist: neue Technologien, weltweit gestiegene Lebenserwartung, alternative Formen des Gesundheitswesens, ökonomische Veränderungen sowie eine gesundheitsbewußte Bevölkerung. Experten haben vorausgesagt, dass eine vermehrte Komplexität an Akutpflege den Bedarf an ausgebildetem Krankenpflegepersonal in den Spitälern alleine um 36% im Jahr 2020 ansteigen lassen wird. In den USA wird sich die Anzahl der Bürger über dem 85. Lebensjahr verdoppeln. Der Anteil der Bevölkerung über 65 Jahre oder älter wird im Jahr 2025 800 Millionen ausmachen, oder ca. 10% der Weltbevölkerung. Und mit der steigenden Lebenserwartung steigt die Anzahl an Patienten mit Gefäßerkrankungen.

Es findet eine Veränderung in der Zielsetzung von der Behandlung und Heilung akuter Krankheit hin zu einer Vorsorge und Erhaltung der Gesundheit statt. (vgl. Pesut) Die Konsumenten sind besser informiert und verlangen mehr und bessere Pflege. Der Zugang zu Gesundheitsinformation ist sowohl am Arbeitsplatz als auch von zu Hause aus möglich. Der Wettstreit zwischen den Trägerorganisationen hat den Druck auf die Spitäler verstärkt, Patienten mit ihrem Service zufriedenzustellen. Eine frühzeitige Entlassung aus dem Spital hat zu einem gesteigerten Bedarf an niedergelassenen Pflegemöglichkeiten geführt. (vgl. Hinshaw)

Diese Trends haben die Pflege stark beeinflußt. Die Pflegenden müssen als Antwort darauf ihre Rolle in dem Gesundheitswesen neu definieren, und das Spektrum Ihrer Tätigkeit erweitern, um dieser Revolution des Gesundheitswesens Rechnung zu tragen. Da wir ein neues Jahrtausend beginnen, ist es Zeit, unsere Rolle als vaskulär Pflegende neu zu überdenken, um den Bedürfnissen unserer Patienten gerecht zu werden. Da mehr von uns und unseren Patienten verlangt wird, muss uns bewußt werden, dass unser Wachstum und unsere Entwicklung ein Meilenstein für den Erfolg der vaskulären Pflege für das nächste Jahrtausend darstellt.

2 Zukunftsvision

Wir müssen eine Vision für die Zukunft schaffen, indem wir Richtung und Vorrangiges definieren. Ohne diese Vision wird es keine Fortschritte geben. Als Pflegende haben wir dem Gesundheitssystem viel Verschiedenes zu bieten: Pflege, Kreativität, Gesundheitsvorsorge und Forschung.

2.1 Verpflichtung zur Pflege des Patienten

Noch nie in der Geschichte hatte der Pflegeberuf eine größere Möglichkeit oder die Notwendigkeit seine Verpflichtung zur Pflege des Patienten zu stärken. Auch wenn neue Strategien eingeführt werden, muss die Pflege des Patienten unsere höchste Priorität bleiben. Qualität in der Pflege heißt die physischen und psychosozialen Bedürfnisse des Patienten zu erkennen. Wir müssen uns zu hervorragender Arbeit verpflichten.

2.2 Fürsprecher des Patienten

Pflege ist einer der persönlichsten und vitalsten Dienste, die ein menschliches Wesen dem anderen spenden kann. Pflegende sind in stetiger Nähe zu den Patienten und deren Familien, und werden so zum Fürsprecher des Patienten. Darum geht es in der Pflege. Die Aufgabe von uns Pflegenden ist es, den Menschen mit Hingabe, Intelligenz und Kompetenz zur Gesundheit zu führen. Der Pflegende muss darauf achten, dass die Erfahrung für den Patienten die Beste ist.

2.3 Gesundheitsvorsorge und Kankheitsvermeidung

Die hohen Kosten des Gesundheitswesen erklären die Notwendigkeit der Gesundheitsvorsorge und Vermeidung von Krankheit. Der Einzelne beginnt seine zunehmende Verantwortung in der Gesundheitserhaltung zu akzeptieren, und wird so ein Partner in der Pflege. Patienten sind besser informiert, durch den Zugang zu Technologie und auch dem Internet, wo Information frei zugänglich sind. Wie zum Beispiel Daten über Resultate nach verschiedenen Eingriffen. Ebenso beginnen Gesundheitsorganisationen und Firmen Anreize für Individuen, die gesund leben wollen zur Verfügung zu stellen.

So wie die Aufmerksamkeit sich von Krankheit zu Gesundheit und Vorbeugung von Krankheit wendet, so verändert sich die Rolle der Pflege. Der Pflegende von heute hat die einzigartige Möglichkeit eine Führungsrolle in der Gesundheitsvorsorge des einzelnen zu übernehmen. Pflegende verstehen es, Patienten zu motivieren, die dann durch ausreichende Information eigene Entscheidungen über Ihre Gesundheit treffen können. Patientenaufklärung nimmt eine Schlüsselrolle bei der Zufriedenheit des Patienten ein. Sie bleibt eine der ersten Verpflichtung des Pflegenden. Der derzeitige Druck zu einer frühzeitigen Spitalsentlassung bedingt eine höhere Zahl an akuten Patienten im niedergelassenen Bereich. Entsprechende Aufklärung kann die Zahl an Wiederaufnahmen in das Spital reduzieren. Dies kann durch Fernseheinschaltungen, Computerprogramme über vaskuläre Erkrankungen, Aufklärungsprogramme und Schulungen unterstützt werden. Hier kommt der Pflege eine bedeutende Rolle zu.

Öffentliche Aufklärungsprogramme können Vorbeugung und Früherkennung von Gefäßerkrankungen fördern. Dies kann durch Risikoreduktion oder Raucherentwöhnungsprogramme sein; Aortenaneurysma-Früherkennung, oder auch Gefäßrehabilitation. Diese Information sollte auch in Rehabilitationsprogramme für Amputierte oder Schlaganfallpatienten eingebracht werden.

2.4 Kommunikation und Zusammenarbeit

Hohe Qualität der Pflege hängt von der Zusammenarbeit der Pflegenden ab. Komplexe Pflege des Patienten mit Gefäßerkrankungen in Akutpflegeinstitutionen, der Druck diese Erkrankungen möglichste effizient durch das System zu schleusen, und der Mangel an medizinischem Personal machen den Pflegenden zu einer Schlüsselperson im betreuenden Spitalsteam.

Der Pflegende spielt eine zentrale Rolle in der Kommunikation und Zusammenarbeit mit allen Mitgliedern des Teams. Eine entsprechende Kommunikation fördert die Kontinuität der Pflege, Effektivität und Effizienz der Therapie, verbessert Patientenzufriedenheit und reduziert den medizinischen Aufwand.

2.5 Kompetenz: Ausbildung

Vaskuläre Erkrankungen beinhalten eine große Vielfalt an klinischen Problemen, die sich sowohl mit arteriellen Problemen beschäftigt (Schlaganfall, Abdominelles Aortenaneurysma, peripheres Gefäßleiden, renovaskuläre Hypertension), als auch mit akuten und chronischen venösen Leiden. Signifikante Fortschritte haben in der Behandlung von vaskulären Erkrankungen durch verbesserte Technologie bei diagnostischen und therapeutischen Methoden (Gefäßdarstellung, endovaskuläre Intervention, sophistiziertes Equipment) stattgefunden. Desgleichen wurden neue Medikamente wie zum Beispiel orale Antikoagulantien entwickelt, ein besseres Verständnis von haematologischen und biochemischen Faktoren erreicht, die Rolle der Angiologie in der Gefäßmedizin und das mögliche Potential der Gentherapie ist in Evaluation.

Aufgrund dieser Fortschritte müssen die Pflegenden Schritt halten mit der klinischen Information, um eine optimale Pflege gewährleisten zu können. Eine Verbesserung in der Ausbildung stärkt unsere Möglichkeiten, diese komplexen Veränderungen für die vaskulären Patienten im nächsten Jahrtausend auch einzusetzen. Wir müssen auch darauf achten, dass die besten Leute für die vaskulären Patienten sorgen. Ausbildung in der Pflege kann formell oder informell durch Pflegevisiten auf der Station stattfinden, durch Pflegekongresse, Vorlesungen und Fortbildungen, Orientierungsprogramme, Computerprogramme, Journal-Clubs, Lehrbücher, Lehrbuchsammlungen auf der Station, Komplikationskonferenzen, und Fortbildungsprogrammen auf lokaler oder nationaler Ebene.

Wir müssen zusammenarbeiten, um eine Führungsrolle für unsere Arbeit in dem nächsten Jahrzehnt zu erlangen. Die Stärke der Pflege von morgen liegt in der Ausbildung, der praktischen Erfahrung, und der Unterstützung, die wir unseren Schülern von heute bieten. Pflegende sollten eine Lehrverpflichtung an einer Pflegeschule anstreben, SchülerInnen führen, und als Stütze für die Fakultät und der Studenten dienen. Ebenso wichtig ist die aktive Mitarbeit an Fortbildungsprogrammen, die Zusammenarbeit zwischen akademischen Institutionen und Spitälern.

2.6 Führungsrolle

Jeder Pflegende kann ein Führer sein. Unabhängig von Titel oder Position hat jede Pflegeperson die Möglichkeit die Gesundheit von jenen zu beeinflussen, die in ihrer oder seiner Pflege stehen. Wir müssen die Führungsrolle in unsere Arbeitsumgebung suchen. Führungsrolle übernehmen bedeutet: Einfluß nehmen im Spital und in öffentlichen Organisationen und Foren auf nationalem Niveau und in professionellen Pflegeorganisationen. Beiträge zu leisten für die Pflegeliteratur entweder als Autor oder als Herausgeber. Identifikation mit Gesetzgebung für Gesundheit und Wohlfahrt. Vortragstätigkeit auf lokalen nationalen und internationalen Kongressen. Entwicklung von neuen Programmen wie z.B. Tele-Nursing.

Teilnahme an strategischer Planung und Marketing-Strategien für die Population der Gefäßpatienten. Entwicklung von Kosteneinsparungsprogrammen (Kürzung des Spitalsaufenthaltes, und der Kosten pro Fall). Einige Strategien sind z.B. die Vergrößerung der Anzahl an tageschirurgischen Eingriffe und ambulanter Angiographie, Durchführung der ambulanten kardialen Abklärung; Planung der frühen Entlassung, Vermeidung von überflüssigen Laboruntersuchungen und Diagnoseverfahren; Verringerung oder Eliminierung von Intensivaufenthalten.

2.7 Forschung

Pflegeforschung ist notwendig, um das Fundament unseres Wissens zu vergrößern und die wissenschaftliche Basis unserer Arbeit zu stärken. Wir müssen klinische Gebiete für die Untersuchung der Effektivität unserer Handlungen identifizieren, um die erfolgreichsten Methoden zu bestimmen um unsere Patientenresultate zu verbessern. Nur durch kontinuierliche Forschung können wir erreichen, dass eine qualitätiv hochwertige Patientenpflege gewährleistet werden kann.

Pflegende können wissenschaftliche Projekte durchführen, oder an wissenschaftlichen Projekten teilnehmen; Sie können Wissenschaft in die klinische Praxis einfließen lassen, wissenschaftliche Erkenntnisse an andere Pflegende über Literatur oder wissenschaftliche Sitzungen weiterleiten; und als Mentor für die Pflegenden in ihren Forschungsprojekten dienen.

2.8 Standespolitische Arbeit

Mitarbeit in einer Pflegegesellschaft ist eine professionelle und persönliche Bereicherung. Diese Organisationen stellen eine Grundlage für Aus- und Fortbildung dar und fördern die Kommunikation unter KollegInnen, die ein ähnliches Interesse teilen. Der Beginn der vaskuläre Pflege war 1982, als die Society for Vascular Nursing (SVN, Gesellschaft für vaskuläre Pflege) gegründet wurde. So, wie sich die vaskuläre Pflege als Spezialgebiet weiterentwickelt, so müssen wir danach trachten, Informationen auszutauschen, um von einander zu lernen. Wir, als vaskulär Pflegende müssen an vorderster Front sein, wenn wir Forschung, Lehre und Gesundheitsvorsorge effektiv für die Gefäßpatienten einsetzen wollen.

2.8.1 Society for Vascular Nursing

Jede Vereinigung benötigt einen strategischen Arbeitsplan, der auf einer Vision aufbaut, d. h. wohin man geht, und was notwendig ist um dorthin zu kommen. Das folgende umreißt ein paar Aktivitäten der SVN. Jährliche Symposion werden organisiert, um die Ausbildung der Mitglieder zu fördern. Einige der Komitees und Zielgruppen sind: eine Evidence-based-Nursing Gruppe; Eine Plattform für geriatrische Zielgruppen, Eine Informatik-Zielgruppe. Eine Zertifizierungsprüfung wird angeboten, um einen hohen Standard an Pflege zu sichern. Wir glauben, dass dies einen Minimalstandard für jene, die vaskuläre Pflege praktizieren definiert, und jene Pflegenden identifiziert, die weitreichende Ausbildung auf diesem Gebiet erhalten haben. Derzeit wird eine Lernzielkatalog für die Zertfizierungsprüfung entworfen. Übersichtsartikel, die auch Arbeitsrichtlinien beinhalten, und eine Stellungnahme über die Rolle des Fortgeschrittenen in der vaskulären Pflege, sowie über die Ziele und die Pflegestandard wurden bereits verfaßt. Das Journal of Vascular Nursing (JVN) dient als die Hauptgrundlage für Information über die jüngsten Fortschritte auf dem Gebiet der vaskulären Pflege. Information über Weiterbildung ist in diesem Blatt erhältlich, SVN/pnr... ist ein Informationsblatt, das die kontinuierliche Kommunikation der Mitglieder der Gesellschaft sicherstellt. Mehrere lokale Untergruppen der SVN haben sich in den USA gebildet, die ebenso Ausbildungsprogramme anbieten, sowie Kommunikationsmöglichkeiten für Pflegende aus der Nachbarschaft bieten.

Es gibt mehrere Stipendien und Preise, die die Anerkennung der Gesellschaft ausdrücken sollen: z.B. den Jeanne Doyle Preis, einen Preis für außerordentliche Leistung, den Wissenschaftspreis der SVN, einen Preis für hervorragende Artikel im JVN. Ebenso gibt es Initiativen für laufende Forschungsprojekte. Es gilt lokale Projekte für Prävention und Früherkennung von peripheren Gefäßleiden durch Früherkennung und Aufklärungsprogramme zu fördern. Eine Reihe von Patientenaufklärungsbögen sind entwickelt worden, und können über die Gesellschaft bestellt werden. Pflegende sollten Wege erkennen um die Behandlung von Gefäßpatienten in Zukunft über gesetzgebende Instanzen zu steuern. Ein Gedankenaustausch mit anderen professionellen Organisationen findet statt, um Partnerschaften mit anderen Gruppen zu bilden, die sich für Gefäßpatienten einsetzten. Die Gesellschaft arbeitet auch eng mit der Industrie zusammen, sowohl mit Herstellern von Geräten als auch Gefäßprothesen, pharmazeutischen Firmen und Wundpflegeproduktherstellern.

3 Die Rolle der vaskulären Pflege im 21. Jahrhundert

Wenn wir uns die Entwicklung ansehen, können wir unsere Rolle im nächsten Jahrhundert nur erahnen. In den USA unterstützen die derzeitigen Veränderungen die Entstehung der Rolle des Vascular Nurse Practicioner (niedergelassene vaskuläre PflegerInnen), um eine ganzheitliche, kosteneffektive, effiziente und leicht zugängliche Pflege für Gefäßpatienten zu ermöglichen. (vgl. Fitzgerald)

Die klinische Expertise der spezialisierten vaskulären Pflege kann in vielerlei Hinsicht verwendet werden, um die Qualität der Pflege von Gefäßpatienten zu verbessern. Der Pflegende bildet ein Glied in dem interdisziplinären Team, das die Untersuchungen durchführt, die notwendigen Interventionen plant, und die Bedürfnisse der Patienten berücksichtigt. Zusätzlich machen die ökonomischen Engpässe und den Rückgang der Bevölkerungsdichte in den USA diese Entwicklung so wichtig. (vgl. Fitzgerald)

Jede Funktion ist ein wichtiges Element in der Rolle des vaskulär Pflegenden, oder der spezialisierten vaskulären Pflege. Die Wichtigkeit, die jedem Teil der

Rolle zugewiesen wird, hängt von den Bedürfnissen einer jeden Institution und den Patienten ab. Die wichtigsten Elemente sind:

- Tägliche Pflege in Spitälern und Ambulanzen oder Ambulatorien vermitteln
- Teilnahme an kommunaler Pflege, Aufklärung und Screeningsprogrammen
- Erleichterung eines multidisziplinären Zugangs zur Patientenpflege durch Koordination mit einem Augenmerk auf Kontinuität der Pflege
- Evaluation der Qualität der Pflege die den Patienten zuteil wird
- Bindeglied zwischen dem Patienten/Familie, Ärzten, Pflegenden und anderen Mitgliedern des Behandlungsteams
- Sei eine Hilfe für den Patienten/Familie und der ambulanten Pflege während des Spitalsaufenthaltes und nach Entlassung
- Entwicklung von Pflegestandard und Pflegeprozessen
- Entwicklung von klinischen Abläufen, um Patientenpflege effizient zu machen Spitaalsaufenthalt zu kürzen und Kosten zu sparen
- Vermittlung ganzheitlicher Gesundheitsuntersuchungen
- Bestimmung von Diagnose und Management von Pflege in einer Vielzahl von Möglichkeiten für Einzelne, Familien und Gemeinschaften
- Förderung von Wohlbefinden und Vorbeugung von Gefäßleiden durch Risikoreduktion, Vorträge und Früherkennungsprogramme
- Mitarbeit in Initiativen zur Resultaterhebung und Qualitätsverbesserung
- Einführung von TurnusärztInnen und Pflegenden in der Abklärung von Gefäßpatienten
- Durchführung der administrativen Verantwortlichkeiten, Sitzungen, Komitees, Produktevaluation
- Durchführung von Ausbildung von neuen KollegenInnen, PflegeschülerInnen, StudentInnen und der Patientenaufklärung
- Ein Rollenmodell sein um die klinische Kompetenz für das Pflegeteam zu demonstrieren
- Mitarbeit in wissenschaftlichen Aktivitäten

4 Welche Möglichkeiten haben wir als vaskulär Pflegende um die Gesundheit im neuen Jahrtausend zu gestalten?

Die Möglichkeiten sind: Verbesserung der Resultate, Verminderung der Komplikationen und Wiederaufnahmen, Hauptaugenmerk auf Gesundheitsvorsorge und Risikoreduktion, Verbesserung der Patientenaufklärung und der Vorbereitung auf die Entlassung; Verbesserung der Patientenzufriedenheit und Schaffung einer guten Erfahrung für den Patienten; achten, dass die besten Leute mit der bestmöglichen Ausbildung für die Gefäßpatienten sorgen. Verbesserung der niedergelassenen Pflege; Erleichterung des Zugangs zu ganzheitlichen Pflegediensten. Verbesserung der öffentlichen Aufmerksamkeit für Gefäßleiden, Verbesserung der vaskulären Pflege in Langzeitpflegezentren und Verbesserung der finanziellen Lage. (vgl. Hinshaw)

4.1 Was wird von Dir erwartet?

Die einzige Person, die letztendlich für den Fortgang deiner Karriere in der vaskulären Pflege und deiner Entwicklung wichtig ist, bist du selbst. Nimm deine Karriere selbst in die Hand. Verbessere die Fertigkeiten, die du brauchst. Wir müssen die Architekten unserer Zukunft sein.

Unsere Herausforderung und Möglichkeit im 21. Jahrhundert

Es ist etwas, ein Bild malen zu können oder eine Statue zu hauen, oder ein paar Objekte schön zu gestalten. Aber es ist viel ehrenvoller die Atmosphäre zu gestalten und zu bilden in der wir arbeiten, die Qualität des Tages zu beeinflussen - Das ist die höchste der Künste. (Henry David Thoreau)

Literatur

Fahey, V.A. (1988): The Patient: Our Priority. Jour Vasc Nurs, 6, 3, 13-14.

Fitzgerald, D.M. (1998): Vascular Nurse Practitioner: Development of an innovative role for the 21st Century. Jour Vasc Nurs; 16, 4, 87-92.

Hinshaw, A.S. (2000): Nursing Knowledge for the 21st Century: Opportunities and Challenges. Jour of Nurs Scholarship, 32, 2, 117-123.

Pesut, D.J. (1997): The Future, Virtue-Ethics, and Sigma Theta Tau. Reflections, 23, 3, 56-59.

Meisterhafte Pflegekunst – altersgerechte Karrierewege in der Pflege

ANNA DANZINGER
WIEN

1 Einleitung

Die Idee zum Projekt „meisterhafte Pflegekunst“ entstand in einem Work-Shop des Instituts für betriebliche Gesundheitsförderung, zum Thema „altersgerechtes Gesundheitswesen, Berufsgruppen im Krankenhaus und Pflegeheimen“ und deren Förderung von Gesundheit und Produktivität mit dem Älterwerden.

In den Aktionsmodellen von „productive Ageing“ für den Verbleib im Arbeitsprozess, werden Berufserfahrung und Anerkennung als bedeutende Gesundheitsfaktoren beschrieben.

Dabei wurde mir bewußt, dass auch in der Berufswelt der Pflege, insbesondere an der Basis der direkten Patientenbetreuung, der gesundheitsgefährdende Einfluss des Virus „Anerkennungsdefizit“, bisher wenig beleuchtet und berücksichtigt wurde.

Immer deutlicher wurden für mich die Fragen „Wer sind die Pflegenden, die 10, 20 und 30 Jahre Berufserfahrung haben und noch immer beim Patienten stehen. Welche Potentiale, Ressourcen haben sie, wo gibt es Bruchlinien, Stolpersteine „auf dem Weg zu einem begabten, erfahrenen und gesunden Menschen“?

Aufgrund jahrelanger intensiver Auseinandersetzung mit dem Thema „Kompetenzerwerb“, „Lernen und Lehren“ war die Herausforderung groß, zusammen mit Pflegenden aus der Praxis, diesen Phänomenen nachzugehen, Kompetenzwege- und entwicklungen anzuleuchten und durch Meister der Pflegekunst, Pflegekompetenz sichtbar zu machen und zu bergen.

Aus dieser Idee, dieser Vision, ist in Zusammenarbeit mit Fr. Dr. Irene Kloimüller vom Institut für betriebliche Gesundheitsförderung, auf Basis der amerikanischen Forschungsarbeiten zum Thema „Kompetenzerwerb“ von den Brüdern H.

Dreyfus, S. Dreyfus und P. Benner im Frühjahr 1999 das Pilotprojekt „Meisterhafte Pflegekunst“ entstanden, mit der Zielsetzung in Österreich (wenn möglich in Wien) alters- und kompetenzfördernde Karrieremodelle in der direkten Patientenbetreuung zu entwickeln und in der Pflegepraxis umzusetzen.

Dem Projektteam gehören PflegemeisterInnen aus der Pflegepraxis, Experten der Ausbildung, der betrieblichen Gesundheitsförderung, sowie der Personalentwicklung an.

Finanziert wird das Projekt aus Fördermitteln des Wiener Krankenanstaltenverbundes, mit besonderer Unterstützung von Frau Generaloberin Charlotte Staudinger, dem Fond „Gesundes Österreich“ und der Krankenfürsorgeanstalt der Bediensteten der Stadt Wien (KFA).

2 Ausgangslage

Ein Beruf braucht „meisterhafte Fachleute“, deren Bemühungen direkte Auswirkungen auf das Praxisfeld haben. Insofern sind kompetente, erfahrene Pflegende unverzichtbare Ressourcen und tragende Säulen zur Förderung und Sicherung der Pflegequalität, das gerade heute auch als ökonomisches Argument gesehen werden muss.

Doch kaum ein anderer Beruf ignoriert seine „Meister“, in der direkten Patientenbetreuung, wie die Pflege. Immer noch scheiden erfahrene, kompetente Pflegende frühzeitig aus dem Beruf aus.

Unter **Meister** verstehen wir Personen, die auf einen weiten Erfahrungsschatz im eigenen Berufsfeld zurückgreifen können. Sie haben die Fähigkeit bestimmte individuelle und/oder komplexe Situationen ganzheitlich zu erfassen und können auf der Grundlage von erprobtem Fachwissen sowie persönlicher und sozialer Kompetenz, vorausblickend und intuitiv richtig handeln.

2.1 Zu den Problemfeldern

Der Berufsweg und die Berufsentwicklung in der Pflege ist heute dadurch charakterisiert, dass bereits während der Ausbildung Lernen nicht als umfassender Prozess erlebt wird/erlebt werden kann, sondern in erster Linie noch immer als Erwerb theoretischen Wissens definiert wird. Der Erwerb der eigenen beruflichen Kompetenz wird in der Regel wenig reflektiert und das Lernen im Praxisfeld als zufällig wahrgenommen. Das ganzheitliche Erfahrungswissen der anleitenden Pflegepersonen wird von den Lernenden als im beruflichen Alltag gewonnene Routine gedeutet, definiert und reduziert. Damit erhält das Expertenwissen der erfahrenen Pflegenden bereits während der Ausbildung weder die notwendige Akzeptanz noch den entsprechenden Qualifikationswert.

Der nach dem Erwerb der formalen Berufsqualifikation stattfindende Einstieg in den Berufsalltag führt daher zu einer Überforderung der jungdiplomierten Pflegekräfte während die erfahrenen Pflegenden direkt proportional zur Verweildauer im Beruf eine immer deutlicher werdende Unterforderung erleben, die nicht zuletzt infolge fehlender Anreize und Behinderung durch formale Modelle (wie z.B. dem unreflektierten Einsatz von Pflegestandards) dazu beiträgt, dass viele Pflegepersonen vorzeitig ihren Beruf verlassen, aus der direkten Patientenpflege aussteigen und nur selten bis zum Erreichen des regulären Pensionsalters als direkt und unmittelbar Pflegende im Beruf verbleiben.

PflegemeisterInnen finden oft wenig Akzeptanz innerhalb der eigenen Berufsgruppe und erleben auch ein Anerkennungsdefizit gegenüber der mit ihnen am engsten zusammenarbeitenden Berufsgruppe, den Ärzten. Das den erfahrenen Pflegenden eigene Expertenwissen wird nicht wahrgenommen und hat daher als Qualifikationswert keine Bedeutung. Ein berufliches Selbstverständnis kann sich daher per definitionem nur sehr schwer entwickeln. Gerade aber dieses intuitiv und empirisch erworbene Erfahrungswissen bietet in vieler Hinsicht ein gutes und erfolgversprechendes Ausgangspotential, das bei entsprechender Berücksichtigung einerseits das persönliche Interesse an der Arbeit und die Motivation zu erhalten im Stande wäre, andererseits zur inneren Qualitätsentwicklung der Organisation Krankenhaus entscheidend beitragen kann.

2.2 Qualifikation- und Karrierewege in der Pflege

Der berufliche Aufstieg in der Krankenpflege bedingt ein Zurückziehen aus dem ursprünglichen Tätigkeitsfeld, so dass die mit der Berufserfahrung gewonnene, ganzheitliche, praktische Kompetenz, die in der Arbeit mit dem Patienten gewonnen wurde, nun nicht mehr direkt für den Patienten wirksam werden kann. Das ganzheitliche, weit über das theoriegeleitete Wissen hinausgehende Erfahrungswissen geht somit als wertvolle Ressource verloren. Der Pflegende, der eine Karriere anstrebt, avanciert in die hierarchisch vorteilhaftere Position der Leitung, Lehre oder Forschung und nimmt damit in Kauf, dass sein Expertenwissen nicht mehr zur Verfügung steht. Die in der unmittelbaren Pflege Tätigen erleben somit ihren Verbleib beim Patienten mit fortschreitender Berufstätigkeit als immer perspektivenloser und deuten ihr berufliches Sein oft als schicksalshafte Niederlage im Sinne „es nicht geschafft zu haben". Darüber hinaus existiert derzeit auch noch kein Modell einer strukturierten Weiterbildung für PflegemeisterInnen. (Frage einer Stationsschwester an eine engagierte, kompetente Mitarbeiterin: „Sag, möchtest Du immer „nur" beim Patienten bleiben?")

Das heißt, die erbrachten Leistungen von Meistern benötigen eine offizielle und explizite Anerkennung innerhalb des Pflegeteams und darüber hinaus, was sich in einer hierarchisch und inhaltlich anderen und differenzierten Positionierung ausdrücken muss, das heißt auch in einer klaren und expliziten, individuellen Aufgaben- und Auftragszuteilung, dies in Unterscheidung zu den übrigen Teammitgliedern. Die erworbenen und weiterentwickelten Kompetenzen müssen von den Führungspersonen eingefordert, überprüft und bestätigt werden.

Es gilt daher in Zukunft Anreize zu schaffen, damit erfahrene Pflegende ihre Kompetenzen mit voller Zufriedenheit im gewählten Praxisfeld einbringen können und nicht wie bisher in hierarchisch gesehen vorteilhaftere Positionen wie Management oder Lehre abwandern müssen.

3 Ziele des Projektes

GLOBALZIEL: Analyse und Entwicklung von

- **alters-** und **gesundheitsgerechten,** sowie
- **kompetenzfördernden Karrieremodellen.**

Dadurch soll ein gesunder und sinnerfüllter Verbleib im Pflegeberuf ermöglicht werden. Dieses Ziel soll durch die **Bergung von Gesundheitspotentialen** und die **Erschliessung des Potentials Erfahrung** erreicht werden.

EINZELZIELE für die Zielgruppen:

- Intrapersonelle Ziele
  - individuell, **auf die Pflegeperson bezogen**
- Interpersonelle Ziele
  - **auf Patienten und das Team bezogen**
- Zielsetzungen für das Unternehmen
- Zielsetzungen für die Gesellschaft

3.1 Intrapersonelle Ziele

- individuell, **auf die Pflegeperson bezogen**
- Ganzheitliches Erfahrungswissen und Können identifizieren, sichtbar machen, erfassen und kommunizieren
- Gesundheitspotentiale, Erfahrungspotentiale und Wissensressourcen von PflegemeisterInnen anerkennen
- Erfahrungswissen von PflegemeisterInnen erhalten, sichern, fördern und weitergeben
- Festigen der pflegeberuflichen Identität und des Selbstwertes

3.2 Interpersonelle Ziele

- **auf Patienten bezogen**

Identifizieren, Bewußtmachen und Anerkennen des besonderen therapeutischen Einflusses von PflegemeisterInnen auf das Wohlbefinden des Patienten

- **auf das Team bezogen**
  wesentliches Beitragen zur Teamentwicklung und zur interdisziplinären und multiprofessionellen Zusammenarbeit in der Beratung, Betreuung und Begleitung des Patienten

3.3 Zielsetzungen für das Unternehmen

Die Erfahrungspotentiale erfahrener Pflegepersonen besser nützen ...

- durch Erkennen des ganzheitlichen Erfahrungswissens in der Pflege
- durch Bergen, Anerkennen und Kommunizieren dieser Kompetenzen
- durch effizienten Einsatz der Ressource Erfahrungswissen in der Pflege/im Unternehmen und somit Förderung der Arbeitszufriedenheit.

3.4 Zielsetzungen für die Gesellschaft

- professionelle Pflege durch PflegemeisterInnen ermöglicht ein aktives **Mitgestalten in Gesundheitsfragen** eines innovativen und bedarfsgerechten Gesundheitswesens
- die **Sicherung und Verbesserung der Pflegequalität** durch erfahrene Pflegende ist ein wichtiger Faktor in gesundheitspolitischen Aufträgen und Zielsetzungen
- die offizielle Anerkennung der Pflegekompetenz erfahrener Berufspersonen führt zur **Imagesteigerung des Berufes** der Gesundheits- und Krankenpflege und ist Anreiz, in den Beruf hineinzugehen und darin gesund zu bleiben
- die **Beratungs-, Anleitungs- und Begleitungskompetenz** von erfahrenen Pflegenden führt zu einer hohen Patienten/Klientenzufriedenheit, hebt die Lebensqualität und ermöglicht den Verbleib des Patienten/Klienten in der gewohnten Umgebung.

4 Die Kompetenzentwicklung im Pflegeberuf

Die Bemühungen, dieses Projekt auf die Praxis der Pflegenden auszurichten, insbesondere auf ihr Pflegeverständnis und die Entwicklung von Kompetenzen, erfordern eine sorgfältige qualitative Analyse der Pflegepraxis.

Um den Kompetenzweg in der Alltagspraxis der Pflegenden zu beleuchten, sowie „productive ageing“ Prozesse sichtbar zu machen, haben wir qualitative Forschungsmethoden gewählt und eingesetzt.

Vom 1. Kontakt mit den Pflegenden in der Praxis bis zu den Interviews kommunizierten wir mit Pflegenden, die ein großes Interesse dafür zeigten, die gesamte Reichweite ihrer Praxis zu verstehen und darzustellen.

Die erzählerischen Darstellungen in den Interviews und die Weiterarbeit an den Forschungsfragen in den „focus groups“ haben sowohl Beispiele einer positiven, sinnvollen und exzellenten Pflegepraxis aufgezeigt, aber auch Pflege- und Arbeitssituationen beschrieben, die besonders belastend waren, sich problematisch entwickelten und sich letztlich auf die Berufsentwicklung von Pflegenden negativ auswirkten.

Unsere Partner in den über 50 durchgeführten Einzelinterviews kamen aus den verschiedensten Arbeitsbereichen der Pflege und den unterschiedlichsten Altersgruppen. Sie deckten auch alle Kompetenzerwerbsstufen nach der „Benner´schen“ Definition ab, das heißt sie reichten vom Krankenpflegeschüler in der Ausbildung stehend, zum Diplomierten in der Phase des Berufseintritts über den „Kompetenten“ bis hin zum „Erfahrenen“ und dem „Meister der Pflege“.

Wir haben dabei in der Praxis eine überzeugende Anzahl ermutigender Beispiele „wirklicher Könner“ sowie Pflegende, auf „dem meisterhaften Weg“ gefunden. Mussten aber auch gleichzeitig feststellen, dass (zu) viele Pflegende, trotz langjähriger Erfahrung, das Niveau des „Meisters“ nicht erreichen. Ein Fakt, ein Thema, das weitere Forschungsfragen aufwirft.

In unseren qualitativen Interviews und „focus groups“ haben wir auch Pflegende, die Leitungsfunktionen auf allen Führungsebenen des Krankenhauses wahrnehmen, miteinbezogen. Ebenso die Sichtweisen von pensionierten Pflegenden, „Berufsaussteigern“ und „Wiedereinsteigern“ in das Projekt integriert.

Der von den Interviewern verwendete Leitfaden, half den Pflegenden über ihre Erfahrungen so zu berichten, dass die zentralen Fragen des Kompetenzerwerbs:

- was ist Pflegekompetenz?
- wie entsteht sie, wie entwickelt sie sich, was bewirkt sie?
- wie kann sie gefördert und
- wie entsprechend anerkannt werden?

auch angesprochen und bearbeitet wurden.

Dass daraus mehr als eine „Datensammlung“ wurde, war u.a. dadurch gewährleistet, dass vorwiegend Mitglieder des Projektteams die Interviews durchführten, die durch ihre professionelle Verbindung mit den Sorgen und Situationen der Befragten in der Praxis vertraut waren.

Die Einzelinterviews wurden im Prozess der Ausarbeitung detailliert transskribiert, strukturiert, in der Projektgruppe vorgestellt, analysiert und interpretiert. Erste Analyseergebnisse werden in „focus groups“ reflektiert, differenziert, korrigiert und erweitert. Immer mit der Zielsetzung, sich auf die Pflegepraxis in einer Weise einzustellen, die es ermöglicht, neue Sichtweisen und Erkenntnisse in der Kompetenzentwicklung der Pflege zu erlangen.

Das Projekt „Meisterhafte Pflegekunst“ beschreibt in seinem zentralen Teil das professionelle Verhalten erfahrener Pflegepersonen, die bei ihren Kollegen und Vorgesetzten, als **Meister** in der Pflege gelten.

Wir haben in den Einzelinterviews PflegemeisterInnen, Leitende und Berufskollegen gebeten, Beispiele anzuführen, zu erzählen, die für sie exzellente Leistungen in der Pflegepraxis darstellen. Mit Hilfe dieser Beispiele haben wir charakteristische Hauptkonzepte von PflegemeisterInnen identifiziert und in einem patientenbezogenem Fähigkeitsprofil zusammengefaßt.

In der **„meisterhaften Pflegekunst"** sind Fachkompetenz und ethische Kompetentz untrennbar miteinander verbunden und in der konkreten Beziehung zum Patienten/Angehörigen verwirklicht.

Die hervorragenden Fähigkeiten von PflegemeisterInnen können aus den von uns erhobenen und in anderen Forschungsarbeiten bestätigten Daten so in essentiell verknüpften Hauptmerkmalen beschrieben werden. Jedes dieser Konzepte wird durch eine Reihe weiterer Merkmale, die diesen vermehrte Bedeutung verleihen, untermauert und erweitert. Interviewzitate aus realen Praxissituationen, die wir als kennzeichnend für dieses Kompetenzniveau interpretiert haben, sollen die Reichweite und Tiefe dieses Könnens unterstreichen.

4.1 Patientenbezogenes Fähigkeitsprofil von PflegemeisterInnen

Die Pflegenden sind fähig ... **Kompetenz**

- Fachkompetenz
- Intuition
- Beobachtungs- und Wahrnehmungsfähigkeit, ...

Die Pflegenden wollen ... **Mitgefühl, Interesse** und **Einsatz** für den Patienten und seine Angehörigen

- Beziehungsfähigkeit
- Gesprächskunst
- Beratungskompetenz, ...

Die Pflegenden zeigen ... **Mut**

- Entscheidungsfähigkeit
- Überzeugungsfähigkeit
- Selbstbewußtsein
- Selbstvertrauen, ...

5 Schlussgedanken

Unter **„Meisterhafte Pflegekunst"** meinen wir: Pflege, die auf Meisterstufe praktiziert wird, muss gewollt sein.

Leider konzentriert sich das Management allzu oft auf die Bestimmung von Leistungsdefiziten und entsprechenden Verbesserungen. Das ist notwendig und wichtig, aber wie Sie wissen reicht das nicht aus, und kann demotivierend wirken, wenn niemals Strategien der Anerkennung und Betonung einer exzellenten Pflegepraxis erkennbar und geltend gemacht werden.

Dieses Projekt soll dazu beitragen, dass eine persönliche Weiterentwicklung, anders als bisher in den klassischen Karriereschemata möglich, gesehen und anerkannt wird. Es geht daher auch um die Entwicklung und Definition von anderen/neuen Karrierestufen mit patientennahen Kompetenzindikatoren. Durch die Bergung der Kompetenzen können Arbeitsinteresse und die Arbeitsfreude, gerade von erfahrenen, älteren KollegInnen erhalten und gefördert werden. Ziel ist ein „productive Ageing" über eine Karriere direkt beim Patienten.

Literatur

Benner, P. (1994): Stufen zur Pflegekompetenz. Huber, Bern.

Benner, P.; Tanner, Ch.; Chesla, C. (1996): Pflegeexperten. Huber, Bern.

Olbrich, Ch. (1999): Pflegekompetenz. Huber, Bern.

Bauer, H.; Böhle, F.; Munz, C.; Pfeiffer, S. (1998): Workshop - Erfahrungslernen in der beruflichen Bildung.

Böhle, F.; Rose H. (1992): Technik und Erfahrung. Frankfurt, New York.

Dreyfus, H.; Dreyfus, S. (1998): Künstliche Intelligenz, von den Grenzen der Denkmaschine und dem Wert der Intuition. Rowohlt, Reinbek.

Krenn, M. (2000): Wissen für die technisierte Arbeitswelt - erfahrungsgeleitetes Arbeiten als Erfolgsfaktor. Verlag Dr. Kovac, Hamburg.

Untersuchung und Entwicklung der patientenorientierten Pflege im Ambulanzbereich

VLASTIMIL KOZON, ILONA ABASINEJAD, EVA KABAGAYA-FRÖHLICH
WIEN

1 Einleitung

In den Jahren 1996 - 2000 haben wir im Allgemeinen Krankenhaus-Universitätskliniken Wien, ein Projekt unter dem Titel: „Patientenorientiertes Pflegekonzept im Ambulanzbereich AKH Wien" durchgeführt. Unser Projekt konzipierten wir bereits in der Planungsphase als Forschungs- und Entwicklungs-Projekt. Unser Hauptziel war nicht nur mit Hilfe der empirischen Forschung neue Erkenntnisse zu gewinnen, sondern diese Erkenntnisse auch als Mittel für die notwendigen Veränderungen und Entwicklung der Pflegepraxis zu nutzen. Wir haben versucht, praxisorientierte empirische Pflegeforschung durchzuführen, um effektive Verbesserungen der Pflegepraxis im zentralen Ambulanzbereich des AKH Wien zu realisieren.

2 Ausgangssituation des Projektes

Die Jahre 1996/1997 war ein geeigneter Zeitpunkt für einige Veränderungen in der Pflegepraxis. Die Übersiedlung vom alten in das neue AKH war abgeschlossen. Unsere MitarbeiterInnen akzeptierten die veränderten organisatorischen Strukturen. Das neue Gesundheits- und Krankenpflegegesetz war in Bearbeitung. Dieses Gesetz definiert einen eigenverantwortlichen, einen mitverantwortlichen, und einen interdisziplinären Tätigkeitsbereich. Die neue Positionierung der Pflege beschäftigte uns sehr, und wir stellten fest, dass auch unsere MitarbeiterInnen sehr an diesen Veränderungen interessiert waren. So wurde dies die Grundlage für unsere Projektarbeit.

Aus der Sicht des Pflegemanagements in der Ambulanz verfolgten wir diese Ziele:

- MitarbeiterInnen sollen ein patientenorientiertes Pflege- und Berufsverständnis erlangen.
- Im Bereich der Kommunikation, der Beziehung, der Konfliktlösung und in der Zusammenarbeit sollen sie eine Weiterentwicklung erfahren.

Wir holten uns Informationen aus den folgenden Institutionen:

- Fachhochschule Osnabrück,
- Charité Berlin,
- Schweizer Rotes Kreuz Zürich,
- Schweiz - VESKA,
- Pflegeakademie Mödling

und von folgenden Personen:

- Fr. Schweitzer-Köppern aus Heidelberg,
- Fr. Dr. Walter vom Rudolfinerhaus Wien
- Fr. Prof. Filkins aus Manchester,
- Fr. Martl vom DKI Düsseldorf

Aus der Sicht des Pflegemanagements (Fr. I. Abasinejad), mit der Unterstützung der Pflegeandragogik (Fr. E. Kabagaya-Fröhlich) und Begleitung aus dem Blickwinkel der Pflegewissenschaft und Forschung (Hr. V. Kozon), kamen wir zu dem Entschluss ein Forschungs- und Entwicklungs-Projekt zu initiieren.

3 Projektdesign

3.1 Ziel und Aufgaben des Projektes

Die schnelle Entwicklung des Pflegeberufes in der Praxis, für die Pflegetheorien immer wichtiger werden, gibt uns neue Impulse im eigenen Arbeitsbereich *„zentraler Ambulanzbereich des AKH“* Verbesserungen durchzuführen. Nach unserem Wissen gab es bisher kein patientenorientiertes Pflegekonzept für den Ambulanzbereich eines Krankenhauses.

Wir fragten uns, ob nicht ein solches Konzept im Ambulanzbereich systematisch angewendet werden sollte, um den Pflegepersonen bewusste Patientenorientierung näher zu bringen und zu ermöglichen.

Die eigenständigen Leistungen im pflegerischen Tätigkeitsbereich sind durch die Pflegewissenschaft und empirische Pflegeforschung neu zu klären.

Projektziel:

- ein patientenorientiertes Pflegesystem im Ambulanzbereich zu definieren
- Verbesserungsmöglichkeiten zum aktuellen Stand finden.

Deshalb mussten wir untersuchen, ob und wie die Methode „Pflegeprozess" im Ambulanzbereich realisierbar ist, welche Ressourcen vorhanden und welche Maßnahmen notwendig sind, um den Ist-Stand zu verbessern.

Folgende Aufgaben wurden gelöst:

1. Entwicklung einer Pflegedokumentation
2. Entwicklung von Pflegestandards
3. Erhebung des Fortbildungsbedarfs
4. Optimierung der Arbeitsorganisation
5. Entwicklung eines Einarbeitungskonzeptes für neue MitarbeiterInnen
6. Richtlinien für PflegeschülerInnen

3.2 Projektverlauf

Das Projekt wurde unter enger Mitarbeit der Autoren des Projektes und aller Pflegepersonen in den 14 klinischen Ambulanzen des AKH durchgeführt. In diesen Ambulanzen sind über 200 Pflegepersonen tätig. In jeder Ambulanz wurde eine Subgruppe gebildet, mit einer Subgruppenleiterin.

3.2.1 Projektplanung

Das Projekt wurde vom 01.12.1996 bis zum 17.02.1997 vorbereitet. Die fachspezifischen Probleme im Ambulanzbereich wurden geklärt. Überdies wurde ein Projektplan entworfen, von Frau V. Gerwin, Direktorin des Pflegedienstes, genehmigt und vom wissenschaftlichen Fonds der Stadt Wien - dem Felix Mandl-Fonds unterstützt.

3.2.2 Projektdurchführung

1. **Phase (1997):**
   Vom 1.3.1997 bis zum 31.12.1997 wurden folgende Projektarbeiten durchgeführt: Literaturrecherche und Literaturanalyse zum Thema: „Patientenorientierte Pflege"; Fragebogen-Entwicklung und Überprüfung; Datensammlung mittels Fragebogen (erste Befragung); Daten-Kodierung und Auswertung; Bericht für die Fortbildung: *Wie kann die Pflege im Ambulanzbereich mit Fortbildungsmaßnahmen verbessert werden?*; Vorbereitung und Beginn der Fortbildung; Erstellung eines Jahresberichtes für das Jahr 1997 und eines detaillierten Zeit- und Kostenplanes für das Jahr 1998;
2. **Phase (1998):**
   Durchführung der Fortbildung für MitarbeiterInnen im Ambulanzbereich; Literaturrecherche und Literaturanalyse zum Thema „Pflegestandard"; Beginn

der Entwicklung der Pflegedokumentation, Pflegestandards, therapieunterstützenden Standards und Richtlinien für den Ambulanzbereich; Erstellung eines Jahresberichtes für das Jahr 1998 und eines detaillierten Zeit- und Kostenplanes für das Jahr 1999;

3. Phase (1999–2000):

Weiterentwicklung der Pflegedokumentation, der Pflegestandards, der therapieunterstützenden Standards und Richtlinien für den Ambulanzbereich; Gestaltung der sogenannten „Pflegemappen"; Durchführung weiterer Fortbildungsreihen; Für PflegeschülerInnen wurden aktuelle Lernziele und Lehrinhalte ausgewählt und Richtlinien entworfen; Inhaltsanalyse der Tätigkeitskataloge und deren neue Gestaltung (speziell für jeden Ambulanzbereich); Fragebogen-Weiterentwicklung und Überprüfung; Datensammlung mittels Fragebogen (zweite Befragung) und Interview; Daten-Kodierung, Auswertung und Interpretation; Erstellung des Forschungs- und Entwicklungsberichtes; Veröffentlichung des Projektergebnisses (im Februar, Juli und September 2000);

4 Theoretischer Teil

4.1 Patientenorientierte Pflege

Die Thematik der patientenorientierten Pflege wurde bereits in den 60er Jahren in den USA ausgearbeitet. (vgl. Abdellah et al., 1960, 1973)

Die ersten Publikationen im deutschsprachigen Raum sind inzwischen über zehn Jahre alt. Mehrere bekannte PflegetheoretikerInnen und -praktikerInnen haben sich mit dem Thema Patientenorientierung beschäftigt. (vgl. Kozon, 1999)

Patientenorientierte Pflege ist ein Konzept, in dem die Pflegehandlungen von den erkannten Interessen, Bedürfnissen und Ressourcen des Patienten ausgehen.

Der Begriff patientenorientierte *Pflege* selbst bedeutet, dass die Pflegebemühungen von den individuellen Erwartungen und Bedürfnissen der Patienten ausgehen müssen. Es sollen nicht nur die Interessen, sondern auch die Ressourcen des Patienten berücksichtigt werden.

Die Pflegeplanung und Anwendung des Pflegeprozessmodells ist, neben anderen, eine Methode der patientenorientierten Pflege (vgl. Bischoff-Wanner, 91-93).

Zwei wichtige Aspekte der patientenorientierten Pflege können genannt werden: (Guerber, 15)

- *das Emotionelle, Innerliche, Intuitive, das besonders im Aufbau der Beziehung mit dem Patienten zum Tragen kommt und*
- *das Analytische, Äußere, Überlegte, das für die Planung der Pflege nötig ist.*

Diese beiden Aspekte sollen bei Pflegenden durch regelmäßige Schulungen systematisch gelernt und in der Pflegepraxis bewusst angewendet werden.

Empfehlungen an Pflegende, die eine patientenorientierte Pflege durchführen möchten:

1. Erkennen und versetzen Sie sich in die Lebenslage des Patienten
2. Entwickeln Sie ein Vertrauensverhältnis zu ihm
3. Widmen Sie dem Patienten genügend Zeit, um seine Probleme mit ihm gemeinsam zu lösen (nicht zu wenig, aber auch nicht zu viel)
4. Seien Sie eine gute ZuhörerIn und zeigen Sie Anteilnahme und Verständnis
5. Vergessen Sie nicht vorher Versprochenes
6. Zeigen Sie keine eigenen persönlichen Probleme, die den Patienten belasten könnten
7. Besprechen und erklären Sie dem Patienten alle möglichen Pflegemaßnahmen, die ihn betreffen
8. Lassen Sie dem Patienten die Wahlmöglichkeit, Pflegeziele/-maßnahmen zu bestimmen
9. Beraten Sie den Patienten über neueste Entwicklungen in der Pflege
10. Vergessen Sie nicht, dass auch Sie nur ein Mensch sind, und kooperieren Sie mit anderen Pflegenden, Berufsgruppen und Vertrauenspersonen.

Der Pflegeprozess stellt mit seinen fünf Phasen (Pflegeeinschätzung, Pflegediagnostik, Planung, Durchführung und Auswertung) nur formale Schritte der zielorientierten Arbeit der Pflegenden dar. Wichtig ist, dass die Pflegenden sich inhaltlich mit dem theoretischen Rahmen der Pflege beschäftigen. Sie können aus der eigenen Praxis und den ihnen bekannten Pflegemodellen ein eigenes Pflegeverständniss entwickeln. Deshalb ist eine gute Ausbildung, permanente Fortbildung und Weiterbildung für die patientenorientierte Pflege notwendig (vgl. Kabagaya-Fröhlich).

Nicht nur die Pflege beschäftigt sich mit der Patientenorientierung, auch das gesamte Gesundheitswesen bemüht sich, durch Qualitätssicherung die Patientenorientierung zu unterstützen (vgl. Hauke et al.).

5 Empirische Untersuchung

5.1 Untersuchungsdesign

5.1.1 Problem der Untersuchung

In Rahmen der Diskussion über Probleme im Ambulanzbereich haben wir uns folgende Fragen gestellt:

1. Welches Berufs- und Pflegeverständnis haben die Pflegepersonen im Ambulanzbereich?

2. Ist die Methode des Pflegeprozesses im Ambulanzbereich realisierbar? Welche Ressourcen sind vorhanden, und welche Maßnahmen sind notwendig, damit der Ist-Stand verbessert werden kann.

5.1.2 *Untersuchungsziel*

Ziel der Untersuchung war die Situation im Ambulanzbereich (Ist-Stand 1997) zu kennen und nach den geplanten und durchgeführten Maßnahmen (Fortbildungen, Entwicklung der Pflegedokumentation und Standards, Richtlinien für SchülerInnen) im Jahr 1999 vergleichend zu erfassen.

5.1.3 *Untersuchungsfragen*

Die empirische Untersuchung im Ambulanzbereich des AKH wurde für die folgenden Bereiche konzipiert:

- Pflegeprozess und Pflegedokumentation
- Standards
- Fortbildung
- Arbeitsorganisation
- Einarbeitungskonzept für neue MitarbeiterInnen
- Richtlinien für SchülerInnen

Für jeden Bereich haben wir uns gefragt: Wie ist der Ist-Stand und welche Ressourcen sind vorhanden. Zum Beispiel: Welche Fortbildungen benötigen die Pflegenden im Ambulanzbereich? Sind Sie an Verbesserungen in der Pflegepraxis interessiert?, etc.

5.1.4 *Untersuchungsmethoden*

Als Datenerhebungsmethoden haben wir Fragebögen und Interviews angewendet. Bei der quantitativen Analyse der Daten haben wir die deskriptive Statistik (Prozent, Mittelwert, Modus, Standardabweichung) und die schliessende Statistik (t-Test, Pearson Korrelationskoeffizient) benutzt. Alle Daten wurden mit der Software *SPSS for Windows* bearbeitet. Gewonnene Daten sind durch Text, Tabellen und verschiedene Arten von Grafiken dargestellt.

5.2 Schriftliche Befragung 1997 und 1999

Für die empirische Untersuchung wurde von uns ein Fragebogen entwickelt, fachlich von Frau Dr. I. Walter (Abteilung für Pflegeforschung, Forschungsinstitut für Pflege- und Gesundheitssystemforschung, Wien) begutachtet, in einem Pretest mit 10 Probanden getestet, und anschließend überarbeitet. Im Jahr 1997 kam die siebente überarbeitete Version des Fragebogens zur Anwendung. Die vergleichende Untersuchung fand 1999 mit einem aktualisierten und in einem Pretest (16 Probanden) geprüften Fragebogen statt.

Im Jahr 1997 wurden im Ambulanzbereich von 199 beschäftigten Pflegepersonen 108 befragt. Davon konnten 103 Fragebögen ausgewertet werden; 94 (91%) Frauen, 5 (5%) Männer, 4 (4%) Probanden beantworteten den Fragebogen nicht.

Im Jahr 1999 wurden im Ambulanzbereich von 213 beschäftigten Pflegepersonen 108 befragt, 104 Fragebögen konnten ausgewertet werden; 91 (87%) Frauen, 9 (9%) Männer, 4 (4%) Probanden beantworteten den Fragebogen nicht.

Das Durchschnittsalter der befragten Personen betrug 41 (1997) beziehungsweise 42 (1999) Jahre. Im Jahr 1997 war der jüngste Proband 22 und der älteste 58 Jahre alt, dabei war das häufigste Alter (Modus) 40 Jahre. 1999 war der jüngste Proband 23, der älteste 60 Jahre alt, der Modus war wieder 40 Jahre.

5.2.1 Stichprobenauswahl

Befragt wurden Probanden in allen Ambulanzen des zentralen Ambulanzbereiches des AKH Wien. Folgende Ambulanzen wurden untersucht: Augenheilkunde, Chirurgie, Dermatologie, Frauenheilkunde, HNO, Innere Medizin I-IV, Kinderchirurgie, Mund-, Kiefer- und Gesichtschirurgie, Neurologie, Orthopädie, Transfusionsmedizin, Urologie.

Fragebögen wurden an alle Stationsschwestern und an jede zweite Pflegeperson, die laut Dienstplan in der Früh des 13. 6. 1997 im Dienst war, verteilt. Alle Fragebögen wurden am selben Tag (nachmittags) abgeholt. Das gleiche Auswahlverfahren mit dem modifizierten Fragebogen wurde am 21. 5. 1999 wiederholt.

In Tabelle Nr. 1 und den folgenden grafischen Darstellungen ist ein Teil der Untersuchungsergebnisse angeführt. Die Teilergebnisse sind deskriptiv in Prozent dargestellt. Beide Gruppen (1997 und 1999) wurden miteinander verglichen. Die signifikanten Unterschiede (t-Test) sind in der Tabelle Nr. 1 ersichtlich.

5.2.2 Ein Teil der quantitativen Ergebnisse der Fragebögen

Legende: n = neue Frage im Fragebogen des Jahres 1999, 0 = keine Antwort, M = Mittelwert

t-Test: - kein signifikanter Unterschied

* signifikanter Unterschied 5%, p<0,05

** signifikanter Unterschied 1%, p<0,01

*** signifikanter Unterschied 0,1%, p<0,001

Tabelle Nr. 1

Frage Nr.	1997		1999		t-Test
1. Wie sehen Sie den Beruf der diplomierten Pflegeperson im Ambulanzbereich?		%		%	
1 ❒ eher eigenständig	1	48	1	51	-
2 ❒ eher abhängig	2	48	2	44	
3 ❒ ich weiß nicht	3	2	3	3	
0 (= keine Antwort)	0	2	0	2	
3. Arbeiten Sie in der Ambulanz nach der Methode des Pflegeprozesses?					
1 ❒ ja	1	26	1	36	-
2 ❒ nein	2	67	2	60	
0	0	7	0	4	
6. Stellen die Patienten, oder deren Angehörigen Fragen über die pflegerischen Maßnahmen?	1	25	1	19	
a) 1 ❒ sehr oft 2 ❒ oft 3 ❒ selten 4 ❒ nie	2	45	2	42	-
0	3	25	3	32	
	4	2	4	3	
	0	3	0	4	
b) welche? 1 beantwortet	1	63	1	46	-
0 keine Antwort	0	37	0	54	
7. Planen Sie die Pflege bei Patienten, die mehrmals die Ambulanz besuchen?					
a) 1 ❒ ja	1	37	1	29	-
0	0	63	0	71	
b) 1 ❒ nein, weil:	1	60	1	48	-
0	0	40	0	52	
c) 1 ❒ wir brauchen das nicht	1	25	1	21	-
0	0	75	0	79	
2 ❒ ich habe dafür zu wenig Zeit	2	15	2	22	-
0	0	85	0	78	
3 ❒ ich habe es nicht gelernt	3	4	3	0	-
0	0	96	0	100	
4 ❒ andere	4	12	4	14	-
0	0	88	0	86	
8. Woher erhalten Sie die Informationen über den Patienten? (mehrere Nennungen sind möglich)					
1 ❒ im Gespräch mit Patienten	1	99	1	93	-
0	0	1	0	7	
2 ❒ im Gespräch mit Angehörigen	2	57	2	65	-
0	0	43	0	35	
3 ❒ Beobachtung am Patienten	3	81	3	80	-
0	0	19	0	20	
4 ❒ Ärztliche Dokumentation	4	71	4	67	-
0	0	29	0	33	
5 ❒ andere	5	28	5	19	-
0	0	72	0	81	
9. Werden mit Patienten und deren Angehörigen die Pflegeziele und Pflegemaßnahmen festgelegt und besprochen?					
1 ❒ ja	1	68	1	71	-
2 ❒ nein	2	30	2	25	
0	0	2	0	4	
11. Welche Pflegedokumentationsformulare benutzen Sie in der Ambulanz?					***
1 ❒ keine	1	53	1	9	
2 ❒ eigene entwickelte Formulare	2	35	2	46	
3 ❒ welche im Projekt entwickelt wurden	3	0	3	36	
4 ❒ andere	4	12	4	7	
0	0	0	0	2	

Frage Nr.	1997		1999		t-Test
16. Wie sehr stimmen Sie folgenden Aussagen zu		%		%	
(nur eine Nennung möglich):			1	51	
a) Die Pflegedokumentation ist für den Patienten wichtig	n		2	36	
1 ❒ stimmt völlig 2 ❒ stimmt einigermaßen 3 ❒ stimmt gar nicht			3	2	
0			0	1	
b) Die Pflegedokumentation ist wichtig damit die Leistungen der	n		1	54	
Pflegenden transparent werden			2	36	
1 ❒ stimmt völlig 2 ❒ stimmt einigermaßen 3 ❒ stimmt gar nicht			3	5	
0			0	5	
c) Die Pflegedokumentation ist wichtig damit eine patientenorientierte	n		1	54	
Pflege erreicht werden kann			2	29	
1 ❒ stimmt völlig 2 ❒ stimmt einigermaßen 3 ❒ stimmt gar nicht			3	6	
0			0	1	
d) Die Pflegedokumentation ist wichtig damit die interdisziplinäre	n		1	57	
Zusammenarbeit effizient sein kann			2	35	
1 ❒ stimmt völlig 2 ❒ stimmt einigermaßen 3 ❒ stimmt gar nicht			3	6	
0			0	2	
19. Führen Sie bestimmte Tätigkeiten nach vorliegenden Pflegestandards					
durch?					
a) 1 ❒ nein	1	51	1	12	***
2 ❒ ja	2	36	2	74	
0	0	13	0	14	
b) – von wem wurden die Pflegestandards entwickelt?					-
1 beantwortet	1	25	1	54	
0 keine Antwort	0	75	0	36	
32. Was verstehen Sie unter patientenorientierter Pflege im	n				
Ambulanzbereich?					
1 vollständige Antwort			1	28	
2 teilweise beantwortet			2	22	
0 keine Antwort			0	50	
33. Welche Rahmenbedingungen müssen vorhanden sein, dass die	n				
Patientenorientierung im Ambulanzbereich möglich ist?					
1 beantwortet			1	51	
0 keine Antwort			0	39	
35. Sind Sie an Verbesserungen in der Pflegepraxis interessiert?					-
1 ❒ außerordentlich	1	21	1	15	
2 ❒ ziemlich	2	36	2	45	
3 ❒ mittelmäßig	3	25	3	24	
4 ❒ kaum	4	4	4	3	
5 ❒ gar nicht	5	1	5	1	
0	0	13	0	12	
- geben Sie Ihre Motive an: 1 beantwortet	1	44	1	33	-
0 keine Antwort	0	56	0	57	

5.2.2.1 *Analyse, Vergleich und Interpretation der Daten*

Die durch schriftliche Befragung gewonnenen Daten haben wir vergleichend analysiert und die Ergebnisse durch Text und Graphiken dargestellt. Die Interpretation unserer Umfragen 1997 und 1999 ist an den wichtigsten Feststellungen orientiert. Wir stellen Ihnen von 48 Fragen nur einige dar. Fragen Nr. 1, 3, 6–9, 11, 16, 19, 32, 33, 35. Alle Fragen sind im Forschungsbericht des Projektes ausgewertet, dargestellt und interpretiert. (siehe Kozon, Abasinejad, Kabagaya-Fröhlich, 2000)

Frage Nr. 1: **„Wie sehen Sie den Beruf der diplomierten Pflegeperson im Ambulanzbereich?"**

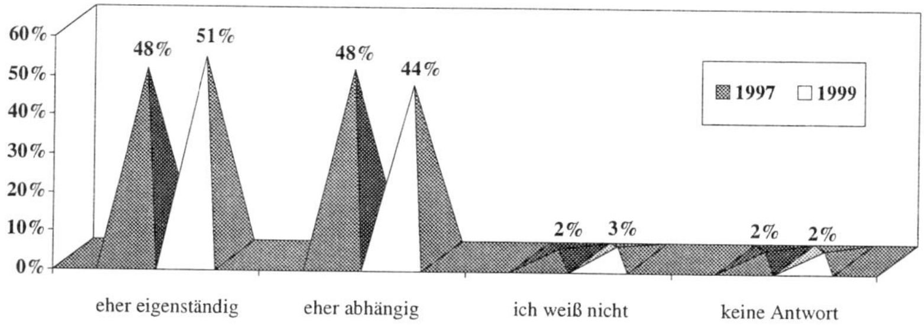

Die Frage *Wie sehen Sie den Beruf der diplomierten Pflegeperson* wurde von den Befragten im Jahr 1997, zu fast gleichen Prozentanteilen, mit *eher eigenständig* beziehungsweise *eher abhängig* beantwortet. Im Jahr 1999 ergab die Befragung einen leichten Anstieg (3%) bei *eher eigenständig*. *Eher abhängig* ist im Vergleich zu 1997 um 4% zurückgegangen.

Dies ist zwar statistisch nicht signifikant, trotzdem ist die leichte Änderung, dass der Beruf eher eigenständig gesehen wird, interessant.

Statistisch signifikant ($p<0,05$) ist, dass Pflegepersonen, die den Beruf *eher eigenständig* sehen, öfter angeben, dass Patienten oder deren Angehörige, Fragen über pflegerische Maßnahmen stellen (siehe Frage Nr. 6a).

Außerdem verstehen Pflegepersonen, die den Beruf *eher eigenständig* sehen, die Wichtigkeit ($p<0,05$, siehe Frage Nr. 16c) der Pflegedokumentation zur Durchführung der patientenorientierten Pflege.

Frage Nr. 3: **"Arbeiten Sie in der Ambulanz nach der Methode des Pflegeprozesses?"**

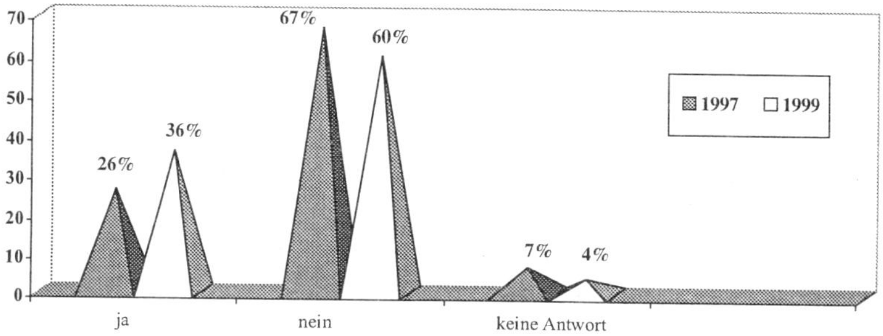

Aus der Umfrage ist ersichtlich, dass im Jahr 1999 10% mehr Pflegepersonen nach dem Pflegeprozess arbeiten als 1997. Der Grund dafür könnte sein, dass die Fortbildungen dazu beigetragen haben und dass die schriftlichen Standards und Pflegedokumentationen nach dem Pflegeprozess aufgebaut sind (statistisch nicht signifikant).

Pflegepersonen, die nach dem Pflegeprozess arbeiten, geben an, dass Patienten selten Fragen über die pflegerischen Maßnahmen stellen ($p<0{,}05$, siehe Frage 6a). Wahrscheinlich weil Pflegepersonen, die nach dem Pflegeprozess arbeiten, die Patienten ausführlicher über die Pflegemaßnahmen informieren.

Pflegepersonen, die nach dem Pflegeprozess arbeiten, geben an, dass die Pflegedokumentation für den Patienten wichtig ist ($p<0{,}05$, siehe Frage 16a).

Außerdem gibt diese Gruppe an, Pflegestandards zu verwenden ($p<0{,}05$, siehe Frage 19a).

Frage Nr. 6 a: **„Stellen die Patienten, oder deren Angehörige Fragen über die pflegerischen Maßnahmen?"**

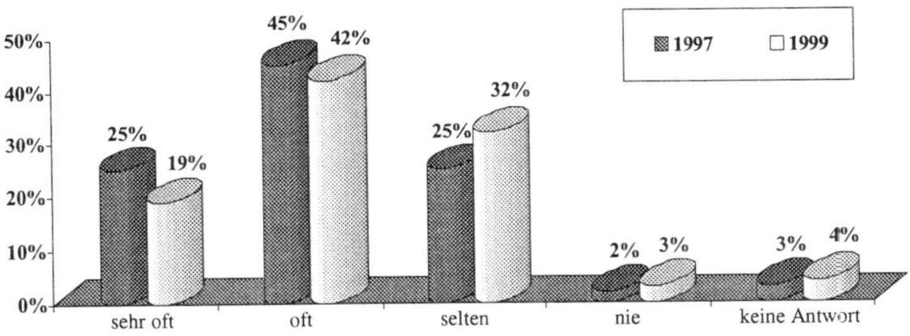

Aus der Umfrage ist erkennbar, dass Patienten und deren Angehörige im Jahr 1999 weniger Fragen gestellt haben als 1997 (nicht signifikant). Wahrscheinlich, weil die Pflegepersonen - durch das Projekt - gelernt haben, Patienten und deren Angehörige ausführlich zu informieren, sodass diese weniger Fragen stellen müssen. Für diese Annahme spricht auch der leichte Anstieg in der Kategorie *selten* im Jahr 1999.

Pflegepersonen, die angegeben haben, dass Patienten öfter Fragen stellen, haben auch oft angegeben, die Pflegemaßnahmen nicht mit den Patienten oder deren Angehörigen zu besprechen (statistisch signifikant, $p<0{,}05$, siehe Frage 9).

Interessant ist, dass Pflegepersonen, die den Begriff *Pflege* definieren konnten (siehe Frage 18), auch seltener angegeben haben, dass Patienten oder deren Angehörige Fragen über die Pflegemaßnahmen stellen (statistisch signifikant, $p<0{,}05$).

Ebenso haben auch Pflegepersonen, die angegeben haben, Tätigkeiten nach vorliegenden Pflegestandards durchzuführen, ausgesagt, dass Patienten oder deren Angehörige seltener Fragen stellen (p<0,05, siehe Frage 19a).

Pflegepersonen, die angegeben haben, dass Patienten öfter Fragen stellen, verwenden mehr Zeit für den mitverantwortlichen Tätigkeitsbereich (p<0,05).

Frage Nr. 6b: **„Welche Fragen stellen die Patienten, oder deren Angehörige über die pflegerischen Maßnahmen?“**

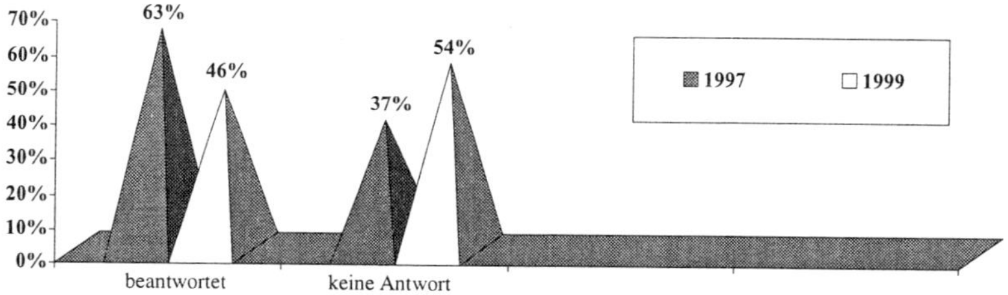

Diese Frage haben - im Vergleich zu 1997 - im Jahr 1999 weniger Pflegepersonen beantwortet. Am häufigsten fragen Patienten oder deren Angehörige nach:

Wundpflege, Verbandswechsel, Art der Pflegecreme, Körperpflege, Pflege bei Strahlentherapie, Ernährungsberatung, Inkontinenzberatung, Intimpflege bei verschiedenen Krankheitsbildern, wann und wie müssen Medikamente eingenommen werden, Maßnahmen bei Infektionserkrankungen, Präventionsfragen, Angst, etc.

Frage Nr. 7: **„Planen Sie die Pflege bei Patienten, die mehrmals die Ambulanz besuchen?“**

Aus den Daten ist ersichtlich, dass die Pflege nur bei zirka einem Drittel der Patienten, die mehrmals die Ambulanz aufsuchen geplant wird, (1997/37%, 1999/29%; statistisch nicht signifikant).

Wir sehen es positiv, dass weniger Pflegepersonen geglaubt haben, eine Pflegeplanung nicht zu brauchen (1997/25%, 1999/21%). Negativ ist, dass mehr Pflegepersonen angegeben haben, für Pflegeplanung keine Zeit zu haben (1997/12%, 1999/22%). Die Antwort *Ich habe es nicht gelernt* wurde 1999 von den Probanden nicht mehr verwendet (1997/4%, 1999/0%).

Frage Nr. 8: **„Woher erhalten Sie die Informationen über den Patienten?“**

Die Pflegepersonen waren der Meinung, die eindeutigste Quelle für Informationen über den Patienten, sei das Gespräch mit ihm (1997/99%, 1999/93%). Als zweite Quelle für Information wurde die Beobachtung am Patienten (81% im Jahr 1997, 80% im Jahr 1999) genannt. Diese Feststellungen sind sehr wichtig für die weitere Planung der Fortbildungen. Diese sollten im Bereich der Kommunikation und Beobachtungen des Patienten sein.

Interessant ist, dass Pflegepersonen die Informationen über den Patienten aus der ärztlichen Dokumentation erst an dritter Stelle nennen (71% im Jahr 1997, 67% im Jahr 1999). Möglicherweise, weil die ärztliche Dokumentation nicht in solchem Maße pflegerelevante Daten bietet, wie die beiden zuerst genannten Quellen.

Als nächste Quelle wird das Gespräch mit Angehörigen genannt (57% im Jahr 1997, 65% im Jahr 1999, statistisch nicht signifikant).

Frage Nr. 9: **„Werden mit Patienten und deren Angehörigen die Pflegeziele und Pflegemaßnahmen festgelegt und besprochen?"**

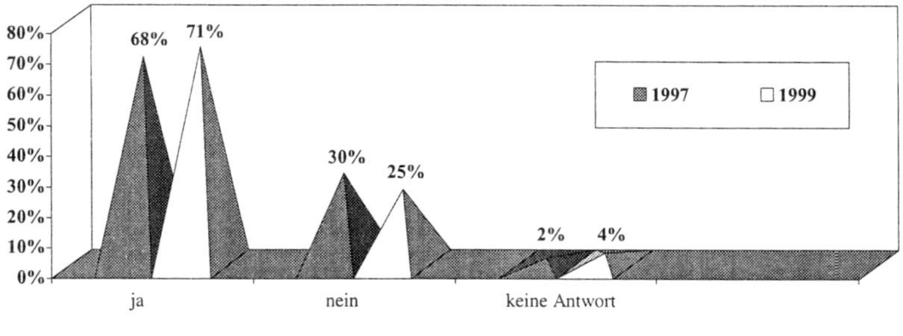

Auf diese Frage antworteten mehr als zwei Drittel der Probanden, dass *die Pflegeziele und Pflegemaßnahmen mit Patienten und deren Angehörigen festgelegt und besprochen werden.* Im Jahr 1999 ist eine leichte Steigerung um 3% bei *ja* und eine Senkung um 5% bei *nein* zu beobachten (statistisch nicht signifikant).

Frage Nr. 11: **„Welche Pflegedokumentationsformulare benutzen Sie in der Ambulanz?"**

Aus diesen Ergebnissen (statistisch sehr signifikant, p<0,001) ist ersichtlich, dass im Jahr 1999 mehr dokumentiert wurde, als im Jahr 1997. Interessant ist dabei, dass 9% der Probanden immer noch angegeben haben, *keine Formulare* zu verwenden, obwohl es in jeder Ambulanz Dokumentationsblätter gibt.

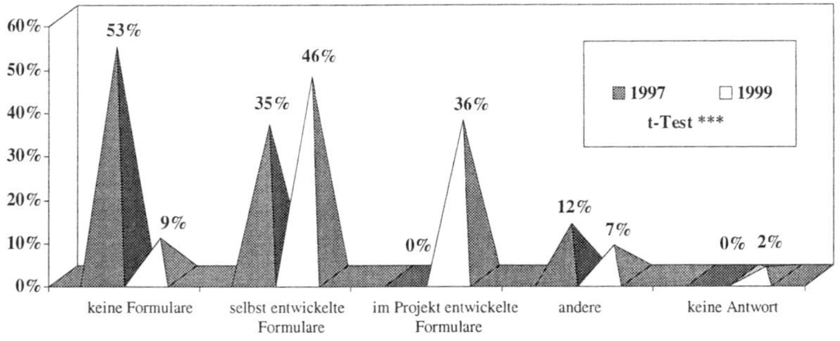

Vor allem Pflegepersonen mit Sonderausbildung gaben an, Formulare zu verwenden (p<0,001).

Frage Nr.19 a): **„Führen Sie bestimmte Tätigkeiten nach vorliegenden Pflegestandards durch?"**

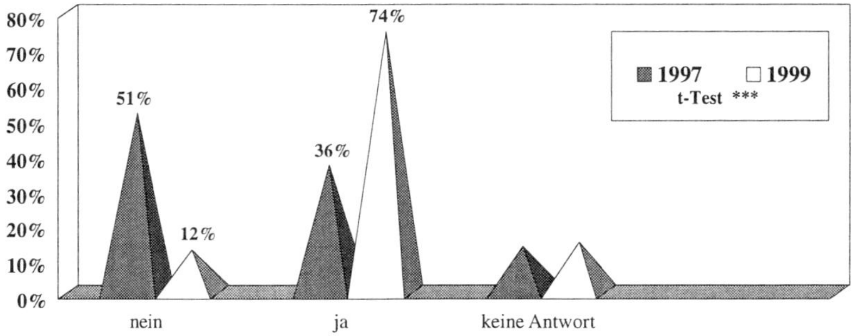

Diese Frage wurde im Jahr 1999 von 74% mit *ja* beantwortet, 1997 waren es nur 51% (p<0,001, statistisch sehr signifikant). Daran wird deutlich, dass den MitarbeiterInnen, durch das Projekt, die Bedeutung der Pflegestandards bewusster wurde.

Es ist statistisch signifikant (p<0,05), dass Pflegepersonen, die gemäß den Pflegestandards arbeiten, auch motiviert sind, bei der Entwicklung neuer Standards mitzuarbeiten.

Frage 32: **„Was verstehen Sie unter patientenorientierter Pflege im Ambulanzbereich?"**

Diese Frage wurde von 28% der Befragten *vollständig* beantwortet, 22% beantworteten Sie *teilweise*, *keine Antwort* gaben 50%. Die häufigsten Nennungen waren:

Pflegediagnose, Pflegeplanung, Zeit für den Patienten, Qualitätssicherung, Sorge um Wohlbefinden des Patienten

Pflegepersonen, die diese Frage *vollständig* beantwortet haben, haben auch die Frage nach den Phasen des Pflegeprozesses häufiger *vollständig* beantwortet (statistisch sehr signifikant, p<0,001, Frage 4).

Auch den Begriff *Pflege* konnten sie öfter *vollständig* definieren (statistisch sehr signifikant, p<0,001, Frage 18).

Diese Gruppe verwendet mehr Zeit für den mitverantwortlichen Tätigkeitsbereich (statistisch signifikant, p<0,01, siehe Frage 26b) und weniger Zeit für den eigenverantwortlichen Tätigkeitsbereich (statistisch signifikant, p<0,01, Frage 26a).

Frage 33: **„Welche Rahmenbedingungen müssen vorhanden sein, damit die Patientenorientierung im Ambulanzbereich möglich ist?"**

Diese Frage wurde von 61% der Pflegepersonen beantwortet.

Die häufigsten Nennungen waren:

Zeit, Personal, Mehr Platz für Patienten und dokumentarische Tätigkeiten, Ruhiger Ablauf und Gute Organisation, Standards, Dokumentation.

Frage Nr. 35a: **„Sind Sie an Verbesserungen in der Pflegepraxis interessiert?"**

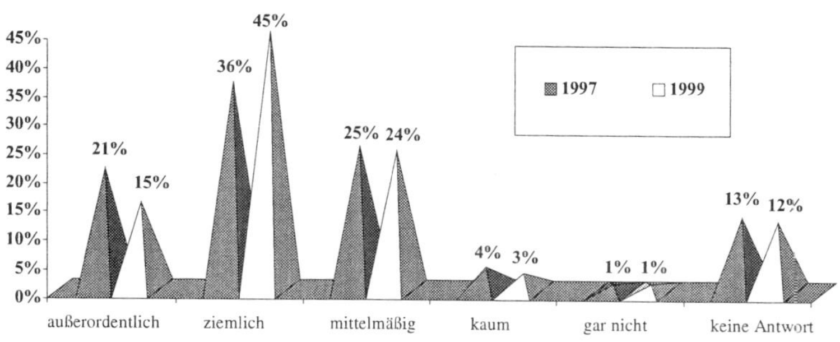

Das Interesse an Verbesserungen in der Pflegepraxis ist relativ gleich geblieben, der einzige kleine Unterschied zwischen 1997 und 1999 ist der Rückgang von *außerordentlich* von 21% auf 15% und der Anstieg von *ziemlich* von 36% auf 45% (statistisch nicht signifikant).

Statistisch sehr signifikant (p<0,001) ist, dass Pflegepersonen, die mehr an Verbesserungen in der Pflegepraxis interessiert sind, auch öfter angaben, die Pflege müsse schriftlich dokumentiert werden.

Ebenso statistisch signifikant ist, dass diese Pflegepersonen die Pflegedokumentation häufiger für wichtig halten. Sowohl für den Patienten ($p<0,001$), als auch für die Transparenz der Pflegeleistungen ($p<0,01$) und die patientenorientierte Pflege ($p<0,001$, siehe Fragen 16 a, b, c).

Statistisch signifikant ist auch, dass Pflegepersonen, die an Verbesserungen in der Pflegepraxis interessiert sind, auch der Aussage *das eigenverantwortliche Handeln der Pflegepersonen im täglichen Berufsalltag muss von einem definierten Pflegeverständnis abgeleitet werden,* zustimmen ($p<0,001$).

Ebenso statistisch signifikant ist, das Pflegepersonen die an Verbesserungen in der Pflegepraxis interessiert sind, häufiger angegeben haben, in der Praxis mit Problemen konfrontiert zu werden, bei denen sie mehr fachliches Wissen benötigen würden ($p<0,05$).

Frage Nr. 35 b: **„Sind Sie an Verbesserungen in der Pflegepraxis interessiert? - geben Sie ihre Motive an:“**

Diese Frage wurde im Jahr 1997 von 44%, 1999 von 33% beantwortet.

Die häufigsten Nennungen, warum Interesse besteht:

Fortschritte bringen Verbesserungen, längerfristig Vorteile für den Patienten.

Die häufigsten Nennungen, warum kein Interesse besteht:

Keine Zeit für die eigentliche Arbeit, bei hoher Patientenfrequenz kaum möglich.

5.3 Interview

Für die Sammlung der Daten haben wir, neben dem Fragebogen, auch Interviews verwendet. Im April 1999 fanden zehn Interviews statt, die jeweils zwischen eineinhalb und zwei Stunden dauerten. Die Gespräche wurden in Form eines direkten, strukturierten Gruppeninterviews geführt. An den Interviews haben die Autoren, die Stationsleiterinnen und Subgruppenleiterinnen teilgenommen. Die so gewonnenen Daten (n=15) wurden in vorher vorbereiteten Interviewblättern gleichzeitig dokumentiert.

Das Interviewblatt beinhaltete 4 Bereiche (5 geschlossene und 2 offene Fragen):

1. Pflegedokumentation
2. a) Pflegestandards
   b) Therapieunterstützende Standards
3. Richtlinien für:
   a) SchülerInnen
   b) Neue MitarbeiterInnen
4. Über das *Patientenorientierte Pflege*-Projekt:
   a) Positive
   b) Negative

Die Daten wurden während des Interviews dokumentiert und anschließend analysiert.

5.3.1 Interviewergebnisse

1. Bereich - Entwicklung der Pflegedokumentation

Es wurden bis zum Jahr 1997 insgesamt zehn alte Pflegedokumentationsblätter in drei Ambulanzen angewendet. Während der Durchführung des *Patientenorientierten Pflege*-Projektes in den Jahren 1998-1999 wurden 8 davon modifiziert und 26 neue Pflegedokumentationsblätter entwickelt (siehe Abb.1).

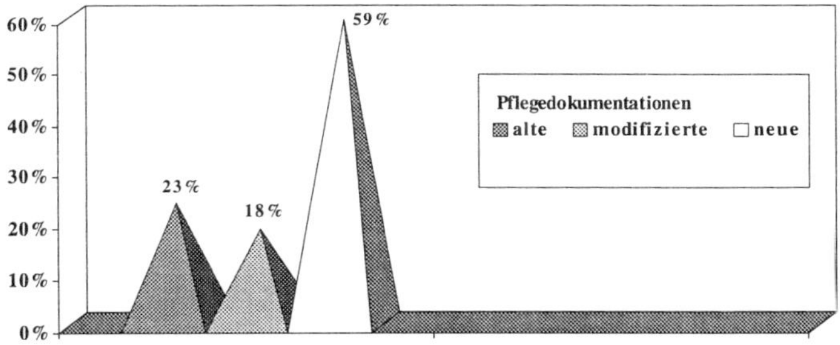

Abbildung 1: Entwicklung der Pflegedokumentationsblätter im Ambulanzbereich in den Jahre 1997-1999.

- Alte, vorhandene Dokumentationsblätter bis zum Jahr 1997, n = 10 (23%)
- Modifizierte Dokumentationsblätter ab dem Jahr 1998 bis zum Jahr 1999, n = 8 (18%)
- Neue Dokumentationsblätter ab dem Jahr 1998 bis zum Jahr 1999, n = 26 (59%)

2. Bereich - Entwicklung der:

a) Pflegestandards
  - alte (bis zum Jahr 1997) = keine
  - neue (ab dem Jahr 1998) = 178

b) Therapieunterstützende Standards
  - alte (bis zum Jahr 1997) = 49
  - neue (ab dem Jahr 1998) = 546

3. Bereich - Entwicklung der Richtlinien für:

a) SchülerInnen
  - alte (bis zum Jahr 1997) = 9
  - neue (ab dem Jahr 1998) = 15

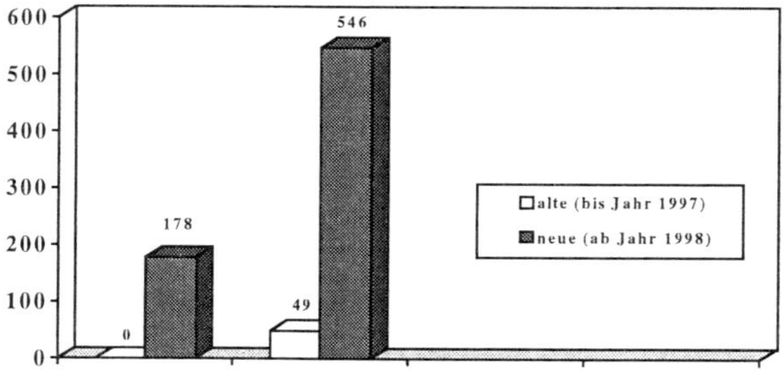

Abbildung 2: Entwicklung der Standards im Ambulanzbereich in den Jahren 1997–1999.

b) Neue MitarbeiterInnen
- alte (bis zum Jahr 1997) = 6
- neue (ab dem Jahr 1998) = 15

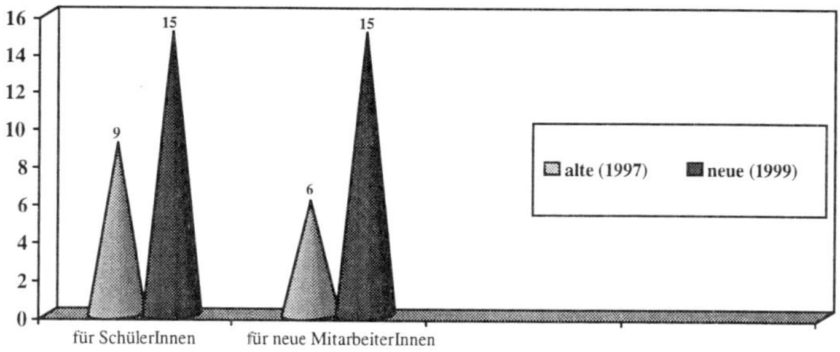

Abbildung 3: Entwicklung der Richtlinien für SchülerInnen und neue MitarbeiterInnen im Ambulanzbereich in den Jahren 1997–1999

4. **Bereich – *Über das Patientenorientierte Pflege-Projekt*:**
Mittels Interviewsdokumentationsblätter wurden positive und negative Aspekte über das Projekt dokumentiert. Folgende charakteristische Aussagen wurden festgehalten:

a) **Positive:**

„Standards und Tätigkeiten wurden genauer aufgelistet; Standards; Dokumentieren; Dass das Projekt zu Stande gekommen ist; Wichtig für die Dokumentation; Art der Pflegedokumentation bleibt der Schwester überlassen; Durch dokumentieren der Arbeitsabläufe bei Patienten hört und sieht man

genauer hin; Ambulanzübergreifende Basis für die Dokumentation wird geschaffen; Pflegerelevante Probleme werden aufgezeichnet und sind nachvollziehbar; Motivation wurde gesteigert; Selbstständigkeit und Transparenz ist größer; Größerer Eifer bei der Mitarbeit; Teamwork; Akzeptanz bei den Ärzten; Nachvollziehbarkeit der Pflegetätigkeiten zur Qualitätssicherung; transparente Arbeitsleistung; Umsetzung der Pflegedokumentation nach dem Gesetz; Positive Teamentwicklung; Pflege wird thematisiert; Angeregt, über eigene Arbeit nachzudenken; Ohne Projekt wäre das Produkt nicht so effektiv; Therapieunterstützende Standards besonders wichtig für neue Mitarbeiter; Mitarbeiter sind interessiert bezüglich der Pflege; Entwicklung des Teams; Abteilungsübergreifende Zusammenarbeit zu einem Pflegethema; Verbesserte Gruppendynamik; Ansprechperson; Mitarbeitern ist bewusst geworden, dass die Dokumentation verpflichtend ist;"

b) **Negative:**
„Großer Zeitaufwand neben täglicher Routinearbeit in der Ambulanz; Für die Durchführung der Pflegedokumentation sind die räumlichen Gegebenheiten nicht zufriedenstellend; Mehrbelastung neben Routinearbeit (Standards ausarbeiten); Zeitaufwand; Zu wenig Zeit während der Routinetätigkeit; Knappe Zeitressourcen für die angebotenen Fortbildungsveranstaltungen; Erhöhter Zeitaufwand; Noch einige Unklarheiten in der praktischen Durchführung; Zu Beginn ungeordnet - Richtlinien haben gefehlt; Zeitressourcen nicht ausreichend vorhanden (gleichzeitig PPR-Ambulanz, Literatursuche); Pflegestandards = Theoretisierung von ausbildungsbedingtem Wissen = Diplom; Fehlende EDV-Erfassung; Am Anfang keine konkreten Vorgaben bezüglich Form, Aufbau von zu erstellenden Standards; Zu Beginn wenige Richtlinien wie Standards aussehen sollen; Erhöhter Zeitaufwand in Bezug auf Organisation; Pflegeprozess in der Fortbildung zu kurz;"

5.3.1.1 Diskussion

Für die effektivere Dokumentation der Pflegetätigkeiten wurden neue Pflegedokumentationsblätter entwickelt. Dabei wurden die Besonderheiten einzelner Ambulanzen berücksichtigt.

Die MitarbeiterInnen haben die neuen Pflegedokumentationsblätter als eine Möglichkeit angesehen, die Pflege in der Ambulanz zu thematisieren. Mit der neu entwickelten Pflegedokumentation wurde in allen Ambulanzen die Möglichkeit geschaffen, die eigenen Tätigkeiten zu dokumentieren. Die Dokumentationspflicht wurde ebenfalls bewusster erfüllt.

Durch die - nicht einfache - Entwicklung der Standards wurde die Sensibilität der MitarbeiterInnen für die aktuellen Pflegeinhalte und Tätigkeiten erhöht. Das wiederum verbesserte die Zusammenarbeit und Gruppendynamik. Der Zeitmangel wurde von den Beteiligten als besonders problematisch empfunden und hat die gesamte Projektarbeit begleitet.

5.4 Gesamtergebnisse

Die Ergebnisse unserer Umfrage zeigen, dass die Pflegepersonen sowohl die Dokumentation als auch die Standards umsetzten. Im Vergleich zu 1997 wird im Jahr 1999 mehr dokumentiert und fast alle Pflegepersonen sind auch der Meinung, dass die Pflege schriftlich dokumentiert werden muss (siehe Frage 11). Auch die Standards werden angewendet. Für besonders wichtig halten wir, dass die Pflegemaßnahmen mit den Patienten und deren Angehörigen besprochen werden (siehe Frage 9). Dies zeigt das patientenorientierte Denken der Pflegepersonen besonders deutlich, da das Besprechen der Pflegemaßnahmen ein sehr wichtiger Aspekt der Patientenorientierung ist.

Außerdem hat das Projekt stark dazu beigetragen, dass sich die Pflegepersonen mit den Standards „identifizieren" können (Fragen 19a, 19b).

6 Diskussion

Wir sehen in den Ergebnissen unserer Forschung den Erfolg des Projektes bestätigt. Es ist gelungen, mit den Pflegestandards und der Pflegedokumentation ein sehr gutes Qualitätsmanagementsystem einzuführen, dass sich in der Praxis bewährt und von allen MitarbeiterInnen geschätzt wird. Die Pflegepersonen können bewusst gemäß den Standards arbeiten und ihre Arbeit auch effektiv dokumentieren. Außerdem kam es zu einer bereichsübergreifenden Zusammenarbeit der Abteilungen, und das Teamwork wurde ebenfalls stark verbessert. Nicht zuletzt haben sich alle MitarbeiterInnen mit den Neuerungen in der Pflege (Patientenorientierung) befasst und haben einen neuen Gesichtspunkt ihrer Arbeit kennen gelernt. Dadurch können sie den Patienten besser betreuen.

Auch die Qualität der Ausbildung konnte durch Tätigkeitskataloge und neue Richtlinien verbessert werden. Der Ausbildungsstand der Pflegepersonen wurde durch berufsbegleitende Fortbildungen gesteigert.

All dies hat dazu beigetragen, die Qualität der Pflege entscheidend zu verbessern. Natürlich hängt die Qualität der Pflege noch von vielen anderen Faktoren ab und manches ist noch zu verbessern. Vor allem die in manchen Ambulanzen sehr hohe Patientenfrequenz kann – bei nicht optimalen Strukturen – ein Hindernis beim Umsetzen der patientenorientierten Pflege sein. Außerdem müssen die Standards und die Pflegedokumentation regelmäßig überprüft, weitere Verbesserungsvorschläge umgesetzt, und Fortbildungen mit aktuellen Themen durchgeführt werden, um das Niveau, das wir erreicht haben, zu halten beziehungsweise zu erhöhen.

7 Innerbetriebliche Fortbildung der MitarbeiterInnen

Nach mehreren Gesprächen, wie wir die Pflege im Ambulanzbereich verbessern können, haben wir uns entschlossen, eine innerbetriebliche Fortbildung durchzuführen.

Denn gezielte Fortbildungen wirken positiv auf das Berufsverständnis und das Arbeitsklima ein. Die Ergebnisse der Erhebungen (1997 und 1999) haben uns sehr geholfen den Fortbildungsbedarf festzustellen und die Fortbildungen zu planen. (vgl. Kozon, Abasinejad, Kabagaya-Fröhlich, 2000, 11-28) Außerdem haben die MitarbeiterInnen uns gezeigt, dass sie sehr motiviert sind, Fortbildungen zu besuchen.

7.1 Vorbereitung der Fortbildung

Für die Organisation der Fortbildung haben wir folgende Schritte gesetzt:

- Fortbildungsbedarf erheben
- Lehrplan erstellen
- ReferentInnen auswählen
- Zielgruppe informieren
- Auswahl der TeilnehmerInnen
- Kursraumbeschaffung
- Evaluierungsinstrument entwickeln

7.2 Lehrplan

7.2.1 Ziel der Fortbildung

Pflegepersonen aus dem zentralen Ambulanzbereich verstehen die Grundelemente der patientenorientierten Pflege und können diese mit Hilfe der Subgruppenleiterinnen in der Praxis anwenden.

7.2.2 Inhalte der Fortbildung

- Gesprächsführung mit MitarbeiterInnen und PatientInnen
- Berufsbezogene Rechtskunde

- Zusammenarbeit mit sozialen Diensten
- Berufsverständnis: medizinische Orientierung versus pflegetheoretischer Ansatz

7.2.3 Methoden der Fortbildung

Die Kurse verliefen nach den Kriterien der Erwachsenenbildung (teilnehmerorientiert, situationsabhängig). In den Kursen wurde mit Impulsreferaten, Kleingruppen und Plenumsdiskussionen gearbeitet. Weiteres erhielten die TeilnehmerInnen Literatur zum Selbststudium.

7.3 Durchführung der Fortbildung

Von 210 Gesundheits- und Krankenpflegepersonen absolvierten 135 Personen, freiwillig zwischen Jänner 1998 und Juni 1999 insgesamt 8 Kurse.

Ein Kurs dauerte 2 Monate berufsbegleitend.

- Kurs 1 - 3 zu je 40 Unterrichtseinheiten
- Kurs 4 - 5 zu je 42 Unterrichtseinheiten
- Kurs 6 - 8 zu je 49 Unterrichtseinheiten

Nach jedem Kurs erfolgte eine schriftliche Auswertung durch die TeilnehmerInnen; Änderungsvorschläge und Anregungen der KursteilnehmerInnen wurden nach Möglichkeit berücksichtigt. Die Zusammenarbeit der KursteilnehmerInnen wurde positiv bewertet, woraus man folgern kann, dass bei den TeilnehmerInnen eine hohe soziale Kompetenz vorhanden ist.

Für 15 Stationsleitungen wurden im Herbst 1999 zwei Workshops veranstaltet, mit dem Ziel, dass die TeilnehmerInnen sich einerseits mit den unterschiedlichen Erwartungen der im Ambulanzbereich tätigen Berufsgruppen, beschäftigen, und anderseits Problemslösungsstrategien für die Pflegeorganisation entwickeln. Zusammenfassend schließen wir, dass die Fortbildungen erfolgreich waren.

8 Entwicklung in der Praxis

8.1 Pflegedokumentation

8.1.1 Ausgangssituation

Parallel zur laufenden Fortbildung der Pflegepersonen sind 14 Subgruppen mit je einer Subgruppenleiterin (freiwillige MitarbeiterInnen) festgelegt worden. Diese Gruppen wurden von den zwei Projektmitarbeitern betreut. In regelmäßigen Zeitabständen folgten klinikübergreifende Subgruppentreffen. Diese Besprechungen sollten helfen, die aktuellen Aufgaben und Probleme zu klären und zu lösen.

Vorab wurde eine Analyse der häufigsten Pflegediagnosen/Pflegeprobleme im Ambulanzbereich mit den Subgruppenleiterinnen durchgeführt. Darauf aufbauend wurden Pflegestandards entwickelt, begutachtet, korrigiert und überarbeitet. Für den mitverantwortlichen Tätigkeitsbereich wurden ebenso Standards erstellt, die für eine Korrektur, Begutachtung und Ergänzung medizinischerseits den Klinikvorständen und Abteilungsvorständen vorgelegt wurden. Das endgültige Pflegedokumentationsformular wurde von einigen Mitarbeitern des Ambulanzbereiches entworfen.

8.1.2 Testphasen der Entwicklung der Pflegedokumentation

Im Februar 1998 wurde die gesamte Pflegedokumentation im Ambulanzbereich analysiert. Weiters haben wir Literatur zur Entwicklung der Pflegedokumentation recherchiert. Durch die Entwicklung der Standards wurde uns das Lay-out der Dokumentationsformulare klarer.

Die erste Version der Pflegedokumentation für den Ambulanzbereich wurde im Dezember 1998 entworfen. Von Jänner bis Februar wurden in einzelnen Ambulanzen - mit Hilfe der ProjektmitarbeiterInnen - die ambulanzspezifischen Dokumentationen entworfen (zweite Version). Nach einmonatigem Probelauf im März 1999 wurde die Pflegedokumentation von der Projektleiterin, vom Projektteam, von den Subgruppenleiterinnen und den Stationsschwestern auf Inhalt und Aufbau besprochen und diskutiert. Verbesserungsvorschläge wurden eingearbeitet und die Formulare wurden überarbeitet.

Die Formulare der dritten Version der Pflegedokumentation wurden in der Praxis weitere drei Monate angewendet, überprüft und präzisiert. Danach wurden sie ein fester Bestandteil der Patientendokumentation.

8.2 Standards

Die Entwicklung der Standards hat im *Patientenorientierten Pflegekonzept (POP)*-Projekt eine wesentliche Rolle gespielt.

Wir wollen, dass Pflegepersonen ihr Handeln im Berufsalltag bewusst ändern können und in der Praxis lernen (*learning by doing*). Die neu entwickelten Standards in schriftlicher Form sind das Ergebnis dieser Bemühungen.

In der Vorbereitungsphase wurde gründlich Literatur über Pflegestandards recherchiert. Den MitarbeiterInnen wurden die ausgewählten Beiträge durch die Subgruppenleiterinnen vermittelt.

Endversion der Pflegedokumentation im Ambulanzbereich – Anhand eines Beispieles

Allgemeines Krankenhaus der Stadt Wien
Universitätsklinik für Orthopädie
AMBULANZ
A-1090 Wien, Währinger Gürtel 18-20
DVR:0000191

AKH WIEN AMBULANZ

Name:
(Etikette)

PFLEGEDOKUMENTATION
Orthopädie 7D

STANDARDS:

im eigenverantwortlichen Tätigkeitsbereich: — Pflegestandards	**im mitverantwortlichen Tätigkeitsbereich:** — Therapieunterstützende Standards
1. Schmerz	A. Infiltration B. Punktion
2. Angst	C. Verbandwechsel D. Nahtentfernung/Klammernentfernung
3. Mobilität beeinträchtigt	E. Punktion der (Kubital-)Venen und Blutgewinnung
4. Infektionsgefahr	F. Hüftscreening – Untersuchung des Säuglings G. Gipsen bei Fußdeformitäten bei Säuglingen H. Schmerzinfusion
5. Beeinträchtigung des Hautzustandes - Wunde	I. Arthroskopie des Kniegelenks J. Medikamentenverabreichung
6. Handhabung von Behandlungs-empfehlungen ungenügend	K. EKG L. Informationsgespräch M. Ambulant durchgeführter Eingriff in Lokalanästhesie
7. Kooperationsbereitschaft fehlend	N. Vitalfunktionskontrolle

Datum	Uhrzeit von - bis	Durchgeführte Tätigkeit/ Standard-Abkürzung/Nr.	Anmerkung	Handzeichen

Pflegedokumentation, Vorderseite

Individuelle Pflegeprozessdokumentation

Datum	**Pflegeproblem/ Pflegediagnose**	**Pflegeziel**	**Maßnahmen**	**Durchführung** Uhrzeit, Handzeichen	**Auswertung** Effektivität/ Patientenzufriedenheit (Bemerkungen)

Datum		Handzeichen

Pflegedokumentation, Rückseite

Nach der Analyse der Pflegediagnosen und Pflegeprobleme in einzelnen Ambulanzen des AKH, wurde eine Reihung nach Häufigkeit der Pflegediagnosen, beziehungsweise der therapieunterstützenden Tätigkeiten, durch die Subgruppenleiterinnen, festgelegt.

A. Pflegediagnosen die im Ambulanzbereich am häufigsten vorkommen:

1. Schmerz
2. Angst
3. Hautzustand beeinträchtigt (Wunde)
4. Mobilität beeinträchtigt (An- und Ausziehen, Lagerung)
5. Infektionsgefahr
6. Durchblutungsstörung
7. Harninkontinenz
8. Obstipation
9. Hautpflege
10. Handhabung von Behandlungsempfehlungen ungenügend
11. Kooperationsbereitschaft fehlend

B. Häufig vorkommende therapieunterstützende Tätigkeiten im Ambulanzbereich:

1. Verbandwechsel
2. Nähte/Klammern entfernen
3. Blutabnahme
4. Vitalfunktionen Kontrolle (RR, Puls, Temperatur)
5. Medikamentenverabreichung (p.o., s.c., i.v.)
6. Assistenz bei diversen Untersuchungen (zum Beispiel: Gastroskopie, Biopsie, Ultraschall, Punktion, Incision, Gipsen, Infiltration, etc.)

Damit die Standards in schriftliche Form gebracht werden konnten, entwickelten wir ein *Grundschema eines Pflegestandards* und *Grundschema eines therapieunterstützenden Standards.*

Die gemeinsame Entwicklung der Standards, durch die klinikübergreifenden Subgruppen, musste koordiniert werden. Die Subgruppen entwickelten verschiedene Pflegestandards (zum Beispiel: Angst, Schmerz, Mobilität beeinträchtigt, Infektionsgefahr).

„Durch solche Standards wird ein festgeschriebener und objektivierbarer Rahmen der Professionellen Pflege geschaffen." (Staudinger, 1998, 19)

Am Ende des 8. Kapitels finden Sie als Beispiel verschiedene Pflegestandards aus Ambulanzen des AKH Wien.

8.2.1 Qualitätssicherung durch Standards

Bei der Erarbeitung der Standards übernahmen die MitarbeiterInnen eine große Verantwortung für die Pflegequalität im Berufsalltag. Daher müssen folgende Punkte erfüllt werden (vgl. Martin, 19-20):

1. Es muss deutlich sein, wer für den Inhalt eines Standards verantwortlich ist.
2. Die Leitung des Pflegedienstes muss den Grad der Verbindlichkeit der Standards ebenso festlegen wie das zu Grunde liegende Leistungsniveau.
3. Die Inhalte der Standards müssen kontinuierlich auf ihre fachliche Gültigkeit hin überprüft und wenn nötig korrigiert werden.
4. Das Datum der Erstellung muss bekannt sein. Nicht mehr gültige Standards müssen 10 Jahre archiviert werden.
5. Die Literatur, die für das Erstellen der Standards verwendet wurde, muss angegeben werden.

Eine wesentliche Voraussetzung zur Qualitätssicherung ist die jährliche Überprüfung der Standards. Verantwortlich für den eigenverantwortlichen Tätigkeitsbereich im ambulanten Bereich ist die Stationsschwester. Im mitverantwortlichen Tätigkeitsbereich der ambulanzführende Oberarzt gemeinsam mit der Stationsschwester. Die stattgefundene Überprüfung, beziehungsweise die vorgenommenen Korrekturen sind mit Datum zu versehen und mit Unterschrift der Pflegedienstleitung - im mitverantwortlichen Tätigkeitsbereich vom Klinikvorstand (Abteilungsleiter) - zu bestätigen.

Wichtig für die Weiterentwicklung der Standards sind:

- Teilnahme an Fortbildungen
- Erfahrungs- und Informationsaustausch
- Literaturstudium

Die Neuerungen sind in Teambesprechungen mittels Protokoll festzuhalten und allen MitarbeiterInnen des Pflegedienstes nachweislich bekannt zu machen. Die Formblätter der Pflegedokumentation und Standards sind in jedem Ambulanzbereich für alle MitarbeiterInnen (interdisziplinär) jeder Zeit einsehbar aufzulegen (Pflegemappe). Ebenso gehen PraxisanleiterInnen bei der Überarbeitung der Schülerlernzielkataloge vor.

8.3 Pflegemappe

Die Endversionen der entwickelten Standards sind in jeder Ambulanz in sogenannten Pflegemappen vorhanden. Der Inhalt der Pflegemappe ist in allen Ambulanzen einheitlich.

Pflegemappe - INHALT

1 Ambulanzbereichsbeschreibung
 1.1 Schema - Ambulanzbereich
 1.2 Tätigkeitskatalog
 1.3 Pflegeverständnis
2 Pflegedokumentation
 2.1 Pflegeformulare
 2.2 Handzeichenliste der Pflegepersonen
3 Standards
 3.1 Pflegestandards
  - im eigenverantwortlichen Tätigkeitsbereich
 3.2 Therapieunterstützende Standards
  - im mitverantwortlichen Tätigkeitsbereich
4 Richtlinien für neue MitarbeiterInnen
 4.1 Stellenbeschreibung amb. DGKS/P
 4.2 Stellenbeschreibung Abt. HelferInnen
 4.3 Beurteilungskriterien für amb. DGKS/P
5 Richtlinien für SchülerInnen
6 Sonstiges

Aus der Grafik Nr.1 ist ersichtlich, wie viele Pflege- und therapieunterstützende Standards im Ambulanzbereich des AKH Wien ausgearbeitet wurden.

Zahl der Standards im Ambulanzbereich des AKH Wien 1999

Grafik 1

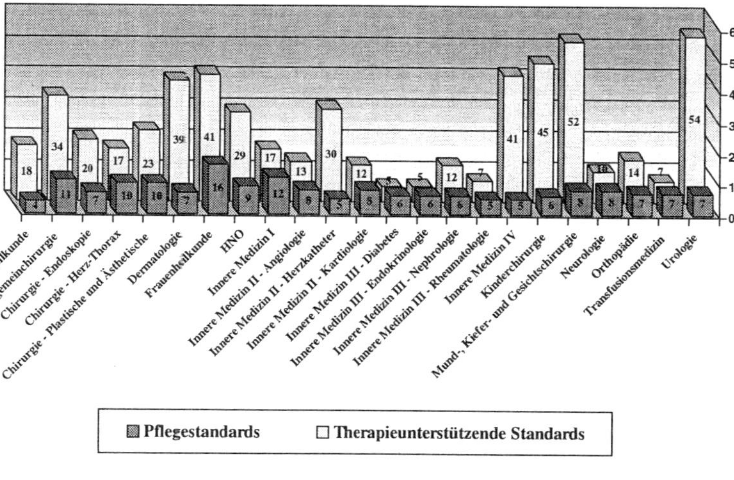

Zwei Beispiele der Pflegestandards für den eigenverantwortlichen Tätigkeitsbereich:

	Klinik: **INNERE MEDIZIN I 6I**	**Datum:** **Juli 1999** **AutorInnen:** **Ch. Jost, V. Kozon**

Pflegestandard: **SCHMERZ**	**Standard Abk./Nr.:** Schm/1

Definition:
Der Schmerz ist ein Zustand, bei dem ein Mensch Beschwerden über sein Schmerzempfinden verbal oder nonverbal äußert;

Pflegediagnose/problem:
Generalisierte Systemerkrankung bei Tumorpatienten (hämatologisch, onkologisch);
Schmerzen durch: Tumoröse Veränderungen an Knochen und Weichteilen, operative Eingriffe und Nachbehandlungen, Bestrahlungen, Zytostatikatherapie;

Schmerzskala von 0 bis 10:
0 = kein Schmerz, 1-3 = gering, 4-6 = stark, 7-10 = unerträglicher Schmerz;

Pflegeziel:
a) Schmerzen lindern/Schmerzfreiheit;
b) Senken der Schmerzintensität;
c) Verspannungen lösen (psychische, soziale Probleme);
d) Patient soll lernen, mit der Schmerzsituation besser umgehen zu können;

Pflegemaßnahmen:
Verständnis zeigen für die individuelle Situation des Patienten;
Ablenkungen: z.B. durch Gespräch (psychische Betreuung);
Schmerzanamnese erheben ? beobachten welche Mittel helfen;
Umgebung möglichst ruhig gestalten, gute Zusammenarbeit zwischen Angehörigen und Pflegepersonal;
Lagerungen: Bereitstellen von geeigneter Liege bzw. Sitzmöglichkeit, Lagerungsbehelfe, Gehhilfen;
Kälte oder Wärmezufuhr (akut bzw. chronisch);
Analgetika nach ärztlicher Anordnung;
Schmerzprophylaxe;

Pflegedurchführung:
Anzahl der Pflegepersonen: 1 DGKS/P mit Unterstützung des Arztes
Material: Patientenliege, Rollstuhl, Gehhilfen, Lagerungsbehelfe, Ruheraum, Analgetika;
Zeit: mindestens 10-30 Minuten

Pflegeauswertung:
a) Wirkung der Pflegemaßnahmen;
b) Vergleich der erreichten Ergebnisse mit gesetzten Pflegezielen;
c) Subjektive Zufriedenheit des Patienten (+/-) ? wenn möglich Schmerzskala von 0 bis 10 befragen;

Hinweise:
Allgemein gilt:
Schmerz als subjektive Empfindung des Patienten **ist immer da, wenn es der Patient sagt!**

Literatur:
Hiess, H.; Kozon, V. (1997): Versuch einer Pflegeplanung bei Patienten mit chronischen oder akuten Schmerzen. in: Kozon, V.; Fortner, N. (Hrsg.): Vaskuläre Pflege, eine multidisziplinäre Aufgabe. ÖGVP, Wien, 30-33.
Hueper, Ch. (1996): Schmerz in der Pflege und Pflegeforschung. Pflege & Gesellschaft, 1, 8-13.
Koch, G. (1998): Schmerzmanagement in einer chirurgischen Klinik. 1. Teil. Die Schwester/Der Pfleger, 37, 8, 660-664.
McCaffery, M.; Beebe, A.; Latham, J. (1997): Schmerz – Ein Handbuch für die Pflegepraxis. Ullstein Mosby, Berlin.
Sedlarik, K. M. (Hrsg.) (1993): Wundheilung. 2. Aufl., G. Fischer, Jena [u.a.], 56-59.

Datum, Unterschrift: ObSr.:

	Klinik:	**Datum:**	**Juli 1999**
	INNERE MEDIZIN I 6I	**AutorInnen:**	**D. Sponner, E. Vatter, B. Metnitzer, A. Wagner, G. Weilguny, V. Kozon**

Pflegestandard:
ANGST

Standard Abk./Nr.: An/1

Definition:
Angst ist ein negatives Gefühl, welches meistens bei einer bedrohlichen Situation auftritt;
Angstskala von 0 bis 10:
0 = keine Angst, 1-3 = gering, 4-6 = mäßig, 7-9 = groß, 10 = panische Angst;

Pflegediagnose/problem:
Symptome der Angst in physiologischer, emotionaler und sozialer Hinsicht;
Mögliche Ursachen: „Spitalseintritt, Schmerzen, bestimmte Behandlungen z.B. chirurgische Eingriffe, Invalidität, Trennung von der Familie, Tod.“*

Pflegeziel:
1. Signale der Angst erkennen: „auf subjektiver Ebene (Gefühlsebene)
   auf Ausdrucksebene (Mimik, Gestik)
   auf physiologischer Ebene (Erregbarkeit des Körpers)
   auf Handlungsebene (Bewältigungs- und Vermeidungsstrategie)
   auf kognitiver Ebene (Interpretation des Gesamtergebnisses)“*;
2. ruhige Atmosphäre herstellen;
3. Angst aussprechen;
4. Angst mindern;
5. Sicherheit geben;

Pflegemaßnahmen:
a) Sich gegenseitig bekanntmachen (Patient und Pflegeperson);
b) Vertrauensbasis herstellen, Informationen sammeln, Ursachen der Angst erkennen;
c) Für ruhige Atmosphäre sorgen, störende Faktoren reduzieren;
d) Ressourcen erfassen und entsprechend agieren, wenn möglich Personen des Vertrauens (Angehörige) miteinbeziehen;
e) Ausführliche Information über alle geplanten Maßnahmen, falls möglich positive Voraussagen machen;
f) Durchführen der Maßnahmen erst nach Einverständnis des Patienten;
g) Ablenken, damit Patient Distanz zur Angst bekommt;
h) Bei Bedarf positiven Erfahrungsaustausch mit anderen Patienten ermöglichen;
i) Informationsbroschüren mitgeben, andere soziale Dienste und Selbsthilfegruppen anbieten;
j) Psychopharmaka nach ärztlicher Anordnung verabreichen;

Pflegedurchführung:
Anzahl der Pflegepersonen: 1 DGKS/P
Zeit: je nach Angststufe 10-45 Minuten

Pflegeauswertung: Feedback von Patienten/Angehörigen; wenn möglich Angststufe nach Angstskala von 0 bis 10 befragen; Kontrolle ob die Pflegeziele erreicht wurden;

Hinweise: Angst nicht negativ besetzen; bei Panik beim Patienten bleiben!

Literatur:

* Bühlmann, J. (1998): Angst. In: Käppeli, S. (Hrsg.): Pflegekonzepte. Huber, Bern [u.a.], 85-86, 90.
Carpenito, L. J. (1995): Nursing Diagnosis. Application to Clinical Practice. 6. Aufl., Lippincott, Philadelphia, 127-140.
Doenges, M. E.; Moorhouse, M. F. (1994): Pflegediagnosen und Maßnahmen. 2. Aufl., Huber, Bern [u.a.], 89-94.
Gordon, M. (1998): Handbuch Pflegediagnosen. 2. Aufl., Ullstein Medical, Wiesbaden, 286-294.
Stösser, A. von (1995): Qualitätsstandards in der Krankenpflege. Band 2. Stösser - Standard, St. Katharinen, 11-12.
Strian, F. (1983): Angst. Grundlagen und Klinik. Springer, Berlin [u.a.], 185-334.

Datum, Unterschrift: ObSr.:

Ein Beispiel der Therapieunterstützenden Standards für den mitverantwortlichen Tätigkeitsbereich:

	Klinik: **ORTHOPÄDIE 7D**	**Datum: Juni 1999** **AutorInnen: K. Sperl, A. Ruthenstock, S. Lackner, E. Donaty, K. Fürstauer, M. Holcak, I. Arnet, V. Kozon, Ch. Jost**

Standard zur Durchführung: **VERBANDWECHSEL**	**Standard Abk./Nr.:** VW/1

Ziel: Ausheilung der Wundinfektion und optimale Wundheilung/keimfreier Wundheilungsverlauf;

Begleitende Pflegediagnosen/probleme:
Infektionsgefahr/ Wundinfektion; Angst; Schmerz; Aktivitätsintoleranz; Selbstversorgungsdefizit; Temperaturanstieg; Hautzustand beeinträchtigt (Hämatom, Pflasterunverträglichkeit, Druckstellen);

Vorbereitung:

1. des Patienten:
Patienten über Verbandwechsel (Sinnhaftigkeit) aufklären und sich als Pflegeperson davon überzeugen, daß Patient Verbandwechsel zu Hause durch Vertrauensperson/durch mobile Schwester durchführen kann; Patienten in eine angenehme Lage bringen und sein Schamgefühl beachten; den Patienten beim Aus- und Ankleiden unterstützen;

2. Material:
Einmalhandschuhe (evtl. sterile Handschuhe), Reinigungsmittel (z.B. Ringer Lsg., physiol. NaCl Lsg.), Desinfektionsmittel (z.B. Octenisept, Betaisodona Lsg.), steriles Verbandmaterial (Baumwoll-Tupfer, Alginat [z.B. Kaltostat], Aquazell, Hydrokoloidfolie etc.), Binden und Fixationsmaterial (z.B. Leukosilk, Fixomull etc.), Abwurfsackerl oder Nierentasse, Einmalschürze, Spritzen, sterile Instrumente (z.B. Pinzette, Klemme, Schere), evtl. steriles Abdeckmaterial, Wundbenzin (Pflasterrückstände zu entfernen), Wundtherapeutika lt. ärztl. Anordnung;

Assistenz/Maßnahmen während der Untersuchung:
Händewaschung und Desinfektion, nach Bedarf Einmalhandschuhe, Einmalschürze anziehen; evtl. Bettschutz oder Einmalunterlage unter das Wundgebiet legen; Verband vorsichtig ablösen. Verklebungen mit steriler Lösung befeuchten, in die Nierentasse/Abwurfsackerl abwerfen; Inspektion des Verbandes bezüglich Wundsekret (Menge, Geruch, Aussehen); Reinigung/Spülung der Wunde bei Bedarf und auf Anordnung (Pflegedokumentation); Wundtaschen gründlich spülen; Nekrosenabtragung ausschließlich vom Arzt; Reinigung des Wundrandes; Inspektion der Wunde bezüglich Größe, Tiefe, Granulation und evtl. Entzündungszeichen; angeordnete Therapeutika auftragen; Verband anlegen und fixieren;
Dokumentation bezüglich Veränderungen (schriftlich, evtl. Abbildung, Fotodokumentation);
Anzahl der Pflegepersonen: einfacher aseptischer VW –1 DGKS/P, septischer VW –2 DGKS/P
Zeit: 10-30 Minuten

Nachbetreuung:

des Patienten:
Möglichst wenig Manipulation an Verband und Wunde zu Hause;
Auf Komplikationen hinweisen (Blutung, Sekretion, Schmerzen, Temperatur, ...);
Kontrolltermin vereinbaren; Heimtransport bei Bedarf organisieren;

Schlußarbeiten:
Gebrauchtes Material hygienisch entsorgen; Händewaschung und Desinfektion; Dokumentation;

Hinweise:
In Kontakt mit der Wunde immer steriles Material verwenden!
Kontamination bei unsachgemäßer Handhabung (von Seiten des Patienten/Pflegepersonals);
Bei Verdacht der Infektion – Arzt hinzuziehen;

Literatur:
Asmussen, P.; Söllner, B. (1995): Wundmanagement – Prinzipien und Praxis. Beiersdorf Medical Bibliothek, Hamburg.
Fischer, H. (1996): Pflegestandards. Maudrich, Wien [u.a.], G28, G29.
Kammerlander, G. (1998): Lokaltherapeutische Standards für chronische Hautwunden. Springer, Wien [u.a.].
Sedlarik, K. M. (Hrsg.) (1993): Wundheilung. 2. Aufl., G. Fischer, Jena [u.a.].

Datum, Unterschrift: ObSr.: **Arzt:**

9 Tätigkeitskatalog

9.1 Weiterentwicklung der Tätigkeitskataloge

Die erste Version des Tätigkeitskataloges wurde im Jahr 1995 erstellt. Diese wurde mit einer Gruppe von sieben MitarbeiterInnen und einer Projektmitarbeiterin auf Grundlage der Stellenbeschreibung des Wiener Krankenanstaltenverbundes und des Gesundheits- und Krankenpflegegesetzes strukturiert und inhaltlich aktualisiert.

10 Richtlinien für SchülerInnen

Durch die Erarbeitung des Schülerlernzielkataloges wurde den Pflegepersonen die Bedeutung der praktischen Ausbildung der SchülerInnen und PraktikantInnen bewusster. Die vorhandenen Schülerlernzielkataloge wurden von den PraxisanleiterInnen inhaltlich den neuen Ausbildungsrichtlinien des Gesundheits- und Krankenpflegegesetzes angepasst und weiterentwickelt.

11 Diskussion

Zu Beginn des Projektes im Jahr 1997 war es schwierig, die Ängste der MitarbeiterInnen vor den „Neuerungen" zu vermindern. Unser Ziel, „unsichtbare", als selbstverständlich betrachtete pflegerische Tätigkeiten aufzuzeigen, haben wir durch das Projekt *Patientenorientiertes Pflegekonzept* erreicht.

Es war uns sehr wichtig, die Pflegedokumentation, Standards, Tätigkeitskataloge und die Richtlinien für SchülerInnen zu entwickeln. Die Hauptarbeit haben die MitarbeiterInnen der verschiedenen klinischen Ambulanzen geleistet. Die schriftlichen Unterlagen sind hilfreich bei der Einschulung neuer MitarbeiterInnen und sollen die gesamte Pflegearbeit in der Ambulanz darstellen.

Von wesentlicher Bedeutung war die Begleitung, Beratung und Steuerung des Projektes von Projektmitarbeitern, welche die Strukturen des Krankenhauses kennen, jedoch nicht in die Hierarchie der Ambulanz eingebunden sind.

12 Zusammenfassende Schlussfolgerungen

Während des Projektes wurde deutlich, dass die MitarbeiterInnen hoch motiviert und von der Notwendigkeit einer umfassenden Pflegedokumentation überzeugt sind. Als positive Begleiterscheinung dieses Projektes konnten wir rege berufsgruppeninterne wie auch interdisziplinäre Diskussion feststellen.

Durch Thematisierung der Patiententenorientierung wurden traditionelle Handlungen hinterfragt und neue Problemlösungen gesucht. Wir konnten mit Hilfe der MitarbeiterInnen viele Neuerungen in der Pflegepraxis einführen. Ein kontinuierlicher Soll-Ist-Vergleich ist notwendig, damit die Qualität der patientenorientierten Pflege sich nicht verschlechtert, sondern ihr Niveau weiter steigt.

Die pflegerischen Werte werden durch dieses Projekt positiv beeinflusst. Diese Werte werden vom Klima der MitarbeiterInnen der Ambulanzen zum Ausdruck gebracht, aber viel mehr werden sie von den persönlichen und professionellen Ansichten jedes Einzelnen getragen.

Diese gemeinsame Arbeit hat uns einander näher gebracht - die Mitglieder des Projektteams, die Subgruppenleiterinnen und die Pflegenden in den Ambulanzen.

Durch die Professionalität und das persönliche Engagement jedes/jeder Einzelnen wurde die Vielschichtigkeit des Tätigkeitsbereiches der Pflege gezeigt. Dadurch wurde ein Beitrag zur Qualitätssicherung geleistet.

12.1 Aufgaben und Empfehlungen für die Pflegepraxis

Es sollte regelmäßig interdisziplinäre Besprechungen zu aktuellen Themen und Problemen des Ambulanzbereiches geben. Die Anwendung der Standards und der Pflegedokumentationen werden mittels Pflegemanagementvisite kontrolliert und Impulse für eine Weiterentwicklung der Standards werden systematisch gesammelt.

Die Standards und Pflegedokumentationen müssen regelmäßig überprüft werden (einmal jährlich). Außerdem sollten regelmäßige Fortbildungen stattfinden, um die Pflegequalität zu gewährleisten. Pflegepersonen sollen die durch Fortbildungen erworbenen Kenntnisse in der eigenen Pflegearbeit anwenden.

Weiters sollen die Pflegeleistungen in der Leistungsfrequenz der Kostenstellenrechnung des Ambulanzbereiches beachtet werden. Die Leistungen der Pflege müssen konsequenter in der Ablauforganisation des Ambulanzbereiches berücksichtigt werden.

12.2 Vorschläge für weitere Pflegeforschung

Die zurzeit erreichte Entwicklung sollte in den nächsten zwei Jahren auch pflegewissenschaftlich überprüft werden.

Vergleichend können die bereits untersuchten Forschungsfragen (Fragebogen 1999) weiter verfolgt werden, um neue Erkenntnisse beziehungsweise aktuelle Problemlösungen zu finden, sowie der Pflegeforschung einen weiteren Impuls zu geben.

Literatur

Abdellah, F.G.; Beland, I.L.; Martin, A.; Matheney, R.V. (1960): Patient-centered Approaches to Nursing. Macmillan, New York.

Abdellah, F.G. et al. (1973): New Directions in Patient-centered Nursing. New York.

Althoff, R. (1995): Patientenorientierte Reform der Krankenpflegeausbildung. PflegePaedagogik, 1, 22–27.

Bartholomeyczik, S. (1986): Gesundheit als Voraussetzung patientenorientierter Krankenpflege. Österreichische Krankenpflegezeitschrift, 10, 228–232.

Bienstein, Ch. (1989): Inhalt und Zielsetzung der patientenorientierten Krankenpflege. Krankenpflege, 5, 214–216.

Bischoff-Wanner, C. (1989): Hat die „patientenorientierte Pfege" Durchsetzungschanzen? In: Neander, K.-D. (Hrsg.): Patientenorientierte Pflege. Zuckschwerdt, München, 84 - 97.

Bleses, H. (1998): Patientenorientierte Bereichspflege weder erfolglos noch folgenlos! Die Schwester/Der Pfleger, 37, 5, 372–378.

Davis, B.; Billings, J.; Ryland, R. (1994): Evaluation of Nursing Process Documentation. Journal of Advanced Nursing, 19, 5, 960–968.

Eichorn, S. (1993): Patientenorientierte Krankenhausorganisation. In: Badura, B. u. a.: System Krankenhaus. Juventa Verlag, München, 241-253.

Flammang, A. (1988): Absage an einen Mythos. Überlegungen und Thesen zum Konzept der patientenorientierten Krankenpflege. Die Schwester/Der Pfleger, 27, 6, 476–48.

Guerber, M. (1994): Patientenorientierte Pflege: die Anforderungen. PflegeManagement, 3, 13–16.

Hauke, E. (1997): Patientenorientiert denken. AKHtuell, 7, 3.

Hauke, E. et al. (1997): Leitfaden Patientenorientierung. Anregung zur Praxis der Qualitätssicherung im Krankenhaus. Bundesministerium für Arbeit, Gesundheit und Soziales, Wien.

Hawthorne, D. L.; Yurkovich, N. J. (1995): Science, technology, caring and the professions: are they compatible? Journal of Advanced Nursing, 21, 1087–1091.

Heimerl, K. (1998): Patientenorientierung für Organisationen der Krankenversorgung und Pflege. In: Gruber, E.; Höhmann, U.; Müller-Mundt, G.; Schulz, B. (1997): Patientenorientierte Versorgungskontinuität. Überleitungspflege: Möglichkeiten und Grenzen. Die Schwester/Der Pfleger, 1, 27–32.

Höhmann, U.; Weinrich, H.; Gätschenberger, G. (1996): Die Bedeutung des Pflegeplanes für die Qualitätssicherung in der Pflege. Agnes Karll Institut für Pflegeforschung, Eschborn.

Höhmann, U.; Weinrich, H.; Gätschenberger, G. (1997): Neues Dokumentationssystem zur vereinfachten patientenbezogenen Umsetzung des Pflegeprozesses in ambulanter und stationärer Langzeitpflege. Pflege, 10, 157–163.

Kabagaya-Fröhlich, E. (1997): Fortbildung für patientenorientierte Pflege im zentralen Ambulanzbereich des AKH. (Abschlussarbeit im Rahmen des Hochschullehrganges für lehrendes Krankenpflegepersonal 1995–1997) Akademie für Fortbildungen und Sonderausbildungen, Wien.

Klee, K. (1995): Die Pflegeanamnese als Basis der patientenorientierten Pflege. Pflegezeitschrift, 48, 5, 270-273.

Klein-Lange, M.; Kaufhold-Jordan, Ch. (1992): Patientenorientierte Medizin und Pflege. Deutsche Krankenpflegezeitschrift, 12, 835-839.

Kozon, V. (1998): Patientenorientierte Pflege - eine erreichbare Vision? In: Kozon, V.; Fortner, N. (Hrsg.): Impulse für die Pflegepraxis. ÖGVP, Wien, 7-16.

Kozon, V.; Abasinejad, I.; Kabagaya-Fröhlich, E. (2000): Patientenorientiertes Pflegekonzept im Ambulanzbereich AKH Wien. Forschungs- und Entwicklungsbericht. ÖGVP, Wien.

Kozon, V., Abasinejad, I., Kabagaya-Fröhlich, E. (2000): Empirische Untersuchung des Fortbildungbedarfes in Ambulanzbereich des AKH Wien. In: Kühne-Ponesch, S. (Hrsg.): Pflegeforschung. Aus der Praxis für Praxis. Band 2: Pflegearbeit - eine wissenschaftliche Herausforderung. Fakultas, Wien, 11-28.

Leich, M.; Wittmann, C. (1996): Wir haben uns vorgenommen, patientenorientiert zu pflegen - was hat sich geändert? Pflegezeitschrift, 2, 118.

Martin, J. (1999): Pflegestandards: Grundlagen und Beispiele für Fallstandards, Funktionsstandards, Organisationsstandards. Kohlhammer, Stuttgart.

Mühlbauer, B. H.; Reinhardt, J.; Süllwold, G. (1994): Patientenorientierung und Arbeitszufriedenheit im Krankenhaus. Ministerium für Arbeit, Gesundheit und Soziales des Landes Nordrhein-Westfalen, Düsseldorf.

Müller-Mundt, G.; Schulz, B.; Höhmann, U. (1998): Patientenorientierte Qualitätssicherung. Pflege, 11, 192-198.

Neander, K. D. (Hrsg.) (1989): Patientenorientierte Pflege in der Diskussion. Forum 1, Zukkerschwerdt Verlag, München.

Reichert, N. (1993): Funktionspflege versus patientenorientierte Pflege. Die Schwester/ Der Pfleger, 2, 129-136.

Reisach, B.; Zegelin-Abt, A. (1998): Die Ressourcen des Patienten erkennen- was ist das? Die Schwester/DerPfleger, 37, 8, 672-675.

Seidl, E.; Walter, I. (1988): Verbessert die Pflegeplanung die Praxis? Untersuchung von 100 Pflegedokumentationen. (1.+ 2. Teil), Pflege, 1, 1+ 2, 50-56, 104-111.

Staudinger, Ch. (1998): Modernes Management im Pflegedienst. ManageMed, 2, 19-20.

Van den Bussche, H.; Dahlgaard, K. (1993): Möglichkeiten und Grenzen der patientenorientierten Pflege in der Krankenhausversorgung. Dokumentation und Evaluation des Modellversuchs Zimmerpflege im allg. Krankenhaus Barmbek, Hamburg.

Weidner, F. (1995): Professionelle Pflegepraxis - ausgewählte Ergebnisse einer Untersuchung auf der Grundlage eines handlungsorientierten Professionalisierungsverständnisses. Pflege, 8, 1, 49-57.

Wiese, M. (1997): Kunden- oder Patientenorientierung in der Pflege? Anmerkungen aus professionssoziologischer Sicht. PflegeManagement, 1, 33-36.

Wittneben, K. (1993): Patientenorientierte Theorieentwicklung als Basis einer Pflegedidaktik. Pflege, 6, 3, 203-209.

Pflege auf dem Weg zur wissenschaftlichen Praxisdisziplin

Frank WEIDNER
Köln

1 Einleitung

Ich möchte mich in meinem Beitrag grundsätzlich mit der Frage des Verhältnisses von Pflege und Wissenschaft auseinandersetzen. Dies allerdings bereits mit einer konkreten Perspektive, welche dem Titel des Vortrags zu entnehmen ist. Wenn ich von der Pflege spreche, dann beziehe ich mich in erster Linie auf die Praxis der Pflegeberufe im engeren Sinne, das sind in Deutschland die Kranken-, Kinderkranken- und Altenpflegeberufe, international werden auch die Hebammenberufe dazu gezählt. Diese Pflegeberufe haben, wenn ich mich nicht irre, den Weg in Richtung wissenschaftlicher Praxisdisziplin eingeschlagen. Diejenigen unter Ihnen, die sich mit Fragen der Berufsentwicklung und Professionalisierung auch unter internationalen Gesichtspunkten auseinandersetzen, wissen, dass sich diese Aussage auf den deutschsprachigen Raum bezieht. In diesem Teil Mitteleuropas scheint sich nun wirklich dieser Umbruch abzuzeichnen; anderswo ist die Entwicklung bereits fortgeschrittener, wie wir aus verschiedenen Beiträgen wissen (vgl. Steppe 1993, 159 ff; Wittneben 1995, 9 ff).

Aufgrund der begrenzten Zeit und der Vielfalt der Ihnen angebotenen Kenntnisse, Fragestellungen und Perspektiven aus den unterschiedlichen Vorträgen, will ich versuchen, meine Ausführungen anhand von vier Leitfragen zu sortieren und möglichst prägnant zu beantworten und zu belegen. Diese vier Fragen lauten:

1. Was ist unter der wissenschaftlichen Praxisdisziplin Pflege zu verstehen?
2. Warum muss sich die Pflege zu einer wissenschaftlichen Praxisdisziplin entwickeln?
3. Was sind die Anzeichen dafür, dass sich die Pflege zur wissenschaftlichen Praxisdisziplin entwickelt?

4. Was werden die Folgen aus diesem Prozess insbesondere für die Pflegepraxis sein?

Wohl wissend, dass ein solcher Fragenkatalog eine Ordnung in den folgenden Ausführungen und Präzision in den Beantwortungen verspricht, kann der Hinweis nicht unterbleiben, dass dies gleichsam nur durch eine entsprechende Beschränkung auf einige wesentliche Aspekte möglich scheint. Vollständig kann diese Diskussion hier also nicht abgebildet werden, sondern bestenfalls als verantwortbarer Einstieg und Impulsgebung.

2 Was ist unter der wissenschaftlichen Praxisdisziplin Pflege zu verstehen?

Ohne Zweifel war die Entwicklung der Pflege im letzten Jahrhundert von ihrer Verberuflichung geprägt. Im deutschsprachigen Raum sind, was die Aus-, Fort- und Weiterbildung sowie die Arbeitszeit anlangt, aus der weitgehend ungeregelten und schlecht bezahlten Arbeit der „Krankenwartung und Pflege" einige durch Ausbildungsregelungen eindeutig bestimmte Pflegeberufe mit tariflicher Vertragsgrundlage entstanden. Als ein klassischer Frauenberuf, der zugleich als Assistenz- (oder sagen wir es ruhig etwas plakativer) Anhängselberuf der klassischen Männerdomäne „Medizin" konstruiert wurde, unterlag die Entwicklung gesamtgesellschaftlichen und geschlechterspezifischen Ausprägungen. An anderer Stelle habe ich den Zusammenhang und die Spannung zwischen der „weiblichen Pflege" und der „männlichen Medizin" schon einmal ausgeführt (Weidner 1995, 70ff). Konsequenzen aus diesem Prozess waren und sind u.a. die Abhängigkeit pflegerischen Denkens und Handelns von der medizinischen Autorität und ihrem Paradigma (was ich darunter verstehe werde ich weiter unten noch erläutern) und gewissermaßen als Folge daraus der Ausschluss vom Zugang zu einer eigenen systematischen Wissensbasis (Wissenschaft) sowie unklare und weitgehend ungeregelte Handlungsräume (fehlende Autonomie), um hier nur das Wichtigste zu nennen.

Donaldson und Crowley haben bereits 1978 einen viel beachteten Beitrag unter dem Titel „The Discipline of Nursing" veröffentlicht. Eine Kernthese darin war, dass Disziplinen wissenschaftsorientiert sind – und sich damit von Berufen per Definition grundsätzlich unterscheiden – und sich grob in akademische Disziplinen (z.B. Mathematik, Geschichte, Philosophie) und professionelle Disziplinen (z.B. Rechtswissenschaft, Medizin oder Pflege) unterscheiden lassen. Akademische Disziplinen haben kein besonderes Handlungsfeld, für das sie ihre Erkenntnisse zur Verfügung stellen. Ihnen geht es in erster Linie um den Wissenszuwachs und die Entwicklung von Theorien für einen allgemeineren

Gebrauch. Professionelle Disziplinen hingegen schließen ein besonderes Handlungsfeld ein, wie z.B. die juristische Praxis (z.B. die Rechtsprechung), die medizinische oder auch die pflegerische Praxis. Ihnen geht es in erster Linie um die Fragen des praktischen Handelns und um die Entwicklung von anwendbaren Konzepten (vgl. 1978, 115). Oder anders ausgedrückt: Professionelle Disziplinen lassen sich weniger von der Frage „Was ist wahr?" leiten, sondern eher von der Frage: „Was ist zu tun?".

Es geht in der Frage der Ausrichtung der jeweiligen Disziplin - akademisch oder professionell - also immer auch um die Frage des konkreten Verhältnisses der Wissenschaft zum jeweiligen Gegenstand. Stark vereinfacht ausgedrückt geht es um das Verhältnis der Mathematik zu den Zahlen, der Philosophie zur Erkenntnis, der Medizin zur ärztlichen Praxis und in unserem Fall um das Verhältnis der Pflegewissenschaft zur Pflegepraxis.

Axmacher hat in seinem wegweisenden Beitrag von 1991 „Pflegewissenschaft - Heimatverlust der Krankenpflege?" idealerweise dieses Verhältnis von Pflegewissenschaft und Pflegepraxis als ein dialektisches beschrieben. Dabei ist die Pflegewissenschaft weder von der Pflegepraxis völlig losgelöst zu denken, noch kann und sollte sie von ihr vollends bestimmt und kontrolliert werden. „Nicht nur die Wissenschaft ist auf der Suche nach ihrem Gegenstand, auch der Gegenstand ist auf der Suche nach reflexiven Ausdrucksformen,.." (1991, 135). D.h., dass es innerhalb der Pflege auch ohne Wissenschaft immer schon das Bedürfnis nach (Selbst)reflexion gegeben hat. Wissenschaft versteht sich in diesem Sinne als eine Art Bergungsunternehmen, welches das in der Praxis vorhandene Wissen und Können ans Tageslicht holt, es genau beschreibt, analysiert, transformiert, kombiniert und es schließlich und endlich zu einem Gutteil der Praxis wiederum zur Verfügung stellt. Sie enthebt das Wissen und Können der Pflege damit der subjektiven Zufälligkeit und des personengebundenen Auftretens und Verschwindens und macht es universell zugänglich (vgl. Axmacher 1991, 135).

Wenn ich nun also von der „wissenschaftlichen Praxisdisziplin Pflege" spreche, dann betone ich hier zum Einen insbesondere die Wissenschaftsorientierung als neues, unverzichtbares und bestimmendes Element der Pflege. Zum Anderen geht es mir um den dynamischen Zusammenhang zwischen Wissenschaft und Praxis. Ich spreche also absichtlich nicht von der „Praxisdisziplin Pflegewissenschaft", wie es jüngst Dornheim u.a. diskutiert haben (vgl. 1999, 73 ff), sondern von der Praxisdisziplin Pflege. In der folgenden Abbildung habe ich diesen anschaulichen Zusammenhang dargestellt. Ich gehe also davon aus, dass es nunmehr mindestens vier Handlungsfelder innerhalb der Praxisdisziplin Pflege gibt: Pflegepraxis, Pflegemanagement, Pflegepädagogik und Pflegewissenschaft. Die Pfeile in der Abbildung 1 deuten an, dass es zahlreiche beschreibbare Wechselwirkungen und Zusammenhänge zwischen diesen Handlungsfeldern geben

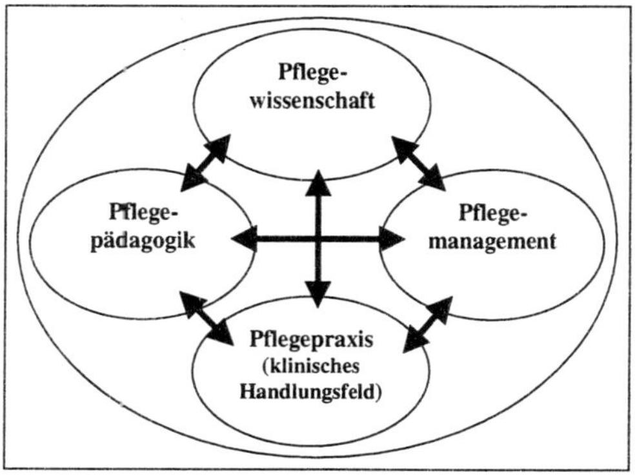

Abb. 1: Handlungsfelder der Praxisdisziplin Pflege

dürfte. Die Wissens- und Handlungsgrundlagen in den Handlungsfeldern beruhen zunehmend auf systematischen, methodisch-kontrollierten und universellen Erkenntnisentwicklungen. Die Verberuflichung der Pflegearbeit, die im vergangenen Jahrhundert begonnen hat, findet damit ihre Fortsetzung in der wissenschaftsfundierten Professionalisierung oder anders ausgedrückt: Die traditionell bereits entstandenen Handlungsfelder der Pflegearbeit, des Pflegeunterrichts und der Pflegeorganisation werden fundamental auf eine neue, und zwar wissenschaftliche Grundlage gestellt (vgl. Weidner 1999a, 11 ff).

Jedes einzelne Handlungsfeld der beschriebenen Praxisdisziplin Pflege hat zunächst seinen eigenen Praxis- und Handlungsbegriff, der sich auf die beruflichen Akteure bezogen wie folgt beschreiben läßt: Die Pflegekliniker pflegen direkt und organisieren bzw. unterstützen die direkte Pflege von Menschen und ihren Bezugspersonen in stationären und ambulanten Kontexten. Die Pflegepädagogen bilden aus, fort und weiter, sie beraten und leiten an. Die Pflegemanager führen, leiten und managen in unterschiedlichen Einrichtungen und die Pflegewissenschaftler forschen und lehren in der Pflege. Dieses Disziplinverständnis ist das der Praxisdisziplin Pflege, weil alle Teilbereiche selbst wiederum Handlungsfelder sind, die zunehmend auf eine gemeinsame explizite Bezugswissenschaft, die Pflegewissenschaft, zurückgreifen können. Zugleich teilen sie mit der klinischen Pflege ein gemeinsames Zielfeld, dem sie aus ihrer jeweiligen Perspektive Arbeitsergebnisse beisteuern.

Zusätzlich werden sich die Handlungsfelder selbst weiter wissenschaftlich ausdifferenzieren. Für die Pflegepädagogik bedeutet dies z.B. die wissenschaftliche Grundlegung des Lehrens und Lernens bezüglich des besonderen Gegenstandes ‚Pflegepraxis'. Üblicherweise werden die speziellen didaktischen und methodischen Fragen in den jeweiligen Fachdidaktiken, die als Schnittmenge zwischen der Erziehungswissenschaft und der allgemeinen Didaktik mit den jeweiligen Fachwissenschaften verstanden werden, untersucht und bearbeitet. Für das Pflegemanagement bedeutet dies im übertragenen Sinn die Entwicklung eines differenzierten, wissenschaftlichen Arbeitsfeldes, in dem allgemeine Managementwissenschaften und die Fachdisziplinen, die sich im besonderen auf die Pflege beziehen, integriert werden. Die Ambivalenz dieser neuen, wissenschaftlichen Arbeitsbereiche als Brücken zwischen den Handlungsfeldern der Disziplin Pflege wird deutlich: Auf der einen Seite stehen sie für den normalen Ausdifferenzierungs- und Abgrenzungsprozeß innerhalb wie außerhalb der Disziplin Pflege. Innerhalb der Disziplin, weil sich die Handlungsfelder im Zuge der Klärung ihrer eigenen Praxis- und Identitätsfragen verselbständigen werden. Außerhalb der Disziplin, weil sie den Nachweis ihrer Existenzberechtigung in Abgrenzung ähnlicher Arbeitsbereiche anderer Disziplinen (etwa Fachdidaktik ,Gesundheit' oder Hotelmanagement) antreten müssen. Auf der anderen Seite erfüllen die beschriebenen Arbeitsbereiche eine entscheidende Integrationsfunktion für die Disziplin Pflege, da sie – neben den anderen Bezugswissenschaften – auf eine gemeinsame Fach- und Bezugsdisziplin, die Pflegewissenschaft, zurückgreifen können und sich zugleich auf den besagten Gegenstand, das klinische Handlungsfeld beziehen müssen.

Das pflegewissenschaftliche Handlungsfeld hat zudem eine besondere Nähe zum pflegeklinischen Handlungsfeld, da sich die Forschungs- und Konzeptualisierungsaktivitäten in erster Linie auf den eigentlichen Gegenstand, das Pflegen und das Gepflegtwerden sowie die beteiligten Hauptakteure und die direkten Rahmenbedingungen, konzentrieren. Die Pflegewissenschaft soll anhand wissenschaftlicher Methoden die pflegerelevanten Phänomene untersuchen, begrifflich fassen, erklären und verstehbar machen, systematisieren, überprüfen, ggf. in Theorien überführen und die gewonnenen Erkenntnisse weitergeben (vgl. Bartholomeyczik 1997, 109). Entsprechend anderer Praxisdisziplinen, wie etwa der Medizin, ist deshalb davon auszugehen, dass in absehbarer Zeit wissenschaftlich qualifizierte Pflegekräfte auch Aufgaben im klinischen Handlungsfeld übernehmen werden, wie dies in anderen europäischen Ländern bereits üblich ist (vgl. ebd; Mogge-Grotjahn 1994, 37 ff).

3 Warum muss sich Pflege zu einer wissenschaftlichen Praxisdisziplin entwickeln?

Ich möchte hier deutlich herausstellen, dass die Entwicklung der Pflegeberufe zu einer wissenschaftsfundierten Praxisdisziplin keineswegs ein berufsständisches

Prestigevorhaben war oder ist, sondern eine gesellschaftliche Notwendigkeit. Gehen wir im Folgenden also zunächst von den gesellschaftlichen Veränderungen und Herausforderungen aus und anschließend erst von der Eigendynamik der beruflichen Entwicklungen der Pflege hin zu ihrer Professionalisierung.

Die derzeit zu beobachtenden und zukünftig anzunehmenden gesellschaftlichen Prozesse laufen auf eine immer schnellere und globalere Informationsverarbeitung, auf eine weitere Individualisierung der Lebensstile, auf die Veränderung des Altersspektrums und eine zunehmende Multikulturalität, auf veränderte gesundheitsbezogene Versorgungsstrukturen sowie auf eine veränderte Verbraucherorientierung u.a.m. hinaus. Es ist anzunehmen, dass in allen von diesen Prozessen betroffenen Gesellschaften eine Verschiebung des Pflegepanoramas und eine Zunahme und Intensivierung von Pflegebedürftigkeiten bei gleichzeitig begrenzten Ressourcen für das Gesundheits- und Pflegewesen eintreten dürfte. Angesichts dieses Spannungsfeldes können auch pflegerische Dienstleistungen nicht auf den Wissens- und Handlungsgrundlagen des vergangenen Jahrhunderts stehenbleiben. Die gesellschaftliche Herausforderungen münden in die Erfordernisse der Erzeugung und des Nachweises von bestimmter Qualität, Effektivität und Effizienz von Dienstleistungen.

Dieser gesellschaftliche Druck kann seitens der Pflegeberufe vermutlich nur mittels einer entschiedenen Weiterentwicklung in Richtung Professionalisierung, und hier insbesondere in handlungsorientierter Sicht, beantwortet werden. Der von mir an anderer Stelle bereits ausführlicher beschriebene handlungsorientierte Professionalisierungsansatz geht im Kern davon aus, dass der Anlass für ein professionelles Handeln immer ein subjektiv in existenzieller Hinsicht betroffenes Individuum ist (vgl. Weidner 1999b, 22 ff). Diese Betroffenheit bezieht sich auf bedeutsame Lebensfragen und Werte wie Gesundheit, Gerechtigkeit oder auch Glaube. Als Pflegeanlass wäre durchaus ein wie auch immer gestörtes Gesundheitserleben zu sehen, aber wie oben bereits ausgeführt, scheinen auch andere Anlässe denkbar zu sein. Das Bedürfnis des erkrankten, behinderten oder pflegebedürftigen Menschen nach Begleitung, Fürsorge und Zuspruch mit dem Ziel der Wiedergewinnung von Integrität, Selbständigkeit oder auch dem Streben nach Wohlbefinden trotz oder gerade wegen einer bestehenden Pflegebedürftigkeit, können solche weiteren Anlässe sein.

Weil es aber um derart bedeutsame, individuelle wie gesellschaftliche Lebensaspekte und Werte geht, kann die Bearbeitung derselben nicht auf überwiegend tradierten und ungeprüften Wissens- und Handlungsmustern beruhen. Gerade weil es in der Pflege von Menschen fast immer um existentielle Problemlagen geht, bedarf es des Einbezugs der überzeugendsten Wissensform, über die wir verfügen, und das ist die Wissenschaft. Aus diesem Grund hat die Gesellschaft den artverwandten beruflichen Feldern wie Medizin, Jurisprudenz, Theologie,

Psychologie und Sozialarbeit den Zugang zur Wissenschaft nach und nach ermöglicht. Und jetzt, möchte ich behaupten, ist die Pflege an der Reihe! Es gibt auf der Grundlage dieser Argumentation m.E. schlichtweg keinen vernünftigen Grund mehr, die Pflegeberufe weiterhin von den gesellschaftlich bedeutsamen Wissensquellen abzuschneiden. Ich gehe noch einen Schritt weiter: Es ist weiterhin unverantwortlich, dies nicht zu fördern, oder gar behindern zu wollen!

Fehlverstanden wäre es allerdings, wenn die Professionalisierung der Pflege mit ihrer puren Verwissenschaftlichung und Rationalisierung gleichgesetzt würde. Die Fähigkeit des Professionellen erweist sich vielmehr durch die zum Teil widerspenstige Verbindung von systematischer Wissensgrundlage (Wissenschaft zur Begründung des Handelns) und einem jeweils am Individuum ausgerichteten Fallverstehen. Die praktischen Wissenschaften haben, wie Wieland es ausgeführt hat, weniger die Aufgabe, allgemeine Gesetze und Theorien zu entwickeln, die dann vom Praktiker im Sinne eines Sozialtechnikers möglichst präzise auf den Einzelfall übertragen werden, sondern eine systematische Unterstützung zu geben, um Singuläraussagen über Einzelfälle zu ermöglichen (Diagnosen, Therapien und Interventionen, etc.) und diese zu rechtfertigen (vgl. 1975, 95 ff). Professionelles Handeln ist demnach das Anwenden allgemein gültiger Erkenntnisse und Standards der Disziplin auf Einzelfälle, unter Berücksichtigung ihrer Besonderheiten, oder kurz gesagt: Die nicht selten widersprüchliche Einheit von Wissensbasis und Fallverstehen (vgl. Weidner 1995, 51 ff). Die weitere Entwicklung dieses Ansatzes wird zu einem Modell professioneller Fallarbeit in der Pflege führen, das u.a. auf anamnestische, diagnostische und evaluative Instrumente und Verfahren zurückgreifen und spezifische Assessments und Interventionskonzepte begründet einsetzen wird (vgl. Weidner 1999b, 31 ff).

Die Pflegeberufe können gemäß ihres gesellschaftlichen Auftrages nicht mehr ausschließlich oder überwiegend dem in der Medizin vorherrschenden Paradigma folgen, also der Leitphilosophie, die stark an einem Verständnis der Welt und des Menschen als Funktionszusammenhang gleichsam einer Maschine angelehnt ist. Diesem geht es vorrangig um die möglichst präzise und überzeugende Erklärung der Ursachen von Störungen oder Krankheiten und um die gezielte und möglichst erfolgreiche Wiederherstellung von Gesundheit und Wohlbefinden. So weit, so gut. Mit diesem Paradigma - das übrigens auch zu den gesellschaftlich dominanten Gebrauchsphilosophien zählt - hat die Medizin ihre Erfolge in den vergangenen Jahrhunderten und bis heute begründet und überhaupt erst möglich gemacht. Die Bereiche des pflegepraktischen Handlungsfeldes, die eng mit dem medizinischen Auftrag der Wiederherstellung von Gesundheit (z.B. Chirurgie, Operative Einheiten, Intensivpflege) zusammenarbeiten, können eine Vielzahl der pflegerischen Behandlungsziele auch aus dieser medizinischen Leitphilosophie ableiten (vgl. Siebolds und Weidner 1998, 44 f).

Wesentliche Bereiche der Pflegepraxis können dies aber nicht! Denn nicht bei jeder Störung, Krankheit und Behinderung ist die Wiederherstellung der Gesundheit, oder anders gesagt, die ‚Reparatur des Organismus' das vorrangige Ziel. Die chronischen und langfristigen Pflegeprozesse zeichnen sich häufig gerade dadurch aus, dass es um den unwiderruflichen Verlust von ehedem vorhandenen Fähigkeiten, Zuständen und Entwicklungen geht und darum, diesem Verlust etwas Neues entgegenzusetzen. Dem medizinischen Reparatur-Paradigma muss in diesen Fällen unbedingt ein pflegerisches Fürsorge-Paradigma zur Seite gestellt werden, ggf. muss ersteres vollständig ersetzt werden. Ansonsten fehlt diesem Teil pflegerischer Arbeit die unabkömmliche philosophische Grundlage. Und ich meine hier eine sehr praktische, alltagsphilosophische Grundlage. Derartige Fürsorge-Paradigmen stehen im Rahmen der angelsächsischen Pflegetheorien durchaus auch heute schon zur Verfügung bzw. lassen sich daraus ableiten. Sie müssen sich allerdings noch vielfach bewähren und vermutlich auch weiterentwikkeln lassen. Und dies wiederum bedarf eines kollektiven und systematischen Reflexionsraumes der Disziplin, wie nur eine Wissenschaft ihn bieten kann.

Also lässt sich resümierend festhalten: Die Pflege muss sich zu einer wissenschaftlichen Praxisdisziplin mit eigenen paradigmatischen Grundlagen entwikkeln, um die ihr zugetragenen und überantworteten Aufgaben auch künftig in der erforderlichen Weise erfüllen zu können. Die von Krankheit, Behinderung und Pflegebedürftigkeit betroffene Menschen müssen professionell mit den angemessenen zur Verfügung stehenden Pflegekonzepten, -methoden und -verfahren versorgt werden. Anders ist weder der legitime Anspruch der Kranken und Pflegebedürftigen nach qualitativ hochwertiger Pflege, noch das legitime Ansinnen der Gesellschaft, diese Dienstleistungen in der gebotenen und verantwortbaren ökonomischen Effizienz anzubieten, auf Dauer zu gewährleisten!

4 Was sind Anzeichen dafür, dass sich Pflege zur wissenschaftlichen Praxisdisziplin entwickelt?

Wie Sie wissen dürften, wurden in Deutschland in den vergangenen 10 Jahren mehr als 50 Pflegestudiengänge an Universitäten und Fachhochschulen eingerichtet. Diese zielen in erster Linie auf die Weiterqualifizierung von berufserfahrenen Pflegenden für die Handlungsfelder Pflegepädagogik und Pflegemanagement ab. Einige Studiengänge hingegen qualifizieren ihre Studierenden explizit für das Handlungsfeld Pflegepraxis. Dort sollen sie beispielsweise als Pflegeexperten beratende, forschende, entwickelnde oder evaluierende Funktionen übernehmen.

Die Gründe dieser fulminanten Akademisierung der Pflegeberufe in Deutschland rühren kaum von der gesellschaftlichen Einsicht her, Pflege zur wissenschaftlichen Praxisdisziplin zu modifizieren. Eher haben hochschulpolitische und allgemein sozialpolitische Gründe zu dieser Entwicklung geführt. Während noch in den 80er Jahren die beiden großen Volksparteien in Deutschland nichts von irgendeiner Form der Pflegeakademisierung wissen wollten, versteht sich die wissenschaftlichen Weiterbildung von Funktionsträgern in der Pflege (v.a. der Lehrer und Manager) heute als eine politische Selbstverständlichkeit. Anders verhält es sich mit der Entwicklung von angemessenen Forschungsstrukturen für die Pflege. Die öffentlichen Mittel für diesen Bereich sind bislang völlig unzureichend! Aber was soll eine Wissenschaft lehren, wenn sie nicht auch forschen kann? Mit der Gründung des Deutschen Instituts für angewandte Pflegeforschung e.V. an der Katholischen Fachhochschule Köln sind die bislang bescheidenen Ressourcen der Pflegeforschung im deutschsprachigen Raum um eine weitere bescheidene Komponente ergänzt worden. Es handelt sich dabei um eine von fünf katholischen Fachhochschulen sowie vier namhaften Verbänden (u.a. der Deutsche Caritasverband und der Katholische Krankenhausverband Deutschlands) initiiertes gemeinsames Pflegeforschungsinstitut. Die Finanzierung erfolgt bislang überwiegend durch Spenden, Fördermittel und Mitgliedsbeiträgen.

Im Juni 2000 haben sich die Gesundheitsminister der WHO-Region Europa in München getroffen und die Münchener Erklärung „Pflegende und Hebammen – Ein Plus für Gesundheit“ verabschiedet. Darin heißt es u.a.

> *„Wir bitten alle einschlägigen Behörden in der europäischen Region der WHO eindringlich, ihre Maßnahmen zur Stärkung des Pflege- und Hebammenwesens zu beschleunigen, in dem sie...*
> *... die Aus- und Fortbildung sowie den Zugang zu einer akademischen Pflege- und Hebammenausbildung verbessern;...*
> *... (und) die Forschung und die Verbreitung von Informationen unterstützen, um die Wissens- und Faktengrundlage für die Pflege- und Hebammenpraxis zu erweitern;...“ (DBfK 2000)*

Das besondere an dieser Erklärung, und damit ein wesentlicher Unterschied z.B. zur Wiener Erklärung über das Pflegewesen im Rahmen der europäischen WHO-Strategie „Gesundheit für alle“ von 1988 ist, dass die Münchener Resolution von den Mitgliedern der Regierungen, für Deutschland also von der Bundesgesundheitsministerin Andrea Fischer, unterzeichnet wurde. Damit dürfte es sich hier weniger um einen reinen Forderungskatalog handeln, sondern bereits gewissermaßen um eine programmatische Aussage. An dieser versuchen wir, d.h. die Verbände, Hochschulen und Institute, zurzeit anzuknüpfen, um die Entwicklungen voranzubringen.

Weiterhin gibt es Anzeichen für diese Prozesse auch aufgrund der Internationalisierung der akademischen Bildungsabschlüsse (Bachelor und Master-Abschlüsse). Mit der fast explosionsartigen Einführung derselben in die bundesdeutsche Hochschullandschaft ergeben sich interessante, und ich möchte sagen, kaum mehr aufhaltbare Möglichkeiten für einen Einstieg in die akademische Grundausbildung der Pflegeberufe. In diesem Zusammenhang möchte ich feststellen, dass ich nicht davon ausgehe, dass die bisherigen Pflegeaus- und fortbildungen per se defizitär und schlecht seien! Keineswegs, ich bin schließlich selbst ausgebildeter Krankenpfleger und weiß die Stärken dieser Qualifikation zu schätzen. Aber eines ist zukünftig konstitutiv und damit unverzichtbar: Pflegende können wissenschaftliches Denken und darauf basierendes Handeln nur in wissenschaftsorientierten Qualifikationen erlernen und dabei handelt es sich i.d.R. um Studiengänge an Hochschulen und nicht um Berufsausbildungen! Die Entwicklung soll und wird also darauf hinauslaufen, einen gewissen Anteil der Pflegepraktiker zukünftig von vornherein studieren zu lassen! In Deutschland liegen erste Konzepte bereits vor und können bei Freigabe durch die politischen Instanzen in den kommenden Jahren erprobt werden.

Ein weiteres Anzeichen und verbindendes Element für die angesprochene Entwicklung will ich schließlich noch anführen. Das im deutschsprachigen Raum zunehmend verbreitete Konzept des „Evidence-based Nursing“ (EBN) scheint mir ein Indiz dafür zu sein, dass sich Pflege auf dem Weg zur wissenschaftlichen Praxisdisziplin befindet. Was meint Evidence-based? Am ehesten lässt sich dieser Begriff ins Deutsche mit „Beweis-basiert“ übersetzen, und bezieht sich auf die wissenschaftsgestützte Beweisführung (vgl. Schlömer, 2000, 47). Das Konzept lehnt sich am gleichnamigen medizinischen Konzept „Evidence-based Medicine“ (EBM) an und es fordert und beschreibt den Prozess der wissenschaftsgeführten Problemlösung. Zugleich liefert EBN einen Bewertungsmaßstab mit, um die jeweils beste und aktuellste Beweisführung zu bestimmen, gleichsam den jeweiligen Stand der Forschung und Wissenschaft zu einer bestimmten klinischen Fragestellung zur Verfügung zu stellen (vgl. Sackett 1991). Demzufolge ist die niedrigste Kategorie in der vorherrschenden Expertenmeinung zu sehen. Die höchste Kategorie ergibt sich aus der systematischen Auswertung verschiedener klinischer Studien (randomisierte und kontrollierte Studien) zu einer konkreten Fragestellung. Ein aktuelles Beispiel ist im Versuch zu sehen, in Deutschland einen Expertenstandard für die Dekubituspflege zu erstellen. Im Februar 2000 trafen sich in Osnabrück etwa 150 Pflegeexperten, um ihr Wissen in einen gemeinsamen Standard einfließen zu lassen. Dies entspricht der ersten Stufe der *Evidence* im EBM-Konzept. Ebenso wie die vorhandenen sicheren Erkenntnisse sind in Osnabrück auch die Defizite über die richtigen Interventionen bei vorliegendem Dekubitus ans Tageslicht gekommen.

Das EBN-Konzept wird sich noch weiterentwickeln müssen. Es ist methodisch bezeichnenderweise stark am medizinischen Paradigma (s.o.) angelehnt und ist schon alleine daher zu hinterfragen. Jüngst hat auf einem internationalen Pflegeforschungskongress in Reykjavik die Kollegin Frau Prof. Dr. Hallberg von der Universität Lund (Schweden) die Frage aufgeworfen, wie die sinnvollen Grundgedanken des EBN stärker auf qualitative Forschungsstudien zu übertragen sind. Letztere sind für den Pflegebereich aufgrund der besonderen praktischen Fragestellungen von größerer Bedeutung als für den medizinischen Bereich.

5 Was werden die Folgen aus diesem Prozess insbesondere für die Pflegepraxis sein?

Betrachtet man die Prinzipien, Anlässe und Indizien für den beschriebenen Prozess der Weiterentwicklung der Pflegeberufe, dann lässt sich abschließend auch ein Ausblick auf die anzunehmenden Konsequenzen aus diesem Prozess wagen. Da es sich um ein komplexes Geschehen handelt ist nicht von einer monokausalen Struktur, sondern von einem polykausalen Geflecht auszugehen, in dem nicht immer eindeutig festzustellen ist, was ausschließlich Voraussetzung und was ausschließlich Folge sein könnte.

- *Veränderte Qualifikationswege - akademische Grund- und Weiterbildung in der Pflege*
  Ohne Zweifel werden die beschriebenen Entwicklungen zu weiterhin veränderten Qualifikationswegen in der Pflege führen. Die akademische Grundausbildung in den Pflegeberufen wird dann ein fester Bestandteil im Pflegebildungssystem sein. Im November d.J. wird die renommierte Robert Bosch Stiftung in Berlin ihre neue Denkschrift genau zu diesem Aspekt veröffentlichen. Da ich daran mitwirken durfte, kann ich jetzt schon darauf hinweisen, dass diese Denkschrift nahezu visionär und trotzdem zum Teil sehr detailliert ein entsprechend verändertes Pflegebildungssystem unter Berücksichtigung der internationalen Entwicklungen beschreiben wird. Wie viele Pflegende zukünftig über ein Studium in die Praxis kommen, muss zunächst offen bleiben. Ich weise darauf hin, dass auch in anderen europäischen Ländern oder in den USA Mischsysteme zwischen beruflicher und akademischer Grundausbildung vorliegen.

- *Professionalität als Voraussetzung für Interprofessionalität*
  Die Professionalisierung der Pflege wird zu einer höheren Professionalität der Pflegenden führen. Eine Studie, in der amerikanische und deutsche Intensiv-

pflegekräfte hinsichtlich ihrer unterschiedlichen Professionalität untersucht wurden, scheint dies zu bestätigen (vgl. Brown, 1995). Die Professionalität der Pflegenden, d.h. u.a. ihr selbstverständlicher Rückgriff auf wissenschaftliche Studien und die Fähigkeit zur professionellen Fallarbeit, ist eine entscheidende Voraussetzung für eine erfolgreiche Interprofessionalität! Ohne Professionalität aller Beteiligten keine Interprofessionalität in der Behandlung! Die Art der Qualifikation spielt dabei offensichtliche eine entscheidende Rolle. Professionelle Haltungen und Konzepte der Pflegenden setzen veränderte Rahmenbedingungen in den stationären und den häuslichen Einsatzbereichen voraus. Flachere Hierarchien und Teamkonzepte stellen organisatorische Herausforderungen dar.

- *Entwicklung und Einsatz geeigneter Konzepte, Methoden, Verfahren und Instrumente*
  In den von mir in den vergangenen Jahren betreuten Diplomarbeiten, die eine klinische Fragestellung empirisch untersucht haben, ist immer wieder deutlich geworden, dass Pflegende in der Arbeit mit spezifischen Pflegebedürftigkeiten (Pflege von Menschen mit Sehbehinderungen, akute Pflege nach Suizidversuch, Pflege bei prolongiertem Sterben auf Intensiveinheiten, Entwicklung von Wundmanagement-Systemen etc.) in aller Regel keine ebenso spezifischen Pflegekonzepte grundlegen. Sie entscheiden und handeln überwiegend auf der Grundlage allgemeiner pflegerischer Kenntnisse und stoßen dabei oftmals schnell an Grenzen. Die Entwicklung von zahlreichen und mitunter auch konkurrierenden Konzepten, Verfahren, Methoden und Instrumenten, die für die Bearbeitung klinischer Pflegeprobleme zur Verfügung stehen werden, ist mit der zunehmenden Wissenschaftsorientierung vorgezeichnet. Das EBN wird dazu beitragen, dass diese Konzepte in der jeweiligen Praxis bekannt sein werden und gezielt und begründet zur Anwendung kommen können.

- *Bestimmung von Pflegeeffektivität, -qualität und -effizienz*
  Zugleich wird die Pflege auf zunehmend wissenschaftlich entwickelte und überprüfte diagnostische, interventive und evaluative Klassifikationen und Verfahren zurückgreifen können und müssen. Das Anwenden von Assessment-Instrumenten und diagnostischen Katalogen zur Bestimmung des Pflegebedarfs und zum Nachweis eines Pflegeerfolges muss daraufhin zur Selbstverständlichkeit werden. Dies ergibt sich gleichermaßen aus den beschriebenen gesellschaftlichen als auch professionellen Anforderungen nach Qualität, Transparenz und Effizienz. Wünschenswert wäre in diesem Zusammenhang auch die Einbindung dieser Verfahren in die medizinischen Abrechnungsverfahren der Zukunft.

In Deutschland werden die Abrechnungssysteme im Krankenhausbereich von einem weitgehend pauschalisierten Modell bis spätestens 2003 in ein streng fallbezogenes Modell in Anlehnung an die australischen Diagnosis Related Groups (DRGs) weiterentwickelt. Hier stellt sich die Frage, wie und in welchem Umfang die Bestimmungen des individuellen Pflegebedarfs und die davon abhängenden Pflegeinterventionen Eingang in die DRGs finden.

- *Wider den Scheinsicherheiten des Alltags*
  Dass diese Prozesse und Veränderungen nicht nur Hoffnungen, sondern auch Ängste gerade unter den in der Praxis Tätigen hervorrufen, ist sehr wohl bekannt und verständlich (vgl. Axmacher 1991). Mit der Wissenschaftsorientierung werden die Konzepte, Methoden, Routinen und Rituale der Praxis zwar nicht grundsätzlich abgeschafft oder modifiziert, wohl aber prinzipiell und systematisch hinterfragt. Und das dürfte zu einer deutlichen Verunsicherung der Pflegenden führen. Ich möchte abschließend diesen wichtigen Aspekt noch relativieren. Die Grundlagen der Pflege basieren heute noch überwiegend auf tradierten Wissensbeständen oder individuellen Berufserfahrungen, was per se nichts Schlechtes ist, aber bedeutet, dass eine systematische Überprüfung in aller Regel noch aussteht. Die Sicherheiten des Alltags können sich, was z.B. die Richtigkeit oder Zuverlässigkeit bestimmter Pflegemethoden betrifft, nach wissenschaftlicher Untersuchung durchaus als vorläufige oder scheinbare Sicherheiten erweisen. Diese Unklarheiten erfordern schon alleine aus professionellem Anspruch, mehr aber noch aus dem Anspruch des Patienten und der Gesellschaft zukünftig eine pflegerische Versorgung auf dem Stand von Wissenschaft und Technik. Das Ergebnis von systematischen Untersuchungen wird übrigens nicht in einer endgültigen Sicherheit zukünftiger Methoden bestehen! Diese dürfte nach unserem grundsätzlichen Wissenschaftsverständnis unerreichbar sein. Aber eine beweisbasierte, vorläufige Sicherheit hat den unschätzbaren Vorteil der transparenten Begründbarkeit.

Ich habe mit diesem Beitrag versucht aufzuzeigen, dass weder die Gesellschaft noch die Angehörigen der Pflegeberufe an den Prozessen und Herausforderungen vorbeikommen, die die Pflege zu einer wissenschaftlichen Praxisdisziplin verändern müssen und verändern werden.

Literatur

Axmacher, D. (1991) : Pflegewissenschaft – Heimatverlust der Krankenpflege? In: Rabe-Kleberg, U. u.a. (Hrsg.): Dienstleistungsberufe in Krankenpflege. Altenpflege und Kindererziehung. KT-Verlag, Bielefeld, 120 – 138.

Bartholomeyczik, S. (1997): Zur Forschungsphilosophie und Wissenschaftstheorie. In: Bartholomeyczik, S.; Müller, E. (Hrsg.): Pflegeforschung verstehen. München, 110 - 119.

Brown, C.E.M. (1995): Professionalisierung als Chance. Subjektives Belastungserleben deutscher und US-amerikanischer Intensivpflegekräfte. Gießen.

DBfK, Deutscher Berufsverband für Pflegeberufe (Hrsg.) (2000): Zweite WHO-Ministerkonferenz Pflege- und Hebammenwesen München, 15. -17. Juni 2000. In: Pflege aktuell. Sonderbeilage, 7-8.

Donaldson, S.K.; Crowley, D.M. (1978): The Discipline of Nursing. Nursing Outlook, Feb., 113 - 120.

Dornheim, J. u.a. (1999): Pflegewissenschaft als Praxiswissenschaft und Handlungswissenschaft. Pflege und Gesellschaft, 4, 4, 73 - 79.

Mogge-Grotjahn, H. (1994): Pflege in Europa. Bestandsaufnahme und vergleichende Analyse pflegebezogener Studiengänge in Europa. In: Bartholomeyczik u.a. (Hrsg.): Pflege als Studium. Evangelische Fachhochschule Bochum, 9 - 112.

Sackett, D.; Haynes, R.; Gyatt, G.; Tugwell, P. (1991): Clinical Epidemiology. A basic science for clinical medicine. Brown, Boston.

Schlömer, G. (2000): Evidence-based Nursing - Eine Methode für die Pflege? Pflege, 13, 47 - 52.

Siebolds, M.; Weidner, F. (1998): Interprofessionalität und Qualität. Probleme und Perspektiven der Kooperation zwischen Medizin und Pflege. Mabuse, 115, 9/10, 44 - 49.

Steppe, H. (1993): Entwicklung der Pflegewissenschaft - Am Beispiel USA. In: Fietzek, L.; Kraushaar, D. (Hrsg.): Pflege auf dem Weg zur Hochschule. Fachhochschulverlag, Frankfurt a.M., 159 - 192.

Weidner, F. (1995): Professionelle Pflegepraxis und Gesundheitsförderung. Mabuse, Frankfurt.

Weidner, F. (1999a): Zur Einführung in das Grundverständnis der Praxisdisziplin Pflege. In: Weidner, F. (Hrsg.): Pflegeforschung praxisnah - Beiträge aus verschiedenen Handlungsfeldern. Mabuse, Frankfurt, 11 - 22.

Weidner, F.(1999b): Was bedeutet Professionalisierung für die Pflegeberufe? - Annäherungen an einen strapazierten Begriff. In: Sauter, D.; Richter, D.: Experten für den Alltag. Professionelle Pflege in psychiatrischen Handlungsfeldern. Psychiatrie-Verlag, Bonn 1999, 18 - 38.

Wieland, W. (1975): Diagnose. Überlegungen zur Medizintheorie. Berlin, New York.

Wittneben, K. (1995): Die Entwicklung der beruflichen und wissenschaftlichen Pflegeausbildung in den USA von 1872 - 1990. In: Mischo-Kelling, M.; Wittneben, K. (Hrsg.): Pflegebildung und Pflegetheorien. Urban und Schwarzenberg, München, 9 - 34.

Persönliches Wissensmanagement Eigene Perspektiven, zielorientierter Weg?

Ernst PLEFKA
Wien

1 Einleitung

Weltweit gibt es heute eine gigantische Wissensvermehrung. Etwa alle fünf Jahre verdoppelt sich derzeit das Wissen der Menschheit. Jedermann ist mit den Auswirkungen konfrontiert und muss lernen damit umzugehen. Diese Wissensvermehrung geht Hand in Hand mit einer zunehmenden Fragmentierung und Globalisierung von Wissen und bedeutet für jeden von uns neue Risiken, wie etwa die zunehmend rascher werdende Veralterung des eigenen, oft erst vor wenigen Jahren erworbenen Wissens, andererseits aber auch riesige Chancen durch die Entstehung neuer Märkte, wo wir mit neuem Wissen in Kombination mit unserer Erfahrung klar punkten können.

Gerade im Pflegeberuf mit seinen hohen Qualitätsansprüchen wird es in Zukunft ganz entscheidend sein, durch den profunden Umgang mit Wissen - also durch Wissensmanagement - für die Patienten eine noch optimalere Pflege zu gewährleisten, aber auch den Wünschen und Bedürfnissen der Menschen nach Beratung, Prävention und Service noch mehr entgegenzukommen. Auch Patienten, ob im Krankenhaus oder ambulant, sind letztlich „Kunden", die die Qualität einer Pflege - also einer Dienstleistung - besonders wertschätzen. Optimale Pflege schafft positives Patientenfeedback und wirkt damit im positiven Sinn imageverstärkend auf Pflegepersonal und Krankenhaus zurück.

Im Rahmen dieser Publikation kann nur ein bescheidener Überblick über Ziele und Möglichkeiten eines persönlichen Wissensmanagements gegeben werden. Aus der Vielzahl der Umsetzungsmöglichkeiten sollen zwei konkrete Werkzeuge kurz vorgestellt werden.

Entscheidend ist aber, sich selbst für jene Veränderungen zu sensibilisieren, die die Entwicklung der kommenden Jahre in unserem beruflichen Umfeld bringen wird, und die Auswirkungen auf uns alle haben wird.

2 Definition und Ziele eines Persönlichen Wissensmanagements

Wissensmanagement im allgemeinen und persönliches Wissensmanagement im speziellen kann jedem von uns helfen, die sich bietenden Chancen optimal zu nutzen.

Persönliches Wissensmanagement bedeutet, mein persönliches Kapital Wissen gezielt zu erweitern, und für zukünftige Anforderungen besser gerüstet zu sein als andere.

Ziel des persönliches Wissensmanagements ist der strukturierte und gezielte Aufbau einer persönlichen Wissensbasis zur Verbesserung der Berufsausübung und zur Optimierung der eigenen Karrierechancen.

Ziele definieren sich häufig aus heutiger Sicht. Jeder hat eine klare Vorstellung, wie ein Berufsbild in einer bestimmten beruflichen Position heute aussieht, welche Aufgabenstellungen diese Position mit sich bringt, was alles zu managen ist, welches Wissen und welche Fähigkeiten heute dazu erforderlich sind. Es gibt also ein klares Bild eines Zieles, so wie es heute aussieht.

Wie aber werden die Berufsbilder im Pflegebereich im Krankenhaus der Zukunft aussehen? Welche zusätzlichen Fähigkeiten muss man haben, welches Wissen brauch man dazu, welche Technologien sind notwendig? Wie wird überhaupt das Krankenhaus der Zukunft aussehen. Ein Krankenhaus, das sich klar als „Center of Competence für Gesundheit und Wohlbefinden" definiert, stellt möglicherweise ganz andere, neue Ansprüche und Anforderungen an das Pflegemanagement. Auf dem Weg vom heutigen Ziel zum Ziel von morgen wird also einerseits durch neue Anforderungen auch neues Wissen notwendig, andererseits tritt Wissen in anderen Bereichen in den Hintergrund. Ebenso geht es uns selbst auf unserem Weg - wir müssen gezielt neues Wissen erwerben, „veraltetes" Wissen möglicherweise über Bord werfen. Entscheidend für den persönlichen Erfolg ist die Fokusierung auf das Anforderungsprofil des Berufsbildes von morgen.

In unserem persönlichen Wissensmanagement sind wir also mit 2 Veränderungsprozessen konfrontiert: *Mein Ziel verändert sich und ich selbst verändere mich.*

Um diesen Prozess in Gang zu bringen, muss man sich fünf Fragen stellen:

1) Welches Ziel habe ich?
2) Welches Wissen erfordert dieses Ziel heute?
3) Welches Wissen erfordert dieses Ziel in x Jahren?
4) Welches Wissen habe ich heute?
5) Welches Wissen brauche ich zur Zielerreichung?

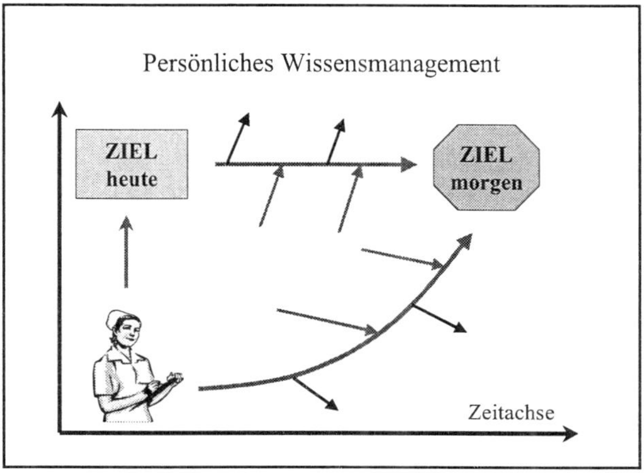

Abb. 1: Veränderungsprozesse: Es verändert sich nicht nur mein Ziel, auch ich selbst mache einen Veränderungsprozess durch. Wichtig ist die Fokusierung auf das Anforderungsprofil des Zieles von morgen.

Für die Beantwortung dieser Fragen ist zunächst die Auseinandersetzung mit dem Berufsbild von morgen entscheidend, im nächsten Schritt geht es dann um die Planung konkreter Massnahmen.

3 Der Pflegeberuf von morgen

Der Frage nach dem Berufsbild von morgen und nach Innovationen im Pflegeberuf kommt also gravierende Bedeutung zu. Die weiteren Entwicklungen und Veränderungen im Pflegebereich werden durch neue Technologien ebenso entscheidend mitbeeinflusst werden, wie z.B. durch Internet im Krankenhaus der Zukunft oder eine Pflegeberatung im „www„. Auch der Akademisierung der Pflege ist hier von großer Bedeutung.

Wichtig bei jeder Diskussion über zukünftige Entwicklungen ist, offen zu sein und sich selbst keine Denkbarrieren aufzuerlegen. Jede Idee, jede Überlegung sollte zunächst als prinzipiell möglich erlaubt sein und angedacht werden. Nur das schafft jenen Freiraum, der Innovationen ermöglicht.

Innovationen im Pflegeberuf der Zukunft könnten in einem Ausbau der Pflegeberatung, in einem noch besseren Qualitätsmanagement, oder in einer speziellen Präventionsberatung liegen. Alleine die Präventionsberatung bietet enorme

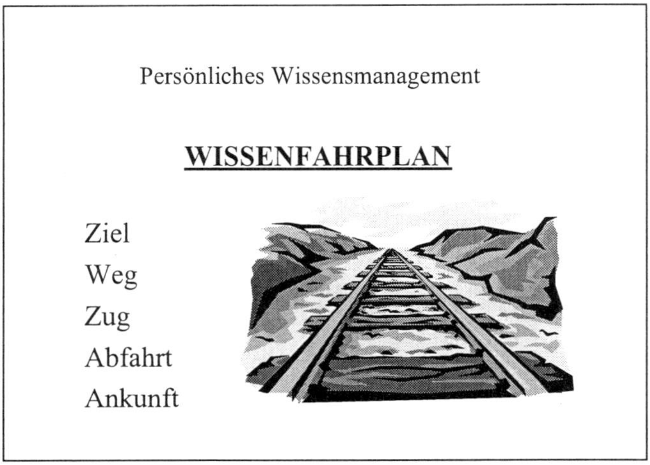

Abb. 2: Wissensfahrplan

Möglichkeiten. Immer mehr Leute werden immer älter und Prävention wird immer bedeutender. Für Diabetiker etwa hat die richtige Pflege, eine gute Beratung und eine gute Prävention große Bedeutung. Warum also nicht entsprechende Präventionsberatung auf einem enormen, bereits vorhandenen Markt anbieten und durch entsprechend qualitativ hochwertiges Service Patienten - also potentielle Kunden - ansprechen?

4 Umsetzungsmöglichkeiten

4. 1 Der Wissensfahrplan

Die Bezeichnung Fahrplan ist ganz bewusst in Anlehnung an die Eisenbahn erstellt. Wie bei einer Reise gibt es ein Ziel und einen Weg. Ein konkretes Ziel, Salzburg z.B., kann auf dem direkten Weg über Linz erreicht werden, oder, wenn es für den persönlichen Wissenserwerb besser ist, auch via Graz und Klagenfurt. Diese Entscheidung trifft jeder für sich selbst, mit den entsprechenden Auswirkungen und Konsequenzen, ebenso wie jeder für sich Abfahrt und Ankunft festlegt und den passenden Zug auswählt - für einen Teil der Reise vielleicht einen Personenzug, für einen anderen Teil einen ICE (Abb. 2).

Bei der Planung und Erstellung des persönlichen Wissensfahrplanes ist es also wichtig, abzuklären:

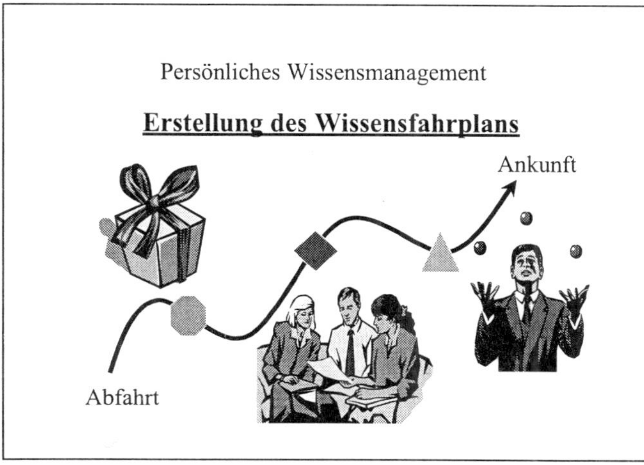

Abb. 3: Erstellung und Umsetzung des persönlichen Wissensfahrplanes

- Wo will ich hin?
- Wann will ich ankommen?
- Welche Kompetenzen, welches Wissen brauche ich?
- Was kann ich auf meinem Weg über Bord werfen?

Wie könnte nun so ein Wissensfahrplan aussehen? (Abb. 3)

Ziel, Abfahrt und Ankunft sind definiert, die Route weitgehend festgelegt. Am ersten Stop, dem Achteck, besuchen Sie z.B. ein Seminar oder einen Lehrgang. Sie erwerben eine ganze Menge Wissen, hier als Paket dargestellt, das Sie in weiterer Folge anwenden und vertiefen.

Am nächsten Halt, dem Viereck, setzen Sie Ihr neues Wissen bereits gezielt ein, z.B. durch die Mitarbeit in einer Projektgruppe. Ohne Achteck hätte man Sie vielleicht nie in diese Gruppe berufen. Der rege Austausch mit anderen kreiert neues Wissen, schafft Kontakte und optimiert Ihre Fähigkeiten. Ihrem Ziel sind Sie entscheidend nähergekommen.

Bei der nächsten Station, dem Dreieck, jonglieren Sie schon mit Ihren Fähigkeiten und leiten vielleicht ein neues Projekt. Sie haben Ihre Kompetenzen entscheidend ausgebaut, Führungsqualitäten bewiesen, und befinden sich in der Zielgeraden.

Möglichkeiten, Wissen zu erwerben, gibt es viele. Neben herkömmlicher Fort- und Weiterbildung ist auch die „Community of Practise“ ein wesentlicher Bereich. Hier geht es um direkte Wissensvermittlung durch gemeinsame Praxis –

Abb. 4: Nur eine permanente Kontrolle stellt die Zielerreichung sicher

z.B. die schon seit Jahrhunderten praktizierte Wissensweitergabe zwischen Meister und Lehrling, Lehrer und Schüler. Wissen wird auch durch Wissensaustausch in Diskussionsforen und Projektgruppen kreiert, ebenso wie durch gemeinsames Lernen. Auch die Verbesserung der kommunikativen Fähigkeiten hilft jedem von uns bei der weiteren persönlichen Wissensentwicklung.

Ein wesentlicher Bestandteil jeder Planung - also auch eines Wissensfahrplanes - ist die kontinuierliche Kontrolle und ein regelmäßiger Soll-Ist-Vergleich! Nur eine immer wieder durchgeführte Überprüfung des Weges kann sicherstellen, dass man sich weiter in die richtige Richtung entwickelt, das Ziel mit allen seinen Veränderungen auch weiterhin im Auge hat und in keine Sackgasse hineinsteuert.

4.2 Der Mikroartikel

Ein Mikroartikel ist nichts anderes als eine kurze, auf einer Seite zusammengefasste Lernerfahrung zu einem konkreten Thema, einer konkreten Erfahrung, die gemacht wurde. Das kann die Erfahrung eines Tages ebenso sein, wie ein Projekt, ein Seminar, eine Sitzung oder eine Lektüre. Ein Mikroartikel zwingt zur Reflexion, ist damit eine Trainingseinheit zum Nachdenken und kreiert Wissen zu einer bestimmten Situation.

Form und Gestaltung des Mikroartikels laden durch ihre klare Struktur und Gliederung ein, die Erfahrungen in kurzer Form niederzuschreiben. Somit wird

Wissen zu einer ganz bestimmten Situation durch Reflexion vertieft und darüber hinaus durch die Niederschrift gespeichert, also für spätere Verwendung abrufbar gemacht.

Ein Mikroartikel sollte daher die folgende Struktur haben:

Form und Gestaltung:

1) Thema
2) Geschichte und Hintergrund
3) Erfahrungen und Lernergebnisse
4) Schlussfolgerungen · (nach H. Wilke)

Vorraussetzung für eine erfolgreiche Wissensschaffung durch Mikroartikel ist die Bereitstellung zeitlicher Ressourcen. Ein Mal pro Woche eine halbe Stunde Zeit zur Reflexion über ein konkretes Thema und innerhalb kurzer Zeit kann man sich seine persönliche Wissensdatenbank zu relevanten Themen aufbauen.

5 Zusammenfassung

In einer sich immer rascher verändernden Berufswelt werden persönliche Strategien des Umganges mit Wissen immer entscheidender. Persönliches Wissensmanagement ist eine Möglichkeit, durch einen strukturierten Aufbau einer persönlichen Wissensbasis die eigenen Karrierechancen zu verbessern, bzw. seine berufliche Position zukunftsorientiert auszubauen.

Berufsbilder und berufliche Ziele müssen kritisch durchdacht werden, wobei es wichtig ist, sich keine Denkbarrieren aufzuerlegen. Eine Fokussierung auf das Berufsziel von morgen ermöglicht die Erstellung eines strategischen Wissensfahrplans, dessen permanente kritische Kontrolle die Zielerreichung sicherstellen soll. Der Mikroartikel nach H.Wilke ist eine weitere Möglichkeit, durch Reflexion zu bestimmten Themen über Lernerfahrungen Wissen aufzubauen. Persönliches Wissensmanagement bedeutet also, mein persönliches Kapital Wissen gezielt zu erweitern und für zukünftige Anforderungen besser gerüstet zu sein als andere.

Literatur

Davenport, T.; Prusak, L. (1999): Wenn Ihr Unternehmen wüßte, was es alles weiß... . 2. Aufl., verlag moderne industrie, Landsberg/Lech.

Nonaka, I.; Takeuchi, H. (1997): Die Organisation des Wissens. Campus, Frankfurt/New York.

Probst, G.; Raub, S.; Romhardt, K. (1999): Wissen managen. 3. Aufl., Gabler, Wiesbaden.

Wilke, H. (1998): Systemisches Wissensmanagement. UTB, Lucius & Lucius Verlagsgesellschaft, Stuttgart.

Schnittstellenmanagement zwischen dem Krankenhaus und dem extramuralen Bereich. Eine Notwendigkeit für die Zukunft?

CHRISTINE WEIDENAUER
WIEN

Die Beobachtungen und Erfahrungen des diplomierten Pflegepersonals (PP) des Wiener Hilfswerks haben gezeigt, dass Spitalsentlassungen mit vielen Problemen behaftet sind.

Um diese Problematik näher erläutern zu können, wird die Spitalsentlassung aus der Sicht des Klienten und der pflegenden Angehörigen anhand eines Beispieles in einer Grafik dargestellt.

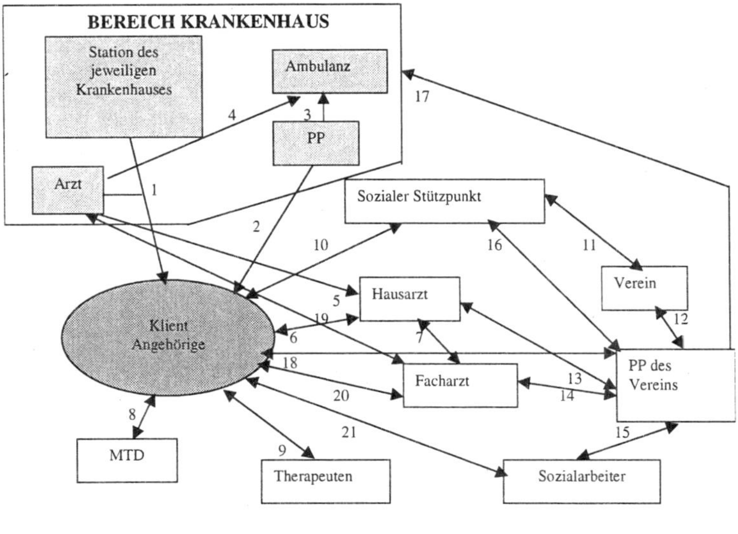

Grafik 1: schematische Darstellung der Krankenhausentlassung

1 Die Station des jeweiligen Krankenhauses beschließt den Klienten zu entlassen. Dem Klienten wird der Entlassungstermin durch den Arzt bekanntgegeben.

2 Das diplomierte Pflegepersonal bereitet die Entlassung vor und führt auch das Entlassungsgespräch durch.

3 Das diplomierte Pflegepersonal der Station informiert die Ambulanz über die bevorstehende Entlassung, es wird ein Kontrolltermin für den Klienten vereinbart und dieser auch dem Klienten mündlich mitgeteilt.

4 Der Arzt gibt die Krankengeschichte an die Ambulanz weiter.

5 Der Stationsarzt schickt dem Hausarzt in den nächsten 14 Tagen einen Entlassungsbericht.

6 Der Stationsarzt übermittelt auch dem Facharzt die notwendigen Informationen innerhalb der nächsten 14 Tage per Post.

7 Der Hausarzt nimmt mit dem behandelnden Facharzt telefonisch Kontakt auf, um die weitere Vorgangsweise abzusprechen.

8 Der Klient bzw. die Angehörigen vereinbaren mit dem Labor einen Termin für die nächste Blutabnahme.

9 Weiters muss der Klient/Angehörige Termine für die verordnete Ergotherapie fixieren.

10 Da der Klient auch einen Pflegehelfer benötigt, wendet er sich telefonisch an den sozialen Stützpunkt.

11 Der soziale Stützpunkt beauftragt nach einem Hausbesuch das Wiener Hilfswerk mit der Übernahme der notwendigen Betreuungsstunden per Fax und telefonischer Rücksprache.

12 Der Verein informiert die zuständige PP über den Neueinsatz.

13 Die PP nimmt telefonisch Kontakt mit dem Hausarzt auf, da der Klient einen Hausbesuch benötigt.

14 Sie nimmt auch telefonischen Kontakt mit dem Facharzt auf, um sich über die weitere Behandlung bzw. Therapie zu informieren.

15 Der Klient muss noch einen Pflegegeldantrag stellen. Zu diesen Zweck informiert die PP den zuständigen Sozialarbeiter des Vereins.

16 Die PP informiert abschließend telefonisch den sozialen Stützpunkt über die Entwicklungen, gleichzeitig wird auf Grund des hohen Pflegeaufwandes eine Stundenerhöhung beantragt. Dieser Antrag wird anschließend schriftlich zusammengefasst und an den sozialen Stützpunkt gefaxt.

17 Da der Klient seinen Kontrolltermin in der Ambulanz vergessen hat, muss die PP in der Ambulanz anrufen und nachfragen.

18 Die PP macht einen Hausbesuch und verbindet diesen mit der Pflegevisite. Sie informiert den Klienten über seine weiteren Termine und notiert diese in der Dokumentationsmappe.

19 Der Hausarzt absolviert einen Hausbesuch und ordnet eine Kontrolle beim Facharzt an.

20 Der Klient wird von den Angehörigen zum Facharzt begleitet. Nach der Kontrolluntersuchung wird dem Klienten vom Facharzt mitgeteilt, das die regelmäßigen Ambulanzkontrollen trotzdem notwendig sind.

21 Der Sozialarbeiter ruft beim Klienten an und informiert ihn über die weitere Vorgangsweise im Bezug auf das Pflegegeld.

Dieses „Gewirr" von Kommunikations- und Beziehungskontakten lässt viele Schwachstellen im Schnittstellenbereich vermuten.

Die Erfahrungen der oben genannten Berufsgruppen/Personen bestätigten diese Vermutungen.

Für den Klienten, der im Idealfall im Mittelpunkt steht, sind diese Wege nicht mehr nachvollziehbar. Der Klient wünscht sich rasch und unbürokratisch, seinen Bedürfnissen entsprechend, versorgt zu werden. Er möchte umfassend, aber verständlich informiert werden und er möchte nur eine Ansprechperson. Die Vernetzung mit anderen Berufsgruppen bzw. anderen involvierten Personen setzt er voraus.

Definition des Begriffes „Schnittstelle"

Schnittstellen sind entstehende Transferpunkte zwischen Funktionsbereichen, Sparten, Projekten, Personen oder Unternehmen. Schnittstellenmanagement versucht, die durch Schnittstellen herbeigeführten Trennungen in der gemeinsamen Zielverfolgung zu überwinden.

Zur Erbringung von Leistungen im Bereich „Betreuung zu Hause" ist die Zusammenarbeit mit verschiedensten Personen, Berufsgruppen und Institutionen unumgänglich, diese Zusammenarbeit ergibt Schnittstellen zu anderen Kompetenz- bzw. Verantwortungsbereichen.

Ein gutes Schnittstellenmanagement setzt die Kenntnisse der jeweiligen Kompetenz- bzw. Verantwortungsbereiche voraus.

Folgende Problemzonen können bei der Entlassung des Klienten aus dem Krankenhaus generell beschrieben werden:

1. Problemzone Krankenhaus
   - es fehlen wichtige Unterlagen/Befunde, welche die Krankenhausentlassung beschleunigen weürden
   - der Klient wird kurzfristig aus dem Krankenhaus entlassen, wichtige Vorbereitungsarbeiten (z.B. Organisation von Hilfsmitteln) können deshalb nicht stattfinden

- die Einschätzung des Hilfsmittelbedarfes ist fehlerhaft (das Krankenhaus ist über diverse Leistungen des Vereins nicht genau informiert, die Klienten sind dadurch fehlinformiert)
- das Krankenhaus hat Probleme mit der formalen Abwicklung und kann deshalb die Leistung des Vereins nicht oder nur mangelhaft anfordern, dadurch ist der Klient unterversorgt
- Entlassungsbriefe/Befunde werden zeitverzögert an den Hausarzt geschickt
- Zwischen Krankenhausentlassung und Betreuung zu Hause entstehen Lükken (z.B. Improvisation bis die Hilfsmittel besorgt sind), diese wiederum überfordern die pflegenden Angehörigen

2. Problemzone Verein
   - kurzfristige Spitalsentlassungen führen zu Problemen bei der Dienseinteilung im Verein
   - bei Neuzugängen wird der formale Weg (Angehörige - MA 47 - Verein - Angehörige) von Klienten und Angehörigen als mühsam und unübersichtlich beschrieben (siehe Grafik 1)
   - die Wunschzeiten können aus personellen Gründen nicht immer eingehalten werden
   - die Nachtbetreuung ist nicht gewährleitstet
3. Problemzone Klient
   - Klient verweigert Hilfsmittel bzw. er verweigert bestimmte Leistungen/Therapien
   - die Vorstellungen des Klienten decken sich nicht immer mit dem Angebot des Vereins (Fachpflege versus Laienpflege)
   - Klient hat finanzielle Probleme
   - Klient wartet auf einen Pflegeheimplatz, der Pflegeaufwand ist dadurch sehr hoch (z. B. Nachtbetreuung ist nicht gewährleistet)
4. Problemzone pflegende Angehörige
   - die Angehörigen sind 24 Stunden täglich mit der Pflege betraut
   - Fachpflege versus Laienpflege
   - Durch die ständige Anwesenheit kann das Problem der Isolation entstehen
   - Pflegende Angehörige brauchen womöglich selbst Unterstützung (z.B. 80jährige Frau pflegt 86jährigen Mann)
   - Es besteht sehr leicht die Gefahr, dass pflegende Angehörige sowohl psychisch als auch physisch überfordert werden (z.B. zu viele Ressourcen/ Handlungen werden vorausgesetzt)
   - Starke emotionale Bindung an den Klienten
5. Problemzone Hausarzt
   - kurzfristige Hausbesuche sind des öfteren nicht möglich
   - dem Hausarzt liegen vom Krankenhaus keine Befunde/Spitalsbriefe vor

- der Hausbesuch ist zeitlich sehr schwer zu koordinieren (z.B. Hausarzt meldet seinen Besuch zwischen 9.00 und 12.00 Uhr an - wann soll die Heimhelferin kommen?)
- Hausarzt gibt mangelhafte schriftliche Anordnungen

6. Problemzone Facharzt
   - ein Grossteil der Fachärzte macht keine Hausbesuche
   - der Facharzt erhält den Spitalsbericht des Klienten mit einer durchschnittlichen Zeitverzögerung von 14 Tagen
   - die Kommunikation zwischen Facharzt und Hausarzt ist nicht selbstverständlich
   - der Klient wartet lange auf einen Facharzttermin
7. Problemzone Sozialer Stützpunkt
   - Betreuungszeiten werden im Einzelfall zu gering eingeschätzt
   - Auf Grund der jeweiligen Pflegegeldeinstufung des Klienten kann der soziale Stützpunkt nur eine begrenzte Stundenanzahl zuteilen
   - Zwischen der Spitalsentlassung und dem Erstbesuch des sozialen Stützpunktes können Lücken entstehen
8. Problemzone Therapeut
   - es gibt nur eine beschränkte Anzahl von Therapeuten, welche einen Hausbesuch machen
   - der Hausbesuch ist für den Klienten mit erhöhten Kosten verbunden
   - die Wartezeiten bis Therapiebeginn sind erfahrungsgemäß länger

Schnittstellen haben einen Einfluss auf Zeit, Kosten und Qualität. In diesen drei Kategorien können sich folgende spezifische Probleme ergeben:

- Zeit: lange Durchlaufzeiten
  nicht wertschöpfende Tätigkeiten
  verlängerte Entscheidungsprozesse
  Kommunikationsstörungen
  Doppelarbeiten
  „Stehzeiten"
- Kosten: auf Grund der Zeitproblematiken entstehen erhöhte Kosten
- Qualität: Qualitätseinbußen durch externe Schnittstellen unterschiedliche Auffassungen führen zu unterschiedlicher Qualität

Um die Störungsanfälligkeit der Kommunikationswege in den Griff zu bekommen, muss daher die Vorgangsweise neu überdacht werden.

Folgende Lösungsansätze werden konkret in Betracht gezogen:

a. Case-Management

Definition: „Case" aus dem Englischen übersetzt bedeutet Fall, Sache oder Angelegenheit.

Die Koordination der Schnittstellen durch das Case-Management reguliert den Informationsfluss, reduziert die Schnittstellen und führt dadurch zur bestmöglichen Lösung für den Klienten. Bei einer Krankenhausentlassung kann sich beim Einsatz des Case-Managements folgendes Bild ergeben:

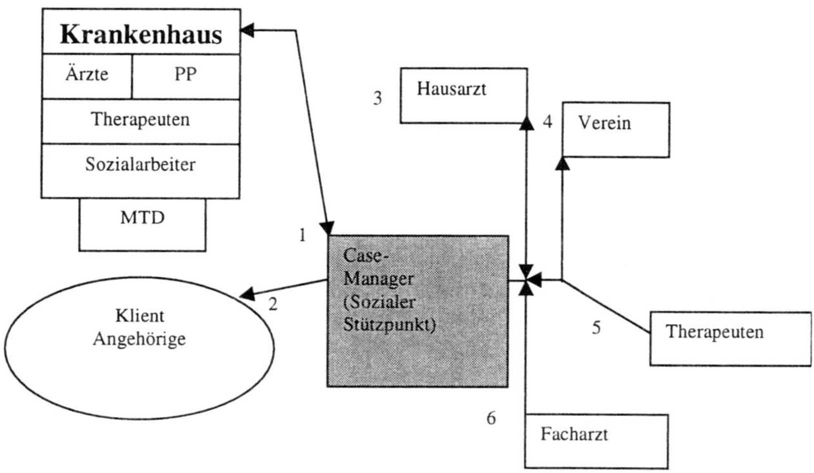

Grafik 2: schematische Darstellung der Krankenhausentlassung beim Einsatz des Case-Managers (bezogen auf den Wiener Raum)

1 Die Case-ManagerIn (im Raum Wien ist diese diplomierte Pflegeperson vom sozialen Stützpunkt) sammelt alle Informationen aus dem Krankenhaus und leitet diese an den Klient weiter. Termine und Therapien werden koordiniert.
2 Der Klient wird umfassend beim ersten Hausbesuch informiert, die Termine werden schriftlich festgehalten.
3 Der Hausarzt wird von der Case-ManagerIn über die Entlassung des Klienten telefonisch informiert.
4 Der Verein wird telefonisch über die Entlassung des Klienten informiert. Der soziale Stützpunkt beauftragt nach einem Hausbesuch das Wiener Hilfswerk mit der Übernahme der notwendigen Betreuungsstunden.
5 Die Case-ManagerIn vereinbart die Termine für die verordnete physikalische Therapie.
6 Der Facharzt wird telefonisch über die Entlassung des Klienten informiert, ein Kontrolltermin wird vereinbart. Die Case-ManagerIn teilt den Termin telefo-

nisch mit, beim nächsten Hausbesuch wird dieser auch schriftlich festgehalten.

Die Case-ManagerIn ist die Informationsdrehscheibe für den Klienten. Bei Unklarheiten kann sich der Klient an **einen** Ansprechpartner wenden.

b. Care-Management

Die Betreuung zu Hause wird vom Care-Management koordiniert. „Care" aus dem Englischen übersetzt bedeutet Sorge, Sorgfalt, Obhut, Pflege. Das Care-Management koordiniert jene Schnittstellen, welche den Klienten unmittelbar in der Betreuung zu Hause betreffen.

In der Betreuung zu Hause würde sich im Vergleich zur Grafik 1 folgendes Bild ergeben (Grafik 3.).

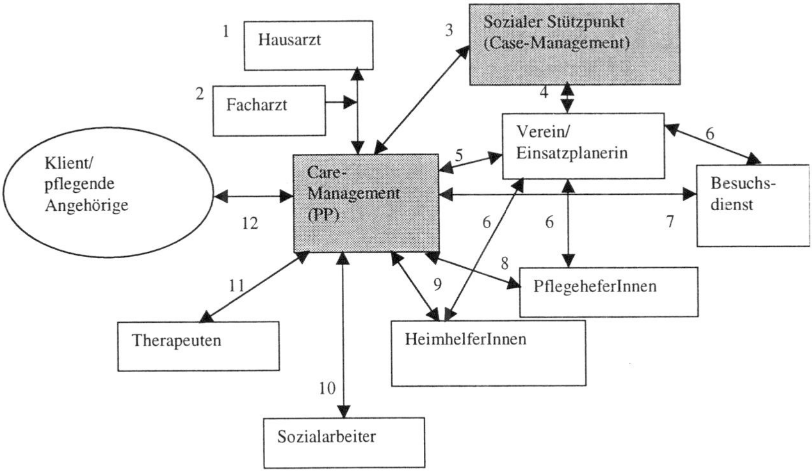

Grafik 3: Schematische Darstellung der Betreuung zu Hause

1 Die Care-ManagerIn informiert telefonisch den Hausarzt über die Spitalsentlassung und vereinbart gleichzeitig einen Hausbesuchstermin.
2 Die weitere Therapie wird mit dem Facharzt und dem Hausarzt abgesprochen.
3 Der Soziale Stützpunkt legt nach dem Hausbesuch beim Klienten den Betreuungsbedarf fest.
4 Der Soziale Stützpunkt teilt den Bedarf telefonisch und anschließend per Fax der zuständigen EinsatzplanerIn des Vereins mit.

5 Die EinsatzplanerIn informiert die Care-ManagerIn regelmäßig über die neuen Einsätze
6 Die Berufsgruppen (Besuchsdienst, PflegehelferInnen, HeimhelferInnen) werden von der zuständigen EinsatzplanerIn koordiniert.
7-9 Die Care-ManagerIn hat die fachliche Aufsicht über die PflegehelferInnen, HeimhelferInnen und den Besuchsdienst. Sie hält telefonischen und persönlichen Kontakt zu den jeweiligen Berufsgruppen.
10 Die Care-ManagerIn nimmt mit dem Sozialarbeiter Kontakt auf, da für den Klienten noch ein Pflegegeldantrag gestellt werden muss.
11 Die Care-ManagerIn nimmt Kontakt zu einen Physiotherapeuten auf und vereinbart einen Termin für den Klienten.
12 Anschließend wird der Klient und die Angehörigen umfassend über die bevorstehenden Termine und Maßnahmen informiert.

Wie in der Grafik 3 dargestellt, ist die Vernetzung von Case- und Care-Management zu erkennen. Case- und Care-Management ist in der Betreuung zu Hause nicht immer klar zu trennen, in das Care-Management fließen Anteile des Case-Managements ein (z.B. Kontakte mit dem Hausarzt, Stundenerhöhungen, Beantragung der Sachwalterschaft,...), aber auch umgekehrt.

Für den Klienten bedeutet dies mehr Transparenz . Für den Klienten ergeben sich in Summe gesehen **2 Ansprechpartner**, nämlich die Case-ManagerIn vom sozialen Stützpunkt und die Care-ManagerIn vom Verein. Die erhöhte Kooperationsbereitschaft des Klienten/der pflegenden Angehörigen ist eine Folgerung des verbesserten und vereinfacherten Informationsflusses. Die Betreuung zu Hause gestaltet sich effizienter, der Klient kann als ganzheitliches Individuum wahrgenommen werden.

1999/2000 wurde vom Dachverband Wiener Pflege- und Sozialdienste die Weiterbildung zum Case- und Caremanager angeboten. Es wäre zu überlegen, ob diese Weiterbildung als Sonderausbildung konzipierbar ist.

Literatur

Degenevé, C. (2000): Der Klient als eigener Casemanager. Abschlussarbeit der Weiterbildung des Dachverbandes Wiener Pflege- und Sozialdienste, Wien.

Langenscheidt Englisch/Deutsch

Wendt, W.R. (1997): Case Management im Sozial- und Gesundheitswesen. Eine Einführung. Lamberuts Verlag, Freiburg im Breisgau.

Umweltschutz und Müllvermeidung als Beitrag zur Kostensenkung im Krankenhaus der Zukunft Ökologische und ökonomische Aspekte bei Infusionslösungen

Ulrich PELZER
Unterschleissheim

1 Einführung

Neben der reinen Funktionalität und Inhalt von Infusionsbehältern in der modernen Medizin wird die Frage nach den Herstellmaterialien der Primärverpackung immer intensiver diskutiert. Ausschlaggebend ist die Diskussion der letzten Jahre über die Verwendung von Kunststoffen bei der Herstellung von Infusionsbeutel. Nicht zuletzt die Boulevardpresse und verschiedene Umweltorganisationen schürten die Meinung, dass durch die Verwendung von Kunststoffen und den damit verbundenen Weichmachern, unkalkulierbare Risiken für den Patienten und die Umwelt entstehen würden. Bei einem Großteil der Bevölkerung ist durch diese emotional geführte Diskussion ein Widerstand gegen die Verwendung von Plastik als Basismaterial für Einmalartikel auch in der Medizin entstanden. Ohne zum Beispiel Schlauch- und Beutelsysteme aus Kunststoff, die in der Intensivmedizin täglich eingesetzt werden, kann die moderne Medizin bei weitem nicht so leistungsfähig sein, wie sie derzeit ist. Die Einzigartigkeit des Materials „Kunststoff" (Flexibilität, geringes Gewicht, leichte Sterilisierbarkeit, kostengünstige Herstellung und sichere Handhabung) führt zu dessen immer weiter wachsenden Anwendung im medizinischen Gebrauch. Hauptargumente der Gegner von Kunststoffmaterialien liefern die Weichmacher, die den Kunststoffprodukten ihre konkurrenzlose Verwendungsvielfalt verleihen. Diese Weichmacher sollen sich krebserregend auf den Patienten und umweltschädlich bei ihrer entgültigen Entsorgung verhalten. Diese Behauptungen wurden inzwischen widerlegt (WHO).

Als Alternative zu Kunststoffmaterialien bei der Herstellung von Behältern für Infusionslösungen wird meist Glas sowohl ökologisch als auch ökonomisch sinnvoller angesehen. Erst ein Materialvergleich von Glas gegen Kunststoff, ein Abwägen der Vor- und Nachteile im täglichen Gebrauch und letztendlich eine Ökobilanz, kann zu einer emotionslosen und neutralen Betrachtung führen. Im Folgenden wird rein qualitativ (untermauert mit einigen ausgewählten Zahlenbeispielen) der Vergleich zwischen Glas und Kunststoff als Behältermaterialien für Infusionslösungen beschrieben.

2 Materialvergleich

Glas und Kunststoff sind zwei grundverschiedene Ausgangsmaterialien zur Herstellung von Behältern für Infusionslösungen.

2.1 Glas

Glas ist als anorganisches Polymer (Grundbaustein ist polymeres Siliziumdioxid SiO_2) spröde, das heißt, es ist nicht bruchsicher. Hergestellt wird Glas durch genau definierte Schmelzverfahren aus verschiedenen Mineralien (darunter Quarzsand). Durch Zusätze während des Schmelzverfahrens werden die späteren Eigenschaften (z.B. Klarsichtigkeit u.ä.) des Glases definiert. Zum Schmelzen von Glas sind hohe Temperaturen somit große Energiemengen notwendig (1500 - 1800°C je nach Glassorte). Glas kann als Flasche prinzipiell mehrfach verwendet werden. Die Anzahl der Nutzungszyklen wird in der Getränkeindustrie mit ca. 50 Umläufen pro Flasche angegeben.

2.2 Kunststoff

Kunststoffe sind Erdölprodukte. Kunststoffe werden auf chemischem Weg direkt aus Erdöl/Erdgas gewonnen und sind ohne großen Energieaufwand herstellbar. Durch besondere Zusätze kann Kunststoff beinahe jede denkbare Eigenschaft annehmen. Von extrem starr bis hin zu unvergleichlich flexibel, von niedrigschmelzend bis hochtemperaturresistent. Die Herstellung von Kunststoffprodukten ist im Vergleich zu alternativen Materialien billig. Die einfache Sterilisierbarkeit prädestiniert Kunststoff für den medizinischen Bereich.

3 Vor- und Nachteile im täglichen Gebrauch

Unbestreitbar hat Kunststoff gegenüber Glas beim täglichen Gebrauch im modernen Krankenhaus mehrere elementare Vorteile (siehe dazu auch Tab.1).

3.1 Sicherheit

Herunterfallende Glasflaschen stellen eine große Verletzungsgefahr für Patienten und Pflegepersonal dar (Schlagverletzung, Schnittverletzungen durch Scherben). Kunststoffbeutel überstehen selbst einen Sturz aus großer Höhe unbeschadet.

3.2 Gewicht

Das Pflegepersonal muss tagtäglich Infusionslösungen für die Patienten bereitstellen und diese verabreichen. Das niedrige Gewicht der Beutel ist somit vorteilhafter.

Der Nachteil von Kunststoff gegenüber von Glas im Hinblick auf die Klarsichtigkeit kann durch geschickte Auswahl des benötigten Produkts umgangen werden. Es sind Kunststoffbeutel aus klarsichtigem Plastikmaterial für praktisch alle Infusionsanwendungen auf dem Markt erhältlich.

	Glas	**Kunststoff**

Gewicht	240 - 300 g	17 - 30 g
Klarsichtigkeit	Ja	Hängt vom verwendeten Material ab
Bruchsicherheit	Nein	Ja
Verletzungsgefahr	Ja	Nein

Tab. 1: Vergleich anwendungsrelevanter Aspekte von Glas und Kunststoff

4 Ökobilanz („Lifecycle Analysis") von Kunststoffbeuteln und Glasflaschen als Behälter für Infusionslösungen

4.1 Definition

Um einen wissenschaftlich korrekten ökologischen und ökonomischen Vergleich von Glas und Kunststoff durchführen zu können, hat sich die Durchführung einer Ökobilanz als sehr hilfreich herausgestellt. In einer Ökobilanz wird die ökologische Betrachtung eines Produkts „von der Wiege bis zur Bahre" verstanden. (Fouhy) Die Auswirkungen auf die Umwelt werden bei der Rohstoffgewinnung genauso betrachtet, wie die beim Gebrauch des Produkts und bei der Entsorgung nach dessen Benutzung (Abb. 1). Durch diese Anforderung wird die Ökobilanz zu einem höchst komplexen Bewertungsverfahren, das noch selten bei Kaufentscheidungen berücksichtigt wird.

Eine Ökobilanz beinhaltet folgende Hauptpunkte:

- Rohstoffgewinnung
- Produktherstellung
- Distribution (Transport)
- Nutzung (Anwendung)
- Reinigung (bei Mehrwegbehältern)
- Abfall (Entsorgung/Recycling)

(Aus dem Abfall/Recycling kann evtl. wieder das/oder ein neues Produkt hergestellt werden.)

Im Lebenszyklus eines Produkts kann dieses die verschiedenen Schritte der Ökobilanz mehrmals durchlaufen, so z.B. bei der Verwendung als Mehrweggebinde. In diesem Fall müssen diese Schritte auch mehrmals in die Ökobilanz einberechnet werden.

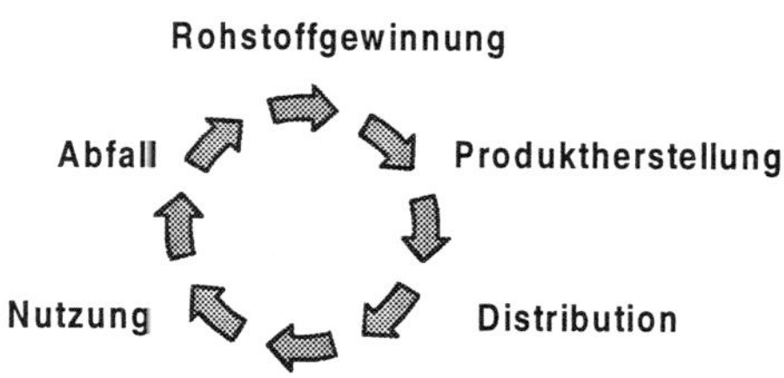

Abb. 1: LCA als Schaubild

Im folgenden wird die Ökobilanz auf Behälter aus Kunststoff und Glas für Infusionslösungen angewendet (Straub)

4.2 Rohstoffgewinnung

4.2.1 Glas

Für die Herstellung von Rohglas wird bei hohen Temperaturen Soda, Kalkstein und Feldspat (Quarzsand) eingeschmolzen. Bei diesem Schmelzvorgang werden große Energiemengen benötigt, die derzeit hauptsächlich aus der Verbrennung mineralischer Brennstoffe (Erdöl und Erdgas) gewonnen werden.

4.2.2 Kunststoff

Kunststoffe werden über chemische Verfahren unter Verwendung von wenig Energie aus Erdöl gewonnen. Die in diesen Brennstoffen gespeicherte Energie geht nicht verloren, sie wird beim späteren Verbrennen des „Altkunststoffes – Kunststoffabfalls“ wieder freigesetzt. Die Herstellverfahren bestimmen die späteren Eigenschaften des jeweiligen Kunststoffes. Werden Verbundkunststoffe benötigt, so werden Folien verschiedener Kunststoffe hergestellt und dann miteinander verbunden (verklebt oder verschweißt). Weniger als 1% der Fördermengen von Erdöl/Erdgas wird derzeit zur Herstellung von Kunststoffen verwendet.

4.3 Produktherstellung

4.3.1 Glasflaschen

Das Rohglas wird unter Verwendung bestimmter Zusätze erneut geschmolzen. Aus der Schmelze werden z.B. Flaschen „geblasen“.

4.3.2 Kunststoffbeutel

Die erhaltenen (Verbund-) Folien werden zu Beuteln verschweißt. Zur Herstellung von Kunststoffflaschen wird der niedrig schmelzende Kunststoff in entsprechende Formen gegossen.

4.3.3 Füllung der Behälter

Da die Hersteller von Infusionslösungen nicht zusätzlich Flaschen herstellen, müssen Glasflaschen leer zur Füllstelle transportiert werden. Die Herstellung von Kunststoffbeuteln ist wesentlich einfacher, so dass die Beutel vom Hersteller der Lösungen selbst produziert werden (können). Dieser sogenannte „In-Line-Prozess“ führt zu einer Reihe weiterer Vorteile: Eine Falschetikettierung kann praktisch ausgeschlossen werden, die erforderliche Sterilisierung des Produkts wird im Regelfall sofort im Anschluss an die Füllung durchgeführt, sodass hier keine zusätzlichen Transportwege entstehen. Bei manchen Herstellverfahren wird ein Beutel zeitgleich mit der Füllung fertiggestellt. Für die Qualitätskontrolle und die erforderliche Dokumentation sind dies nicht unbeachtliche Aspekte.

4.4 Transport (Distribution)

Die mit Infusionslösungen gefüllten Behälter werden per LKW und/oder Bahn über ein Zwischenlager (Großhändler) zum Kunden transportiert. Der Transport auf der Straße oder Schiene erfordert Energie, die größtenteils durch Verbrennung fossiler Brennstoffe erzeugt wird. Hierbei entstehen in großen Mengen Kohlendioxid (Treibhauseffekt) und Schwefeldioxid (saurer Regen). Je größer das Gewicht des transportierten Produkts, desto höher fällt die Umweltbelastung durch den Transport aus.

4.4.1 Glasflaschen

Bei Glasbehältern muss grundsätzlich unterschieden werden, ob es sich um ein Einwegprodukt handelt, das nach der Benutzung zu (recycelbarem) Abfall wird, oder um ein Mehrwegprodukt, das einem speziellen Reinigungsverfahren unterworfen werden muss, soll der Behälter wiederverwendet werden. Glas als Einwegprodukt muss als Abfall vom Krankenhaus zur Glasschmelzerei oder zur Deponie transportiert werden. Sollen Glasbehälter wiederwendet werden, müssen sie wegen der sehr strengen Hygienevorschriften in speziellen Reinigungsanlagen für den späteren Wiedergebrauch vorbereitet werden. Vom Krankenhaus dorthin und von dort zur Herstellerfirma der Infusionslösungen müssen die Glasflaschen unter erheblichem Energieaufwand transportiert werden. Bei Mehrwegflaschen rechnet man mit 10 - 50 Umläufen (Wiederverwendungen) pro Flasche bis sie eingeschmolzen bzw. endgültig auf der Deponie entsorgt werden.

4.4.2 Kunststoffbeutel

Kunststoffbeutel werden als Einmalartikel nach der Benutzung im Krankenhaus der Verbrennung zugeführt. Hier ist zu berücksichtigen, dass dieser Abfall vom Krankenhaus zur Müllverbrennungsanlage transportiert werden muss.

4.4.3 Transportverpackung

Ein wichtiger Aspekt bei der Betrachtung des Ökobilanzpunktes „Transport" ist die Transportverpackung. Sie dient vornehmlich dazu, das Produkt während des Transports vor Schäden zu bewahren. Die Verpackung muss leicht, stabil und billig sein.

Abb. 2: Die derzeit am meisten verbreitete Transportverpackung ist der Pappkarton

4.4.3.1 Pappkarton

Die bisher am weitesten verbreitete Verpackung ist der Karton. Er wird im Normalfall einmal benutzt und dann der Entsorgung (Recycling oder Verbrennung) zugeführt. Riesige Abfallberge im Krankenhaus sind das Resultat. Hierbei muss berücksichtigt werden, dass die Kartons von einem Klinikmitarbeiter geöffnet und der entstehende Kartonabfall zerkleinert und im Krankenhaus bis zur Abholung zwischengelagert werden muss. Neben den Lagerkosten fallen somit auch Kosten an, die der Mitarbeiter verursacht. Nach Berechnungen eines mittelgroßen Krankenhauses in Österreich wird für diese Arbeit ca. 50% einer Mitarbeiterstelle benötigt.

4.4.3.2 Pharmabox

Eine interessante Alternative zum Karton stellt das „Pharmabox - System“ z.B. PLOREX Handelsges.m.b.H. und Fraunhofer Institut (1993) dar. Die Pharmabox ist eine wiederverwendbare Kunststoffbox, die sowohl innerhalb eines Krankenhauses zum Transport vom Lager in die einzelnen Abteilungen, als auch zum Transport vom Hersteller zum Krankenhaus verwendet werden kann. (Abb. 3 und 4)

Die Pharmabox ist z.B. Eigentum des jeweiligen Transportunternehmens und wird von diesem verwaltet (Rücknahmesystem ähnlich dem Pfand bei Mehrwegbehältern in der Lebensmittelindustrie).

Der Vorteil der Pharmabox resultiert hauptsächlich in einer einfachen und sicheren Handhabung (keine Verletzungsgefahr beim Aufschneiden der Kartons) und einem Kosteneinsparungspotential. Die Kosteneinsparung wird in der Zu-

Abb. 3: Die kleine Pharmabox zum Transport zum oder innerhalb des Krankenhauses

Abb. 4: Die große Pharmabox ist aufklappbar. Somit wird beim Entnehmen von Infusionsbeuteln der Rücken der Mitarbeiter geschont.

kunft noch zunehmen, da die Abfallbeseitigung deutlich teurer werden wird (siehe auch 4.7).

4.4.4 Schadstoffemissionen

Der Punkt Schadstoffemissionen umfasst hier die Herstellung und den Transport des Produkts. Hauptsächlich werden zur Energiegewinnung zum Transport fossile Brennstoffe (Erdöl, Erdgas, Kohle) benutzt. Durch die Verbrennung entsteht neben vielen schädlichen Nebenprodukten bekanntermaßen Kohlendioxid (CO_2) und Schwefeldioxid (SO_2). Kohlendioxid ist bekanntlich mitverantwortlich für den sogenannten „Treibhauseffekt", Schwefeldioxid setzt sich mit der Luftfeuchtigkeit zur schwefeligen Säure um, die als Hauptverursacher des „sauren Regens" angesehen wird. Die Ökobilanz beleuchtet auch Aspekte, die dem Anwender nicht sofort ins Auge fallen.

Vergleicht man die Entstehung von Schwefeldioxid und Kohlendioxid durch die Herstellung und den Transport von Einwegglasflaschen mit Kunststoffbeutel im Karton oder in der Pharmabox, so wird deutlich, dass durch die Verwendung von Einwegglasflaschen unabhängig von der Transportverpackung die größere Menge an diesen Luftschadstoffen produziert wird (Siehe Abb. 5 und 6). Wird Glas als Mehrwegflasche eingesetzt, so reduziert sich die Menge an entstehenden Schadstoffen. Diese im ersten Moment widersinnig erscheinende Tatsache ist dadurch zu erklären, dass in diese Bilanz auch die Energieerzeugung einfließt, die für die Glaserzeugung benötigt wird. Trotz des höheren Gewichts der Pharmabox gegenüber des einfachen Kartons schneidet die Pharmabox in der Ökobilanz etwa gleich ab.

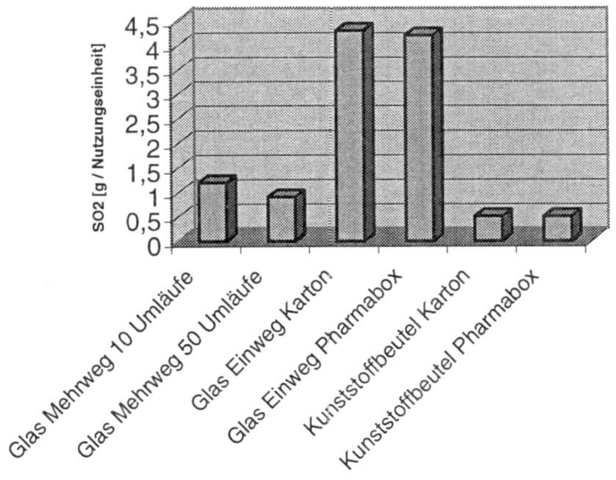

Abb. 5: Entstehung von SO_2 beim Herstellung und Transport

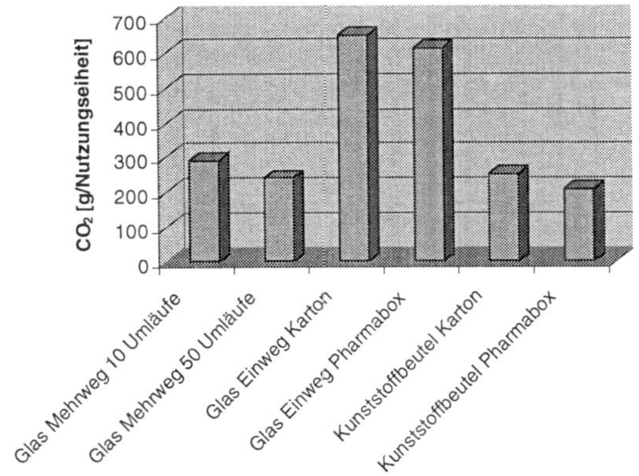

Abb. 6: Entstehung von CO_2 bei Herstellung und Transport

4.5 Anwendung

Die absolute Sicherheit für den Patienten und die leichte Handhabung sind die wichtigsten Aspekte bei der Beurteilung der Anwendbarkeit der einzelnen Behälter (Plefka). Hier spielt auch das Gewicht eine nicht unerhebliche Rolle. Die Behälter müssen bei der Anwendung und bei der anschließenden Entsorgung gehoben und bewegt werden. Das Pflegepersonal ist sicherlich dankbar für jede Erleichterung, die sich durch Gewichtseinsparung ergeben kann. Die mit Infusionslösung gefüllte Glasflasche wiegt ca. 50% mehr als der gefüllte Kunststoffbeutel, die leere Flasche ist sogar ca. 10 mal so schwer wie der leere Beutel. Bruchsicherer und flexibler Kunststoff schützt vor Schnittverletzungen durch Glasscherben und vor denkbaren Schlagverletzungen beim Patienten, wenn er sich unkontrolliert bewegt. (siehe auch 3.2) Durch die Verwendung neuerer Materialien bei der Herstellung von Kunststoffbeuteln konnte die Klarsichtigkeit von Glas ereicht werden.

4.6 Reinigung von Mehrwegbehältern

Neben dem Energieverbrauch beim Transport des Leerguts ist noch der Reinigungsvorgang an sich zu berücksichtigen. Man rechnet zur Reinigung einer 500 ml Infusionsflasche ca. 2,5 l Frischwasser. Der Verbrauch an Reinigungsmitteln und der zur Heizung benötigte Energieverbrauch geht ebenfalls in die Ökobilanz ein, soll aber hier nicht explizit beschrieben werden.

4.7 Entsorgung

Die Entsorgung von Abfall beschäftigt mehr und mehr auch die Finanzfachleute der Krankenhäuser. Die Abfallentsorgung ist in den letzten Jahren sehr teuer geworden (und wird immer teurer). Die Umweltschutzauflagen zur Betreibung einer Deponie sind sehr hoch geworden. Deponieplatz wird knapp, die Gemeinden weisen keinen neuen Platz mehr aus. Kunststoffe werden heute in modernen Müllverbrennungsanlagen ohne wesentliche Umweltbelastung unter Energiegewinn verbrannt. Leere Kunststoffbeutel stellen „Abfälle zur energetischen Verwertung" und nicht „Abfälle zur Beseitigung" dar. Glas kann nur entweder unter Zufuhr von Energie wieder eingeschmolzen oder letztendlich auf der Deponie endgelagert werden. Unter den Stichpunkt „Entsorgung" fallen auch die Abfälle, die bei der Herstellung der Behälter entstehen, so zum Beispiel die Schlacke bei der Glasherstellung und die Kunststoffreste beim Schneiden der Kunststofffolien. Diese Abfälle sind unter dem Punkt „Produktionsabfälle" in Abb. 7 zusammengefasst. Unter Deponievolumen werden alle Abfallarten zusammengefasst, die während des „Life-Cycles" (siehe Punkt 4.1) eines Behälters entstehen.

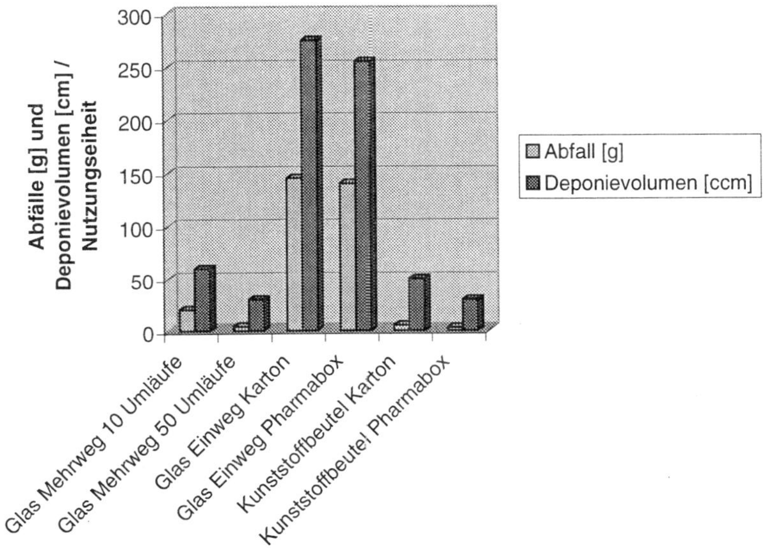

Abb. 7. Vergleich des Abfallgewichts und des Deponievolumens unter Einbeziehung der Pharmabox

Das Deponievolumen beinhaltet ebenfalls die bei der Verbrennung entstehenden unschädlichen Reste, die als Schlacke, Asche usw. ebenfalls auf der Deponie endgelagert werden.

4.8 Energiebilanz

Ein Teil der sehr komplexen Energiebilanz bei der Herstellung der einzelnen Behälter wurde in 4.2.1 und 4.2.2 bereits angesprochen. Der Heizwert von Kunststoffbeuteln wurde in der vorliegenden Beschreibung nicht mit berücksichtigt.

5 Sind Behälter gleich Behälter?

Behälter für Infusionslösungen im medizinischen Bereich sind wegen der sehr hohen Anforderung an Sterilität und Qualität nicht gleichzusetzen mit Behältern, wie sie z.B. in der Gertränkeindustrie zu erhalten sind. Diese hohen Anforderungen sind auch der Grund, warum im medizinischen Bereich Mehrwegglasbehälter die Ausnahme sind und in nächster Zeit sicher auch bleiben werden.

Die Ökobilanzen von Behältern, die im medizinischen Bereich eingesetzt werden, dürfen somit nicht mit Ökobilanzen verglichen werden, die für Behälter im Nahrungsmittelbereich und hier im speziellen für die Gertränkeindustrie erstellt worden sind.

6 Zusammenfassung

Der Kunststoffbeutel stößt noch bei vielen Anwendern auf Skepsis. Besonders die Umweltbewussten unter ihnen bevorzugen die Glasflasche. Der Vergleich aller ökologisch und ökonomisch relevanter Daten bei der Verwendung von Glas bzw. Kunststoff als Behälter für Infusionslösungen in Krankenhäusern zeigt deutlich den Vorteil von Kunststoff. Nur wenn es gelänge, Infusionslösungen in Glasmehrwegbehältern zu vertreiben, die mindestens 50 Umläufe unbeschadet überstehen, wäre die Glasflasche alleine unter dem Gesichtspunkt „Abfälle und Deponievolumen“ gleichzusetzen mit Kunststoffbeuteln. Durch die immer weiter steigenden Kosten bei der Abfallentsorgung und der Erzeugung von Energie wird sich der ökonomische Vorteil von Infusionsbehältern aus Kunststoff gegenüber dem Glas noch verstärken. Infusionsbeutel aus Kunststoff eignen sich durch ihre Unzerbrechlichkeit und Flexibilität hervorragend für den Einsatz in allen Infusionsbereichen. Der Transport in Mehrwegverpackung hat gegenüber dem bisher verwendeten Pappkarton den Vorteil der Arbeitsersparnis bzw. -erleichterung und der Vermeidung von großen Mengen an Abfall.

Aus ökologisch und ökonomischer Sicht sind Kunststoffbeutel als Behälter für Infusionslösungen den Behältern aus Glas zur Verwendung im Krankenhaus vorzuziehen.

Literatur

Fouhy, K. (1993): Life Cycle Analysis. Chemical Engineering, 7.

Fraunhofer-Institut für Materialfluss und Logistik (1993): Ökologischer Vergleich eines Einweg- und Mehrwegtransportverpackungssystems, Dortmund.

Kranabitl, H.-P. (1999): Primärpackmittel von Infusionslösungen. ManageMed, 4, 11-12.

Piorex Handelsges. m.b.H: Intelligentes Mehrwegsystem spart Infusionsmüll. Railcargo Austria, Brunn am Gebirge.

Plefka, E. (2000): Ökologisch sinnvolle Alternativen, ManageMed, 3, 9.

Straub, A. (1993): Ökobilanz für Infusionsbehälter aus Glas, PVC, LPDE und Verbundfolien. ifeu – Institut für Energie- und Umweltforschung Heidelberg GmbH, Heidelberg.

WHO (2000): PVC devices not cancerous, says WHO research body. Clinica, 898, 5.

Arterientransplantation – von einer Notlösung zu einem Ausweg

Thomas HÖLZENBEIN, Erdal ASLIM, Manfred PRAGER
Wien

1 Einleitung und historischer Überblick

Die Arterientransplantation ist keine Erfindung der neuzeitlichen Medizin. Schon zu Beginn des letzten Jahrhunderts experimentierte der Nobelpreisträger Alexis Carell mit der Transplantation von Blutgefäßen von einer Spezies zur anderen (Abb 1). Die Intention dabei war weniger die Behandlung der Ischämie als vielmehr das Interesse an der Reaktion des Blutes auf das transplantierte Gewebe und umgekehrt. Nicht zuletzt war auch unbekannt, ob sich die Arterien und Venen, die zur Transplantation solider Organe, zu deren Blutzu- und abfuhr sie dienten, notwendigerweise „mittransplantiert" werden mussten anders verhielten, als die Organe selbst. Alexis Carrell machte die nicht unbedeutende Entdeckung, dass sich die Blutgefäße nach der Transplantation offenbar veränderten. Diese waren nicht mehr so widerstandsfähig, und bildeten

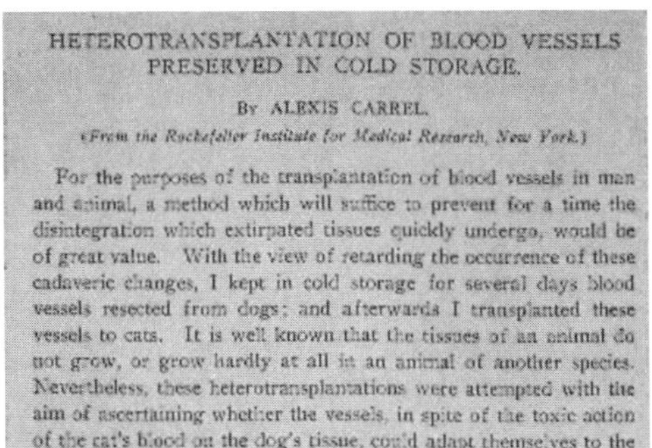

HETEROTRANSPLANTATION OF BLOOD VESSELS PRESERVED IN COLD STORAGE.

By ALEXIS CARREL.

(From the Rockefeller Institute for Medical Research, New York.)

For the purposes of the transplantation of blood vessels in man and animal, a method which will suffice to prevent for a time the disintegration which extirpated tissues quickly undergo, would be of great value. With the view of retarding the occurrence of these cadaveric changes, I kept in cold storage for several days blood vessels resected from dogs; and afterwards I transplanted these vessels to cats. It is well known that the tissues of an animal do not grow, or grow hardly at all in an animal of another species. Nevertheless, these heterotransplantations were attempted with the aim of ascertaining whether the vessels, in spite of the toxic action of the cat's blood on the dog's tissue, could adapt themselves to the new conditions of life, and take over the function of the vessels removed. Five experiments were performed.

Abb. 1. Originalpublikation von Alexis Carrel aus dem Jahr 1906 wo er zum ersten mal über seine Versuche der Transplantation von Arterien berichtet. Für diese und andere Arbeiten hat er später als bislang einziger Chirurg den Nobelpreis für Medizin erhalten.

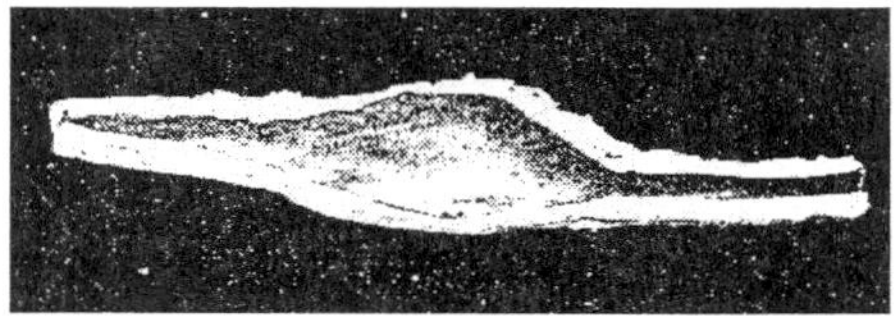

Abb. 2. Bild aus der Publikation von Carrel 1906. Ihm war aufgefallen, dass die transplantierten Arterien aneurysmatisch degenerieren. Dies ist eine der Limitationen für die Verwendung cryopräservierter Gefäße.

Aneurysmen (Abb. 2), oder die Wand zerschichtete sich („Dissektion") über kurz oder lang nach der Implantation. In weiterer Folge verebbte das Interesse an der Tranplantation von Blutgefäßen, da kein praktischer Nutzen für diese Methode zu erkennen war.

Um 1955 wurden, mit dem neu erwachten Interesse der Chirurgen vaskuläre Veränderungen zu behandeln, die historischen Arbeiten Carrells wieder entdeckt. Gefäßersatzmaterialien wurden dringend gebraucht. Für Verschlüsse konnte man sich zwar mit dem Aushülsen der arteriosklerotischen inneren Wandschichten der Arterien behelfen (Dos Santos, Portugal, „Thrombendarterektomie"), doch für aneurysmatische Veränderungen der Aorta war ein chirurgisch bearbeitbares Ersatzmaterial von nöten. Dubost aus Frankreich beschrieb 1955 als erster die Resektion eines abdominellen Aortenaneurysmas und den Ersatz durch eine präservierte menschliche Aorta, und kurz darauf folgte DeBakey aus den USA mit der Resektion und Interposition eines thorakalen Aneurysmas mit einer Homoarterie. Dies löste in weiterer Folge einen wahren Boom aus, und Arterienbanken wurden gegründet, um den steigenden Bedarf an Aorten zur Behandlung der Aneurysmen zu decken. Doch trotz verbesserter Präservationstechniken neigten die konservierten Arterien zur Bildung von Aneurysmen, extrem beschleunigter Verkalkung, und zur Dissektion. All diese Probleme wurden bereits 1906 beschrieben. (Abb. 2) Dies förderte die Entwicklung der artefiziellen Gefäßprothese durch Vorhees im Jahr 1958, und weiterer verbesserter alloplastischer Gefäßprothesen, die schließlich die homologen Transplantate wieder in Vergessenheit gerieten ließen.

Das Interesse an der Verpflanzung präservierter Gefäße wurde in den neunziger Jahren neu geweckt, um dieses sehr infektionsresistente Gefäßersatzmaterial für die septische Gefäßchirurgie bei infizierten Prothesen im thorakalen und infrarenalen Aortenbereich oder als leicht austauschbare Dialyseshunts („Homovene") einzusetzen. In diesem Fall war weniger die dauerhafte Haltbarkeit gefragt, sondern lediglich die Überbrückung, bis nach Abheilung der Infektion wieder auf herkömmliches Material zurückgegriffen werden kann. Die Resultate dieses Konzeptes sind ermutigend, und diese Therapie wird nun wieder zunehmend angewandt (Turina, Zürich, Kieffer, Paris). Alle diese Erfahrungen stammen jedoch von präservierten Arterien, die entweder mittels Kälte (Cryopräservation) oder kontrollierter Degeneration (Homovene, Glutaraldehydstabilisation) vorbehandelt wurden, sodass die Tranplantate jederzeit verfügbar „auf Lager“ gehalten werden können. Eine Implantation von vitalem Gewebe im Sinne der Transplantation ist bislang nicht durchgeführt worden.

2 Hypothese der Arterientransplantation

Auffallend ist, dass die Blutgefäße von soliden Organen, die transplantiert werden keineswegs diesen bekannten Veränderungen unterliegen. Aneurysmen der Arteria renalis nach Nierentransplantation sind eine Rarität, und eher auf technische Probleme im Bereich des Anastomosenpatches beschränkt, und nicht auf die Arterie selbst. Spontane Verschlüsse der Nieren- oder Transplantatleberarterie sind sehr selten. Häufiger ist jedoch das Auftreten einer Arteriosklerose in den Coronarien von transplantierten Herzen. Dissektionen, wie sie an den cryopräservierten Arterien nahezu regelhaft gefunden werden sind in der Tranplantationsmedizin nahezu unbekannt. Es erhebt sich also die Frage, was der Unterschied zwischen den Arterien der transplantierten soliden Organen (Niere, Leber, Pankreas) und den isolierten Arterientransplantaten ist. Eine mögliche Hypothese ist, dass die präservierten Arterien ihre Vitalität verloren haben, und nur als leblose Struktur implantiert werden, die erst vom Empfängerorganismus durch Transmigration von Zellen im Laufe der Zeit zu einem lebenden Organ gemacht werden. Die transplantierten Arterien sind jedoch von Anfang an vital, und behalten als lebendige Struktur ihre Eigenschaften bei, mit denen sie im Spenderorganismus schon ausgezeichnet waren.

3 Warum Verwendung von homologem Material?

Geht man davon aus, dass die autologe Vena saphena magna der bestmögliche Gefäßersatz ist, so müssen sich alle Alternativen danach messen. Mögliche Alternativen sind die Venen des Armes, die Vena saphena parva oder Kunststoffmaterialien. Für kurze Rekonstruktionen im Kniegelenksbereich (Arteria poplitea) lassen sich mit Kunststoff brauchbare Resultate erzielen. Für Rekonstruktionen auf die Unterschenkel- oder Fußarterien lassen sich nur mit venösem Material vertretbare Ergebnisse innerhalb eines 3 Jahre Zeitraumes erreichen (52%). Die primäre Funktionsrate von Kunststoffbypasses liegt nach 3 Jahren um die 10%, auch wenn man Venencuffs als „Pufferzone“ zwischen Kunststoff und Arterie

Abb. 3. Auch das Anlegen einer Pufferzone aus Vene, kann die enttäuschenden Langzeitresultate von Kunststoffbypasses nicht wesentlich verbessern. In diesem Bild ist ein sogenannter „Miller-Cuff" abgebildet.

interponiert (Abb. 3). Offenbar ist ein vitales Endothel der Schlüssel zum Erfolg. Wenn dieses als natürlich vorkommendes Material nicht mehr zur Verfügung steht müssen alternative Wege beschritten werden um dies zu erreichen. Eine Möglichkeit besteht darin Endothelzellen zu züchten und sie wie eine Tapete auf der Innenseite der Kunststoffbypasses aufzubringen. Das Verfahren ist jedoch kompliziert, und nur an wenigen Zentren aufgrund der Notwendigkeit von Zelllabors und anderer Infrastrukur möglich. Eine andere Ressource, die sonst nicht genützt wird, stellen die Arterien von Organspendern dar, die ansonsten keine Verwendung finden würden.

4 Indikation zur Arterientransplantation

Da das Verfahren schulmedizinisch nicht anerkannt ist kann es nur im Rahmen von kontrollierten Anwendungsbeobachtungen durchgeführt werden. Die Ethik-Kommission der Universität Wien hat 20 solcher Operationen genehmigt und überwacht die Durchführung derselben. Als Empfänger werden ausschließlich solche Patienten ausgewählt, die eine von der Amputation bedrohte Extremität aufweisen, und bei denen keine Möglichkeit besteht durch körpereigenes Material (Vena saphena magna, Armvenen, Vena saphena parva) einen Gefäßersatz durchzuführen, und bei denen ein alloplastischer Gefäßersatz nicht sinnvoll erscheint. In der Regel haben solche Patienten bereits mehrere Gefäßoperationen an dem betreffenden Bein hinter sich (im Schnitt 3,5; 1-5). Sie werden davon in Kenntnis gesetzt, dass Ihnen mit den vorhandenen Methoden der Schulmedizin das Bein nicht erhalten werden kann, und dass sie eine Immunsuppression, ähnlich wie bei der Transplantation der Niere benötigen, um eine Abstoßungsreaktion zu verhindern.

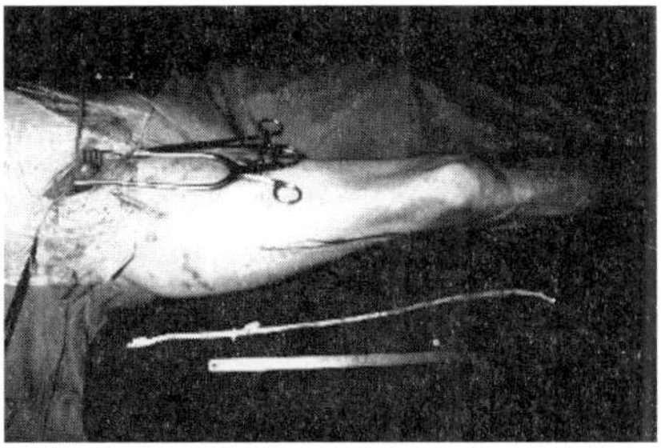

Abb. 4. Genaue Kenntnis der Anatomie des Empfängers ist notwendig, um genügend Arterie dem Spender zu entnehmen. Die Arterie des Spenders ist elastisch wie ein Gummiband und muss gleichsam zwischen den Anastomosen „ausgespannt" werden. Die proximale Anastomose ist hier in der leiste und distal an der Mitte des Unterschenkels.

5 Spenderauswahl und Präservation

Zum Spender eignen sich blutgruppenkompatible Multiorganspender, die unter 30 Jahren sein sollen, und einem genauen Virusscreening unterzogen werden (Hepatitis, HIV). Notwendig sind auch die Information über die benötigte Länge des Transplantates, um genügend Arterie gewinnen zu können (Abb. 4). Ein Crossmatch, wie er bei der Nierentransplantation vor der Operation durchgeführt wird erscheint nicht notwendig. Es wird bei der Organentnahme der arterielle Gefäßbaum in der Regel von der Arteria iliaca communis bis zum Truncus tibiofibularis unter Zirkulation präpariert, und mit Perfusionslösung (UW-Lösung, HTK-Lösung) bei Zirkulastionsstillstand perfundiert. Sodann wird die präparierte Arterie entnommen in der Perfusionslösung steril verpackt und auf Eis gelagert. Die Implantation erfolgt im kürzestmöglichen Zeitintervall.

6 Implantation

Die Implantation erfolgt im Wesentlichen wie eine normale femorodistale Bypassoperation, mit dem Unterschied, dass als Gefäßersatz das Arterientransplantat verwendet wird. Eine Nullbiopsie wird am Anfang der Operation durchgeführt, um die Viabilität des Endothels und der übrigen Wandschichten zu prüfen. Da die Arterien sehr elastisch sind, müssen sie wie ein Gummiband von Anastomose zu Anastomose „aufgespannt" werden. Die Anastomosen werden im Gegensatz zur normalen Gefäßchirurgie mit resorbierbaren Nähten angelegt (z.B. Maxon oder PDS). Die intraoperative Kontrollangiographie erfolgt entwe-

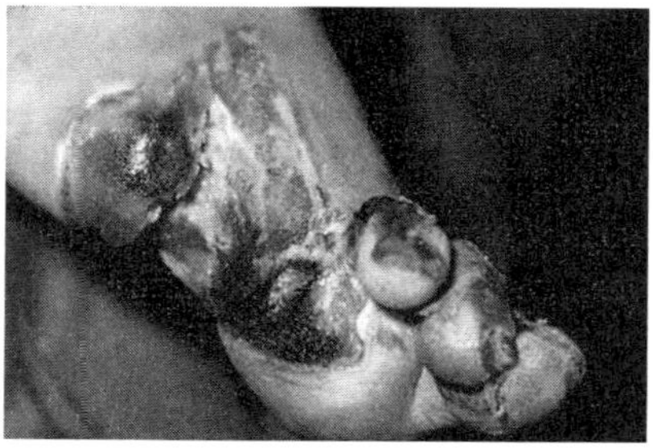

Abb. 5. Die Indikation zur ATX ergab sich bei diesem Patienten (Patient # 2) aus der Kombination von Nierentransplantation und einer ausgedehnten Gangrän. Der Patient hatte an diesem Bein schon 3 vorangegangene Gefäßoperationen.

der durch Punktion des Transplantates, oder über die lange gelassene Atreria profunda femoris des Spenders. Diese wird möglichst lange gelassen, um bei Revisionen, oder bei Verdacht auf Abstoßung als leicht zugängliches histologisches Probematerial zu dienen. Um die postoperative Kontrolle der Rekonstruktion zu erleichtern werden die Bypasses in der Regel subcutan verlegt.

7 Resultate

Von Mai 1999 bis August 2000 wurden an der Universitätsklinik für Chirurgie Wien nach den oben erwähnten strengen Auswahlkriterien insgesamt 9 Patienten mit Arterientransplantation (ATX) behandelt. 8 Patienten waren im klinischen Stadium IV nach Fontaine und wiesen Nekrosen am Fuß auf (Abb. 5). 2 Patienten waren bereits transplantiert (je eine Nieren- und Herztransplantation). Das Durchschnittsalter der 7 Männer und 2 Frauen betrug 62 Jahre. Die periphere Gefäßsituation war bei allen Patienten mit einem Rutherfordindex von durchschnittlich 4,2 (2-7) als grenzwertig anzusehen. Die kalte Ischämiezeit (die Zeit von Implantation zur Reperfusion) betrug im Schnitt 9 Stunden (2-13 Stunden). Alle Patienten erhielten eine gerinnungshemmende Basismedikation (ThromboASS oder Marcoumar) und eine Immunsuppression bestehend aus Cyclosporin (nach Spiegel 80-120ng/ml), Mycophenolat und Cortison.

Unmittelbar postoperativ waren alle Bypassrekonstruktionen in guter Funktion, und alle Patienten konnten mit einem funktionierenden Transplantat in häusliche Pflege entlassen werden. Das mittlere Follow up nach Operation beträgt derzeit 9 Monate (5-16 Monate). Zum gegenwärtigen Zeitpunkt (1.11. 2000) sind 7 von 9 Transplantaten in Funktion. 6 Bypasses benötigten je eine Intervention

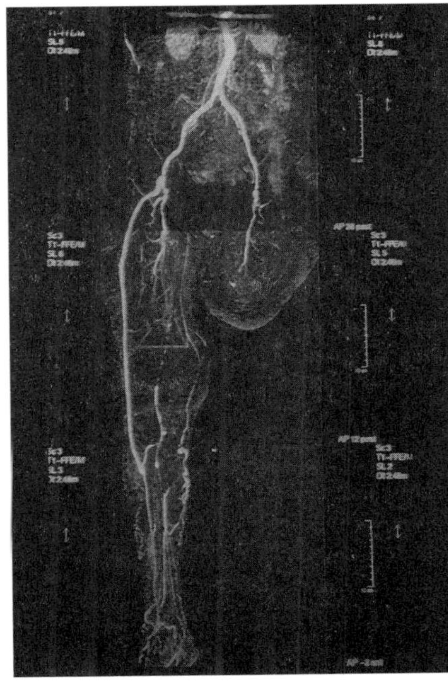

Abb. 6. Postoperative MRI-Angiographie von Patient # 5. Die Patientin ist schon links oberschenkelamputiert. Der Bypass läuft aßen am rechten Bein entlang. An den Arterien sind die Anastomosen von zumindest 3 vorangegangenen, nun verschlossenen Rekonstruktionen zu erkennen, die wie kleine Aneurysmen imponieren.

(3x Thrombektomie, 2x Lyse + Stent, 1x PTA), 3 Bypasses benötigten bislang keine Intervention. Die Ursache für den Verschluß waren thrombotische Bypassverschlüsse, die entweder auf schlechten Abstrom (n=1), Abstoßung (n=1), oder Medikamenten-Nichteinnahme (n=1), oder ungeklärter Ursache waren (n=3). Bis auf 2 Bypasses konnten alle wieder in Funktion gebracht werden. In den beiden erfolglosen Fällen musste eine Amputation (je einmal Ober- und Unterschenkel) durchgeführt werden. Bei diesen Patienten wurde die Immunsuppression nach Amputation abgesetzt. Die histologische Untersuchung ergab bei einem Patienten das eindeutige Bild einer Abstoßung bei einem Patienten mit Infiltration der Media durch Leukocyten, mit dem Bild einer chronischen Anstoßungsreaktion vereinbar, die andere Arterie war unauffällig. Eine aneurysmatische Degeneration oder eine Dissektion konnten wir bislang an unseren Patienten nicht beobachten.

8 Diskussion

Die Transplantation von präservierten Arterien war in den fünfziger Jahren des letzten Jahrhunderts eine Notlösung, da keine geeigneten Gefäßersatzmaterialien zur Verfügung standen. Die Methode hat jedoch ihre Limitationen, die schon seit Anfang der Versuche mit dieser Methode evident waren. Heute scheint die Arterientransplantation ein Ausweg zu sein, Patienten, die eine auf konventionellem Weg nicht mehr behandelbare Ischämie der Extremitäten aufweisen, behandeln zu können. Trotz oft ausweglos erscheinender Situation konnte bei den meisten Patienten zumindest vorübergehend die drohende Amputation aufgeschoben werden (Abb. 6). Eine allgemein gültige Lösung ist die Arterientransplantation jedoch nicht. Der Aufwand zur Gewinnung des Bypasstransplantates und die Logistik der akuten peripheren Rekonstruktion bei den nach vielen vorangegangenen Gefäßoperationen oft schwierig zu operierenden Patienten ist beträchtlich.

Die meisten der so behandelten Patienten weisen ein Gangrän auf, sodass die notwendige Immunsuppresssion ein nicht unbeträchtliches Risiko darstellt. Überdies kann die immunsuppressive Therapie auch beträchtliche Nebenwirkungen aufweisen, und z.B. eine Verschlechterung der Nierenfunktion hervorrufen. Patienten, die unter einer langdauernden Immunspopression stehen haben ein um 10% erhöhtes Risiko an einem Malignom zu erkranken. Die Dauer der Therapie ist ebenso nicht geklärt. Es gibt Hinweise im Tierexperiment, dass die Intima mit der Zeit durch Zellen vom Empfänger besiedelt wird. Ob dies jedoch in den oft 60-80 cm langen Transplantaten über die gesamte Länge hin geschieht ist nicht geklärt. Ob es möglich ist nach einer gewissen Funktionsdauer die Immunsuppression ganz abzusetzen wird noch abzuwarten sein.

Die Diagnostik einer Abstoßungsreaktion ist schwierig, da nicht, wie bei anderen Organtransplantationen jederzeit eine Biopsie gewonnen werden kann. Dies ist nur mit großem Aufwand möglich, und man muss sich auf indirekte Zeichen verlassen (z.B. Intimaverdickung im Ultraschall). Laborchemische Untersuchungen, die auf eine derartige Abstoßung hindeuten, gibt es derzeit nicht. Wir glauben, dass dieses Verfahren zum Beinerhalt bei ausgewählten Patienten eine mögliche Alternative für die Zukunft darstellen könnte.

Bewohnerorientierung aus der Sicht der Altenpflege

ELISABETH TUMA, GABRIELE MÜLLEBNER
WIEN

1 Einleitung

Der Beruf der Krankenpflege hat sich im Laufe der Zeit von der Pflegekunst über die Pflegetechnik zur Pflegekunde hin entwickelt.

Krankenpflege ist ein Prozess und damit etwas dynamisch fließendes. Die Wende zur Besinnung auf Ganzheitlichkeit und Integration hat im 20. Jahrhundert begonnen. Die Aspekte der Ganzheitlichkeit, der Einbeziehung von Alternativen und die Gestaltung der Pflege als Problemlösungs- und als Beziehungsprozess prägen heute unseren Pflegealltag. Erst durch diese Sichtweise - den Menschen als Ganzes zu betrachten - ist es möglich, Patienten bzw. Bewohner im Sinne der Patientenorientierung zu pflegen und zu betreuen.

2 Rahmenbedingungen

2.1 Regionalisierung in der Altenbetreuung

Speziell in diesem Bereich hat in den letzten Jahren ein Umdenkprozess in unserer Gesellschaft und damit auch bei den dafür politisch Verantwortlichen stattgefunden. Vom ursprünglichen Gedanken, den alten Menschen am Stadtrand und damit im grünen Umland unterzubringen, ist man abgekommen. Heute ist klar, dass die älteren Menschen gerne in ihrer angestammten Wohngegend verbleiben wollen, da sie auch dort die meisten sozialen Kontakte haben.

Durch dieses Umdenken ist es möglich, auch jenen Menschen, die rund um die Uhr in einer Institution versorgt werden müssen, das Gefühl zu geben, doch ein Stück „zu Hause“ zu sein.

In Wien wird dieser Grundsatz gemäß dem Programm „Hilfe im hohen Alter“ schrittweise umgesetzt, wobei nicht nur die Stadt Wien sondern auch zahlreiche private Betreiber diesem Grundsatz Rechnung tragen.

2.2 Räumliche Ausstattung in Institutionen

Die Erwartungen der Bewohner/Patienten in Bezug auf die Hotelkomponente in Pflegeheimen haben sich generell und damit auch im Wiener Krankenanstaltenverbund in der Vergangenheit grundlegend geändert. Auch die Bedürfnisse der Bewohner/Patienten sind andere geworden, dies zeigen auch Ergebnisse von Patientenbefragungen.

Die Bewohner/Patienten erwarten jetzt und auch künftig einen anderen Unterbringungskomfort und ein anderes Ambiente als die Bewohner/Patienten, die noch vor einigen Jahren Hilfe in unseren Einrichtungen suchten. Aber auch die Bedürfnisse der Mitarbeiterinnen und Mitarbeiter in den Pflegeheimen haben sich geändert, was auch auf die geänderten Anforderungen zurückzuführen ist.

Die Raum- und Funktionsplanung muss auf diese Veränderungen reagieren, wenn sie einen Beitrag zur Verbesserung der Zufriedenheit der Bewohner/Patienten und der Mitarbeiterinnen und Mitarbeiter sowie zur Steigerung der Effizienz der Pflegeheimarbeit leisten will.

Aufbauend auf diesen Erkenntnissen wurden im Wiener Krankenanstaltenverbund Standards für Raum- und Funktionsplanung entwickelt. Diese Standards sind nicht nur für Neubauten anzuwenden, sondern werden auch für Umbauten und Sanierungsmaßnahmen als Richtlinie eingesetzt. Die Standards sollen hier als Orientierungshilfe für projektspezifische Beurteilungen und Entscheidungen dienen.

Als vordringliche Ziele wurden die Erhöhung der Patientenzufriedenheit - hier besonders die Hotelkomponente, die Erhöhung der Mitarbeiterzufriedenheit - besonders im Hinblick auf die Arbeitsbedingungen, sowie die Erreichung eines sachgerechten Maßes an Wirtschaftlichkeit angestrebt.

Der Wiener Krankenanstaltenverbund bekennt sich in seinem Leitbild zur ständigen Verbesserung der Qualität seiner Leistungen. Dazu gehört auch die Verbesserung der Unterbringung von Patienten und der Arbeitsbedingungen der Mitarbeiter.

Standardausstattung im Bereich der Pflege geriatrischer Bewohner/Patienten:

Die Stationsgröße wurde mit 24 Betten vorgegeben. Abweichungen sind mit max. 4 Betten nach oben sowie nach unten möglich (20 bzw. 28 Betten).

Ausstattung der Zimmer:

- Pflegebett, von beiden Längsseiten zugänglich, mit zugehörigem Nachtkästchen

- Tisch mit Sessel für jeden Bewohner/Patienten
- stapelbare Sessel für die Besucher
- Schrank zur Unterbringung von Patientenutensilien, inkl. Wertfach (versperrbar)
- Garderobe für Besucher
- Kühlschrank (nach Massgabe der Möglichkeiten)
- Schrank für Pflegeartikel
- Handwaschbecken für das Personal

2.3 Pflegeleitbild

Ein Leitbild dient dazu, den Mitarbeitern Orientierung zu geben und sie zu motivieren, an der Erreichung der Unternehmensziele mitzuarbeiten. Die klare Orientierung aller Mitarbeiter ist eine wichtige Voraussetzung für den Unternehmenserfolg. Dabei ist die Mithilfe jedes einzelnen Mitarbeiters von entscheidender Bedeutung.

Leitbilder sind notwendige Managementinstrumente der normativen Managementebene. (vgl. Klein, Borski)

Das Pflegeleitbild muss mit dem Leitbild des Krankenhauses oder Pflegeheimes und eventuell einer übergeordneten Trägerinstanz abgestimmt sein.

Der Wiener Krankenanstaltenverbund hat ein Rahmenleitbild entwickelt, die Krankenanstalten und Pflegeheime der Stadt Wien sind nun ihrerseits aufgerufen, im Kontext zum Leitbild des Wiener Krankenanstaltenverbundes Leitbilder für das jeweilige Haus zu entwickeln.

Grundlage für das Pflegeleitbild im Wiener Krankenanstaltenverbund sind die Pflegemodelle Roper et al. und Orem, mit dem aktivierenden Pflegeansatz und das Psychobiographische Pflegemodell nach Böhm mit dem reaktivierenden Ansatz.

2.4 Pflegesysteme

Pflegesysteme sind Organisationssysteme, die von der geschichtlichen Entwicklung, der Auffassung von Pflege und der veränderten Personalstruktur im Pflegedienst geprägt sind. Jedes System hat Vor- und Nachteile, letztlich steht und fällt es mit den Personen, die darin arbeiten und Pflege verwirklichen.

Das Pflegemanagement muss sich auf Grund der baulichen Gegebenheiten, der vorhandenen personellen Möglichkeiten und der gestellten Pflegeziele für ein Pflegesystem entscheiden. Grundsätzlich werden zwei Pflegesysteme unterschieden, das Funktionspflegesystem und die sogenannte Ganzheitspflege als ein Gegenmodell mit patientenorientierten Merkmalen.

Ein Grundstein in jedem patientenorientierten Pflegesystem ist die Beziehung, die zwischen Bewohner und Pflegeperson aufgebaut wird bzw. werden muss.

In der Literatur werden als patientenorientierte Pflegesysteme die Zimmer-, Gruppen- und Bereichspflege sowie Primary Nursing angeführt. Alle genannten Pflegesysteme haben als Grundlage die Bezugspflege. Im Gegensatz zur funktionellen Arbeitsweise kann im Bezugspflegesystem patientenorientiert gearbeitet werden. Der Bewohner kann in der Ganzheit von Leib, Seele, und Geist erfasst und berücksichtigt werden. Statt der Durchführung von Einzelmaßnahmen, deren Zusammenhang von keinem der Beteiligten in ihrer Einseitigkeit und Begrenzung erkannt werden kann, wird der komplexe Ablauf sowohl für den Bewohner selbst überschaubar, als auch für die Pflegeperson darüber hinaus planbar.

3. Qualitätsarbeit

3.1 Pflegequalität

Der Begriff „Qualität" wird im allgemeinen Sprachgebrauch meist mit einer Wertung verbunden. Er bezeichnet jedoch neutral die Art, Beschaffenheit oder Eigenschaft eines Objekts oder einer erbrachten Leistung.

Die Pflegequalität in geriatrischen Einrichtungen soll unter den Faktoren

- Individualität der angebotenen Leistung
- Normalität im Tagesablauf und
- Selbstbestimmung für den Bewohner/Patienten

betrachtet werden.

Ausgehend von der Kategorisierung der Pflege in verschiedenen Qualitätsstufen:

- Optimale Pflege
- Angemessene oder bedürfnisorientierte Pflege
- Sichere Pflege oder Routineversorgung
- Gefährliche Pflege oder schädliche Pflege

müsste für die Betreuung von Bewohnern/Patienten in Altenpflegeeinrichtungen von der sicheren bis zur bedürfnisorientierten Pflege ausgegangen werden.

3.2 Strukturqualität

Die Strukturqualität bezieht sich auf die Rahmenbedingungen, unter denen Pflege stattfinden und geleistet werden kann. Der Rahmen wird durch Betriebstyp und Organisationsform der Einrichtung vorgegeben. Ein Haupteinflussfaktor auf die Pflegequalität ist die Anzahl und Qualifikation der Mitarbeiter, sowie das

Angebot an Pflegehilfsmitteln, die räumlichen Bedingungen und die Infrastruktur der Einrichtung im Bereich der Strukturqualität.

Es ist jedenfalls wünschenswert, wenn Pflegenden die Möglichkeit gegeben wird, bereits bei der Planung aktiv mitzuwirken. Die wertvollen Erfahrungen der Pflegenden können somit Einfluss auf die bauliche Struktur als auch auf die Ausstattung nehmen und erleichtern damit die Arbeit im Stationsalltag.

In den beiden Geriatriezentren Floridsdorf und Favoriten wurde das Konzept einer nutzergesteuerten Planung zur Gänze umgesetzt. Das heißt, dass nicht nur Architekten und Baufachleute an der planlichen und baulichen Umsetzung mitgearbeitet haben, sondern dass auch von Beginn an jeweils die zukünftige leitende Pflegeperson im Planungsteam integriert war.

3.3 Prozessqualität

Die Prozessqualität ist auf die pflegepraktischen Handlungen selbst bezogen. Sie orientiert sich an Art und Umfang pflegerischer Interventionen. Hier werden Qualitätskriterien festgelegt. Im Wiener Krankenanstaltenverbund sind diese Kriterien Pflegestandards und Guidelines. Diese werden im Rahmen der Pflegedokumentation und der Pflegevisiten ständig angewandt und überprüft.

Pflegestandards werden für Themenfelder entwickelt, welche

- im Sinne einer Bewohner/Patientenorientierung eine einheitliche Vorgehensweise der Pflegepersonen verlangen
- im Pflegealltag nicht häufig auftreten und daher zu Unsicherheiten führen können
- durch eine Einschränkung der Produktpalette zu einer Kostensenkung beitragen können.

Die Pflegedokumentation ist ein kontinuierliches, den Krankheitsverlauf des Bewohners/Patienten begleitendes Protokoll und gibt Auskunft über den Zustand der Pflegeabhängigkeit bei der Aufnahme, die verordneten Pflegemaßnahmen, ihre Wirkungen und ggf. den Entlassungszustand aus pflegerischer Sicht.

Die Prozessqualität wird maßgeblich durch das Pflegekonzept der Einrichtung bestimmt.

3.4 Ergebnisqualität

Die Ergebnisqualität drückt sich im Wohlbefinden des Patienten aus. Die Messung der Ergebnisqualität gestaltet sich jedoch schwierig, da das angestrebte Ziel der Verbesserung des Krankheitszustandes des Bewohners/Patienten nicht ohne weiteres objektiv definiert werden kann.

Im Wiener Krankenanstaltenverbund ist eine Gruppe mit der Erarbeitung eines Rahmenstandards für den Bereich Gesundheits- und Krankenpflege beschäftigt.

Ein Rahmenstandard legt fest, welche Pflegequalität den Bewohnern/Patienten in den Institutionen des Wiener Krankenanstaltenverbundes zuteil wird.

Der „Rahmenstandard- KAV" ist so gestaltet, dass davon abgeleitet das jeweilige Krankenhaus, Pflegeheim, Geriatriezentrum seinen pflegerelevanten Standard definieren, überprüfen und aktualisieren kann. Im Top-Down- Verfahren sollte es möglich sein, diesen „Hausstandard" wiederum auf Abteilungsebene herunterzubrechen und mit abteilungsrelevanten Inhalten zu versehen.

Die Sicherung der pflegerischen Qualität erfolgt nach den Grundsätzen des Total-Quality-Management (TQM). Dies ist eine alle Mitarbeiter umfassende, langfristige Unternehmensstrategie zur Durchsetzung des Qualitätsgedankens auf allen Ebenen des Unternehmens.

Es liegt in der Verantwortung des Pflegemanagement´s, eine entsprechende Qualitätssicherung, deren Ziele die Verbesserung der Patientenversorgung und effektive und effiziente Leistungserbringung sind, in der jeweiligen Einrichtung zu installieren.

4 Bewohnerorientierung in der Praxis

4.1 Wünsche der Bewohner/Patienten

4.1.1 Individualität und Lebensqualität

Individualität und Lebensqualität wollen Berücksichtigung finden. Die Übersiedlung ins Heim bedeutet für den alten Menschen das Einstellen auf eine völlig neue Umwelt. Im hohen Alter verläuft jede Umstellung langsam. Wenn sie dazu unter hoher geistiger und nervlicher Belastung und in einer Phase besonderer körperlicher Schwäche geschieht, ist es nicht zu verwundern, dass viele unserer Bewohner zu Beginn ihres Heimaufenthaltes verstört, räumlich und oft auch zeitlich desorientiert sind und keine Vorstellung über den neuen Lebensbereich haben, der sie hier erwartet.

Da die Institution den Wohnraum für den alten Menschen bildet, ist auf Wohnlichkeit und Privatsphäre zu achten. Kleine persönliche Dinge wie Bilder, Familienfotos, Stehlampe, Radio, Kleidungsstücke usw. aus der ehemaligen Wohnung sind einige Beispiele, die nicht nur als Orientierungshilfen dienen, sondern auch die Eingewöhnungsphase in der neuen Wohnumgebung erleichtern. Es ist bekannt, dass die Zufriedenheit und das Wohlbefinden hierdurch wesentlich verbessert werden. Bei der Gestaltung ist darauf zu achten, dass nicht nur dekorative, sondern auch orientierende Elemente einfließen. Hierbei bietet die Biographie, in Gemeinschaftsräumen die regionale Biographie, den Ausgang, von dem aus die Gestaltung eingeleitet wird. Es gelten die Regeln „Geschmack der Bewohner ist Trumpf“ und „weniger ist mehr“.

4.1.2 Gewohnheiten und Bedürfnisse

Auf Gewohnheiten und Bedürfnisse soll von Seiten der Betreuungspersonen eingegangen werden. Gelingt es dem Pflegepersonal, individuelle Bedürfnisse von Beginn des Heimeintrittes an zu berücksichtigen, wird die Eingewöhnungsphase für den Bewohner weniger belastend empfunden werden. Dafür ist eine zielgerichtete Informationssammlung erforderlich, die im wesentlichen drei Bereiche umfassen sollte: (vgl. Kämmer)

1. Erhebung der wesentlichen biographischen Daten
2. Die Pflegeanamnese
3. Den aktuellen pflegerischen Ist-Zustand einschließlich der wesentlichen Bedürfnisse und Erwartungen der Bewohner.

4.1.3 Soziale Kontakte zur „Außenwelt“

Ein wesentlicher Bestandteil im Pflegeheimalltag ist die Erhaltung der sozialen Kontakte zur Außenwelt. Die Aufrechterhaltung der Kontakte zur Aussenwelt wurde als so wichtig erachtet, dass diese in den Patientenrechten verankert sind. Nicht anders als jedem anderen Menschen ist es dem Heimbewohner wichtig, mit Menschen in Kontakt zu bleiben. (vgl. Kämmer) Das bedeutet Ansprache, er wird gehört und gesehen, und es gibt dem Bewohner das Gefühl, nicht ausgegrenzt zu werden. Die Förderung der Sozialkontakte der Bewohner gemeinsam mit den Angehörigen kann durch verschiedene Aktivitäten innerhalb und außerhalb der Institution unterstützt werden. Geburtstagsfeiern, Angehörigengesprächsrunden, Teilnahme an Veranstaltungen des Bezirkes, Theaterbesuche und Einkaufsbummel mit den Bewohnern sind nur einige der vielen Möglichkeiten.

4.2 Beitrag des Pflegepersonals

Viele der genannten „Wünsche“ der Bewohner im Sinne von Patientenorientierung sind deckungsgleich mit den Vorstellungen des Pflegepersonals. Eine insgesamt gute und als zufriedenstellend erlebte Arbeitssituation erhöht das Interesse und die Motivation der MitarbeiterInnen. Den Arbeitsbereich kann man gleich setzen mit dem Lebensbereich der Bewohner mitzugestalten und neue Erkenntnisse umzusetzen, trägt nicht nur zum Wohlgefühl der Bewohner sondern auch zur Zufriedenheit der Mitarbeiter bei, was wiederum Kontinuität und Qualitätsverbesserung der Arbeit mit sich bringt.

Eine Gliederung des täglichen Ablaufes an der Station in eine Tag-/Nachtstruktur, wo für den Tagesablauf genügend Aktivzonen innerhalb der Station zu Verfügung stehen und die Zimmer der Bewohner eher als Schlafzimmer und Intimbereich betrachtet werden, ist ein Ansatz im Sinne der Patientenorientierung. Dieses Planungskonzept wird in beiden Geriatriezentren vollständig umgesetzt.

4.2.1 Betreuungs- und Pflegeangebote im Wiener Krankenanstaltenverbund

Die Individualität der Bewohner/Patienten muss auch im „Heimalltag" im Vordergrund stehen. Um dies sicherstellen zu können, bedarf es einer Differenzierung des Betreuungsangebotes, wobei bei der Verwendung der zur Verfügung stehenden Mittel die wirtschaftlichen Interessen ebenso zu beachten sind wie eine patientenbezogene ressourcenorientierte Leistungserbringung der Pflegenden.

Im Wiener Krankenanstaltenverbund wird nach einem aktivierenden bzw. reaktivierenden Ansatz gearbeitet. Grundlage dafür bieten insbesondere die Pflegemodelle Roper et al. („Aktivitäten des täglichen Lebens") und Orem, sowie das Psychobiographische Pflegemodell nach Böhm mit dem Grundsatz „alles was der Bewohner/Patient kann, macht er auch selbst, vieles (alles) was der Bewohner/Patient gekonnt hat, kann er wieder erlernen". Im Rahmen der bewohner-/patientenbezogenen Maßnahmen wird eine Differenzierung des Betreuungsangebotes angestrebt. Dazu zählen u.a. die Langzeitpflege, Kurzzeitpflege - Remobilisation, die Betreuung von Urlaubsbewohnern und die Assessmenteinheiten.

- *Langzeitpflege:*
  Auf den Stationen der Langzeitpflege werden chronisch Kranke und pflegebedürftige Bewohner aller Alterstufen betreut. Hochgradig pflegebedürftige Menschen, bei denen die Möglichkeit einer selbständigen Rückkehr nach Hause nicht absehbar erscheint, können in dieser Einrichtung kompetent gepflegt, behandelt und betreut und in ihrer Individualität geachtet und gefördert werden. (vgl. Müllebner, Tuma)
- *Kurzzeitpflege:*
  Die Rehabilitation oder Wiederherstellung der Mobilität sind gerade für alte Menschen ein ganz wesentlicher Aspekt ihrer Wiedereingliederung in das Alltagsleben. Dabei geht es nicht nur um die körperliche, sondern auch um die psychische und soziale Wiedereingliederung des alten Menschen. Es muss daher das Ziel jeder geriatrisch tätigen Einrichtung sein, mittels physio- und ergotherapeutischer Hilfe die Selbständigkeit der Bewohner/des Patienten zu

fördern. Durch aktivierende und reaktivierende Pflege mittels verstärkter physio- und ergotherapeutischer Hilfe wird die Selbständigkeit des Bewohners/Patienten trainiert, durch psychologische Unterstützung sein Selbstbewusstsein gestärkt.

- *Betreuung von Urlaubsbewohnern:*
  Um jene Angehörigen, die zu Hause Pflegearbeit leisten, zu entlasten und ihnen die Möglichkeit zur Erholung und Regeneration zu geben, sollen, für die Dauer von max. 5 Wochen, jährlich Urlaubsbetten für sonst zu Hause betreute Pflegepatienten angeboten werden. Für die Dauer des Aufenthaltes steht das ärztliche, pflegerische, physio- und ergotherapeutische Personal der Institution zur Verfügung. Die Aufrechterhaltung und falls möglich, Verbesserung des Allgemeinzustandes des Pflegepatienten wird den Schwerpunkt der vorübergehenden stationären Betreuung bilden.
- *Assessmenteinheit:*
  Das geriatrische Assessment ist ein interdisziplinärer Prozess zur Abklärung und Therapieplanung bei alten Patienten unter Berücksichtigung der medizinischen, funktionellen und sozialen Dimensionen.
  Es umfasst neben der medizinischen Anamnese und dem klinischen Status u.a. auch Untersuchungen (Hören, Sehen, Mobilität), Screeningtests bezüglich Demenz und Depression und grobe Erhebung von Kraft und Beweglichkeit der oberen Extremitäten. Durch die rasche Übernahme von Patienten aus Akutspitälern soll Hospitalismus verhindert werden. Durch eine rasche und richtige Zuweisung des Patienten an die entsprechende Station auf Basis eines umfassenden individuellen Betreuungskonzeptes wird eine Verbesserung der Chance auf Rückkehr in die gewohnte Lebensumgebung gewährleistet.

Weitere einzelne Module der pflegerischen Betreuung orientieren sich an den Bedürfnissen der Patienten und reichen von der speziellen Betreuung dementer Patienten, über validierende Pflege, Sterbebegleitung inkl. Hospizbetreuung bis hin zur integrationsbegleitenden Pflege.

4.2.2 Pflegeprozess

Der Pflegeprozess ist ein Vorgang, bei dem die Pflegeperson die Pflegebedürftigkeit eines Patienten einschätzt, Pflegemaßnahmen plant, um gesteckte Ziele zu erreichen, die Pflege durchführt und anschließend kontrolliert, auswertet und für die Zukunft entsprechend verändert. (vgl. Schäffler u.a., 26) Alle Schritte des Pflegeprozesses werden dokumentiert, um die Entscheidungsfindung für die anderen an der Pflege des Bewohners/Patienten Beteiligten nachvollziehbar zu machen. Im Rahmen des Pflegeprozesses wird die Festlegung der Pflegebedürfnisse mit der Pflegediagnose durchgeführt. (vgl. Faßbinder, Lust, §14 Abs. 2 Z2)

Die Pflegediagnose muss sich klar von der medizinischen Diagnose abheben. Beide miteinander dienen der Verbesserung der Lebensqualität des Bewohners/ Patienten. (vgl. Juchli, 67)

Da Pflege als strategischer Erfolgsfaktor zu sehen ist, ist es eine unabdingbare Aufgabe des Pflegemanagement´s, die notwendigen Ressourcen, wie ein entsprechendes Dokumentationssystem und entsprechend qualifizierte Mitarbeiter, zur Verfügung zu stellen.

4.2.3 Umsetzungsmöglichkeiten im Pflegealltag

Individuelle Pflege verlangt eine gewisse Flexibilität und Offenheit von Pflegenden. Es bedarf nämlich nicht immer so viel mehr Zeit, sondern der Fähigkeit, die Bedürfnisse der Bewohner wahrnehmen zu können. Schwierig wird es, wenn Personalmangel und starre Pflegevorstellungen zusammen kommen. Dann wird Warm, Satt, Sauber gepflegt, es kommt zur Funktionalität, Routine und Monotonie, die sich in einem immer gleichen Tagesablauf mit seinen vielfach routinemäßigen Pflegetätigkeiten widerspiegelt. Die Individualität des Einzelnen bleibt dabei auf der Strecke, sowohl für den Bewohner als auch für die Pflegenden.

Möglichkeiten im Rahmen einer bewohner-/patientenorientierten Pflege:

- Die Biografiearbeit: Sie ist eine bewusste Auseinandersetzung mit der Lebensgeschichte des Bewohners, um diese in die Pflegehandlungen mit einfließen zu lassen. Die Biographieerhebung in der Altenarbeit umfasst sowohl individuelle als auch regionale Aspekte. Beide Ebenen sind für die Gestaltung des Heimlebens und für die direkte praktische Pflege wichtig. Kenntnisse über die regionale Herkunft und über den geschichtlichen Hintergrund eines Bewohners ermöglichen ein besseres Verständnis für individuelle Gewohnheiten, Werte und Bedürfnisse. Damit können auch im „Heim" Geborgenheits- und Heimatgefühle entstehen.
- Die Beurteilung des aktuellen Zustandes des Patienten, sowie Ressourcenerhebung: Dabei geht es vor allem darum, Bewältigungstechniken und gewohnte Hilfen herauszufinden. Dieses Wissen ist wichtig, weil grundsätzlich vertraute Abläufe und Pflegetechniken des Patienten selbst und/ oder deren Angehörige in der Heimsituation beibehalten und kopiert werden sollten, um Sicherheit zu fördern und vorhandene Kompetenzen der BewohnerInnen zu stabilisieren.
- Die spezielle Betreuung dementer Patienten: Ziel ist die optimale Betreuung dieser Patientengruppe, mit einem Maximum an persönlicher Freiheit und

Sicherheit unter Ausnutzung ihrer Fähigkeiten. Einer der Schwerpunkte in der Betreuung Dementer ist das Realitäts- und Orientierungstraining. Neben speziellen baulichen Voraussetzungen wird ein umfassendes Schulungsprogramm für das betreuende multiprofessionelle Team in Richtung Validation, Kommunikation und Konfliktbewältigung durchgeführt, um diesen Anforderungen bestmöglichst begegnen zu können.
- Die validierende Pflege: Validation bedeutet Anerkennung, Wertschätzung, und akzeptiert den alten Menschen so wie er ist. Es ist eine Methode zum besseren Verständnis und Umgang mit sehr alten, desorientierten Menschen und wurde von Naomi Feil, amerikanische Sozialwissenschaftlerin, entwickelt. Diese Methode wurde für jene Betreuungspersonen entwickelt, die für desorientierte, sehr alte Menschen sorgen.
- Die Kinästhetik in der Pflege: Die Konzepte der Kinästhetik vermitteln Interaktion durch Berührung und Bewegung in der Pflege. Sie wurden von Frank Hatch und Lenny Maietta entwickelt. Bei vielen Pflegehandlungen werden die Bewohner berührt. Die Pflegenden sollten sich dessen bewusst sein, dass es an ihnen liegt, welche Qualität diese Berührungen haben. Es macht einen großen Unterschied, wie man berührt wird, fest bis sanft, ruhig oder hastig. Die Art der Berührung drückt sehr direkt die Beziehung zum Bewohner aus. Die meisten alten Menschen verlieren soziale Kontakte, es bleibt niemand mehr, der sie in den Arm nimmt oder einmal streichelt. Die Berührungswahrnehmung ist für Schwerkranke oder Sterbende die letzte Wahrnehmungsmöglichkeit.

5 Bewohnerorientierung ein interdisziplinäres Thema?

Durch die Zunahme der älteren Bevölkerung, sowie durch die Zunahme von chronischen Erkrankungen kommt es zu wesentlich komplexeren Pflegesituationen und damit zu einem erhöhten Bedarf an differenzierten Pflege- und Betreuungsangeboten.

Der Schwerpunkt pflegerischer Tätigkeit in der Geriatrie und Gerontologie ist personenorierientiert, eine technologische Orientierung ist nicht anzustreben.

Obwohl gerade in den letzten Jahren multiprofessionelle und interdisziplinäre Projekte zunehmend an Bedeutung gewinnen und durchgeführt werden, muss diese Kooperation und fächerübergreifende Zusammenarbeit in den nächsten Jahren viel intensiver und stärker ausgebaut werden, allerdings im Sinne einer gleichberechtigten Partnerschaft im therapeutischen Team mit differenzierter Zuordnung der Kompetenz und Verantwortung.

Literatur

Barolin, G. (2000): Bestmöglich alt werden und sein! Geht auch die Jugend an. Eigenverlag der Politischen Akademie Wien.

Böhm, E. (1999): Psychobiographisches Pflegemodell nach Böhm. Wilhelm Maudrich Verlag, Wien.

Faßbinder, S.; Lust, A. (1997): Gesundheits- und Krankenpflegegesetz - GuKG. Manz Verlag, Wien.

Gemeinderatsbeschluß (1992): „Hilfe im hohen Alter". Programm für den weiteren Ausbau der gesundheitlichen und sozialen Betreuung alter Menschen in Wien.

Juchli, L. (1997): Pflege - Praxis und Theorie der Gesundheits- und Krankenpflege, 8. Auflage, Thieme Verlag, Stuttgart.

KAV-GD/DKAP (1998): Maßnahmenkatalog für Pflegeheime und Geriatriezentren. Wiener Krankenanstaltenverbund, Wien.

Kämmer, K. (1994): Pflegemanagement in Altenheimen. Schlütersche Verlag, Hannover.

Klein, R.; Borski, G. (1997): Pflegemanagement als Gestaltungsauftrag. Peter Lang, Europäischer Verlag der Wissenschaften, Frankfurt am Main.

Müllebner, G.; Tuma, E. (1995): Planungskonzept Geriatriezentren Nord und Süd, Wien.

Schäffler, A.; Menche, N.; Bazlen, U.; Kommerell, T. (1998): Pflege heute. Verlag Fischer, Stuttgart.

Die Notwendigkeit psychologischer Betreuung von Angehörigen auf Intensivpflegestationen

Andreas W. SCHIESSER, Sabine M. SATOR-KATZENSCHLAGER
Wien

In memoriam:
Florian Hausmann und Christian Hauser

„Krankheitsverarbeitung ist die Gesamtheit aller Prozesse, um bestehende oder erwartete Belastungen im Zusammenhang mit Krankheit emotional, kognitiv oder aktional aufzufangen, auszugleichen oder zu meistern". (Muthny, 1988)

1 Einleitung

In Erweiterung der Fragestellung, die Mittermaier folgendermaßen formuliert: *„Kann man mehr für den Patienten tun?"* und sich selbst die Antwort: *„Ich denke ja!"* (Mittermaier, 1998, 17) gibt, um so den Diskurs zwischen problem- und patientenorientierter Auffassung zu eröffnen, ist die dieser Arbeit zugrundeliegende Hypothese zu verstehen.

Den bereits in diesem vorher erwähnten Beitrag wird nicht nur ein klar herausgearbeitetes Konzept der Multikausalität im Rahmen der Gesundheits- und Krankenpflege evident, sondern auch eine klare Forderung nach patientenorientierter Vorgehensweise inhaltlich präferiert. In der nun vorzustellenden Arbeit, gingen wir grundsätzlich von Mittermaiers Postulaten aus, überdies - der Multikausalität folgend - dass der Aufenthalt für Angehörige respektive Verwandte oder Bekannte auf einer Intensivpflegestation eine enorme psychische Belastung darstellt. Für diese Annahme sprachen - indirekt - zahllose Befunde, in denen sowohl die Situation der Intensivpatienten als auch des Betreuungsteams untersucht wurden (Bunzl, 1994; Bernhard, 1984, Hannich, 1983).

Zur Situation von Angehörigen wurden jedoch vergleichsweise wenig Studien publiziert und hierbei sei auf die Studie von Hannich (1984) und Pfeiffer (1982) verwiesen. Diese Untersuchungen geben jedoch keine Hinweise auf konkret praktikable Massnahmen, die eine Beseitigung von dargestellten Problemen zur Folge haben. Lediglich und unisono wurde eine verstärkte Einbindung des Angehörigen in die Patientenbetreuung „vorgeschlagen" und seitens der Gesundheitspolitik wurden Broschüren in Umlauf gebracht, in denen sich der Besucher über die Aufgaben und Ausstattungen von Intensivstationen, Besuchszeiten sowie die Möglichkeit der Mitarbeit an diesen Stationen erläuternd informieren konnte.

Wie jedoch in der praktischen Arbeit von Intensivbetreuungsteams täglich erlebt wird, wird nur eine *aktive* Involvierung des/der Angehörigen zu einer effektiven psychischen Stabilisierung des Patienten führen.

Ein weiterer positiver Nebeneffekt an diesen wissenschaftlich orientierten Untersuchungen, konnte vorerst in der Implementierung von psychologischer Betreuung zur Unterstützung des Pflegepersonals und des Patienten in den verschiedensten Krankenhäusern (je nach Progressivität) geortet werden.

2 Theoretische Grundlagen

Während die Situation des Patienten ausreichend gut untersucht scheint und sich die Studien zur Situation des Behandlungsteams mehren, findet die Angehörigenbetreuung geringe Beachtung obzwar Weiss (1980) den hochwirksamen Faktor sowie die psychologischen Aspekte einer intakten Patienten-Angehörigeninteraktion in seinem Referat folgend darstellt: so ergibt sich für den Patienten „... *eine völlig andersartige Erfahrung des Krankseins aus der Sicht und in der Beziehung mit dem Angehörigen*". Schröder (1971) konnte in seiner Untersuchung nachweisen, dass nicht nur die apparative Intensivausstattung zu einer großen Irritation, sondern auch die Bewertung „einer seelenlosen Intensivmedizin" den Angehörigen stark verunsichern oder mit Watt's (1969) gesprochen: „... *er* [der Angehörige] *fühlt sich in eine Welt monströser Maschinen, die ihn als eine Masse technischer Verwirrung umringen*". Dies führt zu einer emotionalen Überforderung, die mit dem Erleben einer Extremsituation verglichen werden kann und die nicht selten von folgenden Symptomen begleitet wird: nervöse Zusammenbrüche, Verwirrtheitszustände, Weinkrämpfen, inadäquaten Handlungsweisen und reaktiven Depressionen, die als direkter Ausdruck von hochgradigen Angstevokationen zu werten sind.

Großteils konnten diese Zustandsbilder einer Betroffenheit und Sorge, über das sich bietende - fremde - Intensivtherapiemilieu zugeordnet werden; die Bewusstlosigkeit des Patienten, das zahlreiche Pflege- und Arztpersonal, die Apparate mit ihren Kabeln und Schläuchen, deren Funktionen und Aufgaben ihnen nicht bekannt sind, führen dabei zu Konfrontationen im Angehörigen, die mit einer drohenden unmittelbaren Vernichtung des Lebens ihres Angehörigen aber auch mit sich selbst und ihrer eigenen Vergänglichkeit und den damit verbundenen Ängsten in Verbindung zu bringen sind. Dies führt auch mitunter zu Situationen, die sich für den Angehörigen dermaßen belastend darstellen, so dass dieser - um seinen eigenen Ängsten auszuweichen - den Besuch und die damit psychische Unterstützung dem Patienten gegenüber völlig verwehren.

Für den Patienten jedoch, stellen die Erfahrungen, die er mit den Reaktionen seiner Angehörigen in der ersten - meistens besonders kritischen Phase erlebt -, eine Determinante für sein späteres Krankheitsverhalten und -erleben dar (vgl. Dimsdale et al., 1979; Waltz, 1986).

Nachfolgende Graphiken (nach Mecke, 1988) geben einen Überblick bezüglich der komplexen Interaktionsmuster, die sich zwischen Patienten und dem Angehörigen ergeben.

EBENE	**Gruppe 1 (Patienten) REALISTEN**	**Gruppe 1 (Angehörige)**
Emotionale	Angst, Zuversicht, Hilfsbedürftigkeit	Sorge, Zuversicht, Empathie
Kognitive	Orientierung, Interpretation, zutreffende Einschätzung der Gefahr	Orientierung, eigene Evaluation, zutreffende Einschätzung der Bedürfnisse des Patienten
Verhalten	Compliant, akzeptiert, support	Zuwendung, Ausdruck von Wertschätzung, Fürsorge

Bei der Gruppe 1 (= Gruppe der „Realisten") entwickelt sich ein Muster, das den Angehörigen dazu auffordert, sich selbst aktiv Informationen zu beschaffen, so, dass dieser bestehende Unklarheiten und Unsicherheiten, die auf der Seite des Patienten vorhanden sind, abbaut und gleichzeitig für sich und den Patienten ein Verständnis in dieser Situation entstehen lässt. Dies bedeutet in der praktischen Patientenbetreuung, dass der Angehörige quasi als „Übersetzer" fungiert und so eine Übereinstimmung der Informationen, die ihm von verschiedenen Seiten gegeben werden, zu einer dem Patienten verständlichen Form zusammenfasst. Auf der emotionalen Ebene geht es für die Bezugsperson darum, dem Patienten Zuversicht vermitteln zu können, ohne jedoch den Ernst der Situation bagatellisieren und dabei seine eigenen Ängste und Sorgen unterdrücken zu müssen. So wird das Angebot der Anwesenheit und der konkreten Hilfe bei Alltagsproblemen zu einer Modellsituation, in der der Angehörige demonstriert, dass er dieser komplexen Krankheitssituation gewachsen ist. Dies führt in weiterer Folge zu einer dauerhaften und für den Patienten hilfreichen psychischen und physischen Entlastung.

EBENE	**Gruppe 2 (Patienten) VERLEUGNER**	**Gruppe 2 (Angehörige)**
Emotionale	Optimismus, wenig (spürbare) Angst	Sorge, Kränkung (Protest)
Kognitive	Sucht Information, interpretiert sie einseitig, minimalisiert die Gefahr	Management: „Ich weiss was für dich gut ist".
Verhalten	Zurückweisung des Partners: „Ich brauche dich nicht".	‚overprotection'oder Rückzug

In der Gruppe der „Verleugner" (Gruppe 2) imponiert auf Seiten der Angehörigen, ein vorwiegend hilfloses Verhalten. So vermag sich der Angehörige selbst schlecht zu orientieren und kann sowohl die Gefahr der Erkrankung als auch deren Bedeutung nicht richtig zuordnen und dem Patienten erwächst somit eine zusätzliche Belastung, obzwar der Besucher andere Aspekte intendiert hatte. Überdies versucht der Angehörige dieser, sich für ihn belastenden Situation, zu entziehen und lässt so real den Patienten emotional allein.

EBENE	**Gruppe 3 (Patienten) ÜBERÄNGSTLICHE**	**Gruppe 3 (Angehörige)**
Emotionale	Panik, Hoffnungslosigkeit, Resignation	Panik, Hoffnungslosigkeit, Überforderung
Kognitive	Misstrauen, Maximalisierung der Gefahr	Misserfolgserwartung
Verhalten	Hilfesuchend, anklammern; gleichzeitig: „Keiner kann mir helfen".	Flucht. Ggf. ‚overprotection'

Die dritte zu differenzierende Gruppe (= Gruppe 3), die der „Überängstlichen" zeigt sich in ihrem Verhalten überproduktiv; dies sowohl gegenüber dem Patienten als auch seiner unmittelbaren und mittelbaren Umgebung gegenüber. So kommt es nicht selten zu bevormundenden, moralisierenden, den Patienten mit Ermahnungen überschüttendem Verhalten, dies zu einer Einengung und Verkleinerung des ohnehin geringen Entscheidungsspielraumes seitens des Patienten führt.

Dass es sich auf beiden Seiten um ein Wechselspiel zwischen den verschiedensten Formen von Ängsten (A) und Stressfaktoren (B) handelt, ist eine durchgehend sichtbare Linie. Doch, bevor wir uns mit diesen beiden Thema eingehender auseinandersetzen, sei nochmals kurz zusammengefasst:

Der intensivpflichtige Patient erlebt auf Grund des Ausfalles oder der starken Beeinträchtigung von lebenswichtigen Organfunktionen nicht nur körperliche Schmerzen, sondern auch das Gefühl der akuten Lebensbedrohung und oft auch realer Todesängste. Diese Existenz- und Vernichtungsangst überdeckt alle anderen realen oder aber auch neurotischen Ängste. Je grösser die Vernichtungsangst vorherrscht, desto mehr schützt sich der Patient durch eine primär organisch erzwungene Regression. So ist es auch nicht verwunderlich, wenn Chamo (1975) den Genesungsverlauf als eine „Wiedergeburt" darstellt, nachdem der Patient sämtliche Phasen der frühkindlichen Entwicklung durchläuft.

Bernhard (1982) bemerkt hierzu, dass die anfänglich undifferenzierte ‚Organangst' sich in strukturspezifische Teilängste auflöst, sodass sich jene Ängste herauskristallisieren, die mit dem Verlust des Bewusstseins, der körperlichen Integrität, der Handlungsfähigkeit sowie der Bezugspersonen und der sozialen Wertschätzung bestehen bleiben.

Im günstigsten Falle lässt sich der Patient in eine Beziehungs- und Versorgungssymbiose ein, die es ihm ermöglicht, nicht nur mit seinem Schmerz, sondern auch mit seinen Ängsten umgehen zu können.

Die wirkungsvollste Angstbewältigung erfährt der intensivpflichtige Patient – neben der professionellen Hilfe des Intensivpersonals – durch einen engen Sozialkontakt mit seinen ihm nahestehenden Angehörigen, die bereit sind, sich auf die obig erläuterte regressive Beziehung einzulassen. Andererseits wirken beim Angehörigen selbst spezifische und unspezifische Ängste mit, die es ihm entweder ermöglichen mit diesen umzugehen oder es ihm verunmöglichen einen positiven Beitrag zum Heilungsverlauf zu leisten.

Daraus ist klar die Tatsache abzuleiten, dass interaktionistisch wirksame Ängste selten bis keine Berücksichtigung finden und nur eine aktive Involvierung des/der Angehörigen zu einer effektiven psychischen Stabilisierung führt.

2.1 Theoretische Aspekte zum Thema ,Angst'

Begrifflich sind beim Thema ,Angst' die frühen Überlegungen Kaminski's (1964) zu referieren, bei denen dieser von unterschiedlichen Angsterfahrungen ausging, die in Sachverhalten ihren Niederschlag finden, wobei sich diese hinsichtlich ihrer Qualität und „... *ihres zeitlichen Erstreckungsgrades*" unterscheiden. Ähnlich argumentiert Spielberger (1966) wenn er lediglich eine Abgrenzung hinsichtlich eines zeitlichen Faktors vornimmt. So ordnet er die Zustände Angst und Furcht einem relativ kurzen Zeitraum zu, hingegen sind Zustände bzw. Dispositionen wie: Ängstlichkeit und Furchtsamkeit Begriffe, die einen längeren Zeitraum über anhalten.

Bei Lazarus (1966) finden wir jedoch schon die erste Unterscheidung in eine Angst als Zustand („state anxiety") und einer Angst als Eigenschaft („acute anxiety"). Krohne (1975) schlug bezüglich einer besseren Differenzierbarkeit der emotionsauslösenden Reizkonstellationen und der hierauf erfolgenden individuellen Belastungsreaktionen vor, zwischen den Begriffen Stress und Stressoren zu unterscheiden. Der Begriff Stress bezeichnet eine physisch und psychisch belastende Reizkonstellation und die Stressoren stellen die im Einzelnen analysierbaren angstinduzierenden Reizaspekte dar. Eine Reaktion auf Stressoren ist die Angst, auf welche wiederum bestimmte Angstverarbeitungsarten, sogenannte Copingstrategien erfolgen können.

In der Betrachtung des Freud'schen Angstkonzeptes wird, im Gegensatz zu den beiden vorher skizzierten der Umstand evident, dass dieses keine Differenzierung in Angst, Ängstlichkeit u.s.w. vornimmt.

Bei der Betrachtung des Konstruktes ,Angst' ist wohl die „*biologisch notwendige Funktion, die als Reaktion auf eine Gefahr auftritt*" in den Arbeiten S. Freuds unübersehbar. Für den Ursprung und das Muster aller späteren Ängste, hält er den Geburtsvorgang, der, so meint er, nicht nur eine reale Gefahr für das Leben des Kindes darstellt, sondern durch die plötzliche und einmalige Reizüberflutung, unbekannter Qualität, ein starkes Unlustempfinden in diesem ausgelöst wir, als das entscheidende Erlebnis. Überdies werden bis dahin „automatische" physiologische Bedürfnisse des Säuglings (über die Plazenta) nicht mehr befriedigt, was zusätzlich zu unlustbetonten Spannungszuständen führt.

Im Groben lassen sich bei Freud drei Formen von Ängsten differenzieren, die hier kurz einer Erläuterung bedürfen:

a) Realangst: unter dieser Form der Angst, versteht Freud die Angst einer Person vor einer realen Gefahr oder Bedrohung in oder durch die Aussenwelt. Dabei ist das Empfinden dieser Angst als realitätsgerecht zu bezeichnen, da tatsächlich eine Gefahr für das betreffende Individuum besteht. Die wahrgenommene Intensität der Angstgefühle, ist dabei proportional zur tatsächlichen Stärke der Bedrohung.

b) Neurotische Angst: Die neurotische Angst setzt ohne eine für andere Personen erkennbare Bedrohung ein, bzw. stellt die Intensität der Angstemotion zur tatsächlichen Gefahr in der Außenwelt keine Proportionalität dar. Mit Hilfe des Erkenntnisinstrumentes ‚Analyse' glaubte Freud die Ursache der Auslösung des Triebimpulses in einem äusseren Reiz zu erkennen, dessen Nachgeben in der Kindheit mit Sanktionen bestraft und somit unterdrückt respektive verdrängt wurde.

c) Die dritte, auch als moralische oder Gewissensangst bezeichnete Angstform entspricht weitgehend der neurotischen Angst. Dabei ist die Gefahrenquelle im „Über-Ich" zu finden, so dass die Bedrohung nicht im Triebimpuls besteht, sondern in internalisierten Strafandrohungen, welche zur Bildung des Gewissens führen.

Auch bei einem ungestörten Entwicklungsverlauf bleibt die moralische Angst als notwendige Voraussetzung zur Integration eines Individuums in eine soziale Gruppe bestehen, während die beiden anderen Formen der Angst zum Erwachsenenalter hin abnehmen sollten.

2.1.1 Theoretische Differenzierung zwischen Eigenschafts- und Zustandsangst

Bereits in frühen Publikationen ging der amerikanische Psychologe Catell von der Unhaltbarkeit eines eindimensionalen Konstruktes „der Ängstlichkeit" aus und versucht diese empirisch zu untermauern (Catell, 1961). In den nachfolgenden Jahren mehren sich diese eindeutigen Beweise, so, dass nunmehr von einer notwendigen Differenzierung bezüglich der Angst in Eigenschafts- und Zustandsfaktoren auszugehen ist (Catell, 1972, 1973; Catell, Bartlett, 1971; Catell, Nesselroade, 1974; Catell, De Young, Horn, 1974).

Angeregt durch diese empirischen Nachweise entwickelte Spielberger (1966) ein auf interaktionistischen Ansätzen basierendes theoretisches Modell, indem er jene vorübergehende, situationsbedingte Angstreaktion als Zustandsangst (A-State) und die situationsunabhängige als Disposition operationalisierte Angst (A-Trait), der wissenschaftlichen Öffentlichkeit vorstellte.

Spielberger geht davon aus, dass Begriffe wie: Stress, Bedrohung (threat) und Zustandsangst in A-State subsummiert werden, wobei er sich beim Begriff Stress auf die Veränderung in Situationen bezieht, die durch einen gewissen Grad an objektiver Gefahr gekennzeichnet sind. Der Begriff A-Trait (Angst als Eigenschaft) bezieht sich im Spielberger'schen Konzept auf die Beziehung relativ stabiler interindividueller Unterschiede in der Anfälligkeit für bestimmte Angstreaktionen (anxiety proneness). Dies bedeutet, dass das Individuum tendenziell ein relativ breites Spektrum an Situationen als bedrohlich einstuft oder wahrnimmt, welchen es wiederum mit A-State begegnet.

Dieser somit nicht nur theoretisch-definitorischen Abgrenzung, lag noch ein weiteres Interesse zugrunde, nämlich in der Identifikation von Faktoren, die sowohl inter- wie auch intraindividuelle Unterschiede mittels verschiedener faktorenanalytischer und korrelationsstatistischer Verfahren erfassen.

Bereits 1970 konnte Spielberger mit dem State-Trait-Anxiety-Inventory [STAI] (und der revidierten Version: Assesment of anger. The state-trait anger scale) ein Instrumentarium vorstellen, das diesen vorherig angezielten Modellüberlegungen gerecht wurde und die frühen angsttheoretischen Zuschreibungen wonach von starren Reiz-Reaktionsverbindungen (vgl. Sarason, 1952) ausgegangen wurde zugunsten subjektiver Bewertungsprozesse verwandeln.

Neben der nun vorhandenen Möglichkeit Angst als Eigenschaft und Angst als Zustandsfaktoren zu differenzieren, ermöglicht dieses Modell die Spezifikation und Komplementierung der triebtheoretischen Konzepte von Spence und Taylor (1958, 1966, 1956), die eine starke Korrelation zwischen Angst und Leistung postulieren.

ANGST als ZUSTAND	**ANGST als EIGENSCHAFT**
Wahrnehmung und Verarbeitung von Gefahrenreizen	Ängstlichkeit ist eine erworbene Verhaltensweise, die dazu disponiert, Gefahrenreize zu rekognizieren.
⇓	⇓
ANGST	ANGST
⇓	⇓
REAKTIONSBLOCKIERUNG	Ängstliche Personen zeigen vermehrte subjektive, verhaltensmäßige oder physiologische Angstreaktionen.

Zusammenfassend kann die Unterscheidung in Angst als Zustand oder Eigenschaft folgendermaßen erfolgen:

- *Angst als Zustand*:
  Nach Flemming (1977) kommt es während der Wahrnehmung und Verarbeitung von Gefahrenreizen zum Angstempfinden. Weiters wird angenommen, dass diese Reize so komplex sind, dass die betreffende Person nicht adäquat reagieren kann und es zu einer sogenannten Reaktionsblockierung kommt.

So konnten bereits 1972 Lazarus und Averill zeigen, dass die Blockade noch angstauslösender wirkt, als die Bedrohung selbst. Als Ursache dieser Reaktion wird das Fehlen von Interpretationsschemata für die bedrohliche Situation angenommen. Die Angst wird somit als „unentschiedene Furcht“ bezeichnet, da sie auf die Wahrnehmung, ebenso deren Imaginationen, von Gefahrenreizen erfolgt, bevor sich jedoch das betroffene Individuum zu einer bestimmten Reaktion entschlossen hat. Wegen der kausalen Reaktion auf einen Gefahrenreiz spricht man bei dieser Form der Angst von der Angst als Zustand.

- *Angst als Eigenschaft*:
  Ängstlichkeit ist die erworbene Verhaltensweise, die ein Lebewesen dazu disponiert, Umweltereignisse relativ häufig als Gefahrenreize zu rekognizieren. Dabei ist augenfällig, dass ängstliche Personen verstärkt subjektive, verhaltensmäßige oder physiologische Angstreaktionen zeigen als nicht ängstliche (vgl. Krone, 1975).

Wie bereits auf Seite 144 dieses Beitrages definiert, handelt es sich bei der Auseinandersetzung mit dem Thema ‚Notwendigkeit psychologischer Betreuung von Angehörigen auf Intensivpflegestationen’ um ein Wechselspiel zwischen den verschiedensten Formen von Ängsten und Stressfaktoren.

2.2 Theoretische Aspekte zum Thema ‚Stress’

Umgangssprachlich werden unter dem Terminus ‚Stress’ die *„alltäglichen Belastungssituationen“* subsumiert (Nietsch, 1981). Nietsch führt in diesem Zusammenhang aus: *„In allgemeinster Sicht ... hat Stress etwas mit der Anpassung von Lebewesen an ihre jeweilige Umwelt zu tun: Stress ist mit Situationen verbunden, in denen sich ein Anpassungsproblem stellt, man also einen erreichten, aber gefährdeten Anpassungszustand zu verteidigen, sich an neue oder veränderte Umweltgegebenheiten anpassen, gegen Widerstände sein eigenes Leben gestalten muss“* (Nietsch, 1981).

Der hier angesprochene „erfolgreiche Umgang“ kann nur subjektiv empfunden werden und lässt noch keine objektiven wissenschaftlichen Kriterien zu, wonach ein Gelingen oder Misslingen der Bewältigung einer Situation vorliegen. Dies liegt unter anderem auch daran, dass sich selbst innerhalb des Wissenschaftsbetriebes keine einheitlichen – univok gebrauchten – Begriffsdefinitionen gibt.

Durch diese speziellen Akzentuierungen lassen sich folgende Abgrenzungen vornehmen:

a) Stressdefinition – situationsbedingt:

In diesem Ansatz wird der Versuch unternommen Wahrscheinlichkeiten zu definieren, welche umweltbezogenen Reize Stress auslösen um somit Belastungssituationen möglichst vorzeitig erkennen zu können. Dabei ist einerseits die Identifikation sogenannter situativer Stressmoderatoren, d.h. jene Wechselwirkung zwischen den Stressoren und der Entstehung von Stress, von Relevanz, andererseits die Analyse möglicher stressauslösender Bedingungen selbst (Stressoren) Ziel und Mittelpunkt der Untersuchungen. Dieser von Laux (1996) gewählte Ansatz ist vor allem für die ‚life-event-Forschung' wichtig; operationalisiert sie doch die belastenden Situations- und/oder Reizmerkmale als unabhängige Variable, die bestimmte Funktionsstörungen des Organismus (abhängige Variable) auslösen.

b) Stressdefinition - reaktionsorientiert:
Dieser Ansatz der Stressforschung versucht die Umstände zu erfassen, weshalb verschiedene Personen auf gleiche Reize und intraindividuell zu verschiedenen Zeitpunkten unterschiedliche Reaktionsweisen aufzeigen; oder anders formuliert: dieser Ansatz versucht Fragen im Hinblick auf Stressanfälligkeit respektive Stressresistenz und -toleranz zu beantworten. Ziel ist es, personenorientierte Interventionsmaßnahmen zu finden.
Stress wird bei dieser Denkrichtung als abhängige Variable verstanden; wobei das Hauptaugenmerk auf psychische, physische oder verhaltensmäßige Störungs- und Anpassungsreaktionen gelegt wird.

c) Stressdefinition - zustandsorientiert:
Dieser Stressansatz geht primär von einer Kritik an den beiden vorherig beschriebenen Ansätzen aus und versucht durch die Bestimmung des Stresses als intervenierende Variable, diesen im Sinne eines bestimmten organismischen Zustandes zu definieren.

Jedoch allen 3 Ansätzen ist eines gemeinsam: sie beziehen sich auf ein Gleichgewichtskonzept, das Nitsch folgendermaßen definiert:

„Stress wird ... als Systemgeschehen verstehbar, wobei im Mittelpunkt eine Störung (Soll-Istwert-Diskrepanz) des Systemgleichgewichts entsteht, als deren Randbedingungen Stressoren (Störreize) einerseits und Stressreaktionen (Bewältigungsverhalten) andererseits fungieren. In dieser Konzeption ist Gleichgewicht nicht identisch mit einem Zusatnd völliger Inaktivität, sondern es ist situations-, personen- und zeitbezogen durch die Entsprechung von Führungsgrössen- und Regelgrössenwert definiert" (Nitsch, 1981).

Um zu einer Lösung zu gelangen, empfiehlt es sich in diesem Zusammenhang sämtliche drei Ansätze um einen vierten, nämlich den Beziehungsaspekt, zu erweitern, der die Tatsache eines Zusammenhanges zwischen Stress und Alltagsgeschehen, also einer Organismus-Umwelt-Beziehung, integrierend berücksichtigt.

Ausgehend von diesen theoretischen Grundlegungen wird deutlich, wie wesentlich es von der betroffenen Person abhängt, wie sie die stressauslösenden

Reize wahrnimmt und damit umgehen kann. Das heißt: über welche Bewältigungsfähigkeiten diese verfügt und welche Bewältigungsstrategien sie wählt.

Diese Bewältigungsversuche können mannigfaltig sein und sind Ausdruck intrapsychischer Abwehrbildungen: z.B. Verdrängung von Triebimpulsen und/oder Wunschvorstellungen.

Die dabei am häufigsten zu beobachtende Abwehrreaktion ist die der *Vermeidung*, die in einer Umgehung und Vermeidung von angsterregenden Objekten und Situationen besteht. Für unsere Theorieherleitung bedeutet dies, dass die Angehörigen aufgrund von Überforderungen (wie obig auf den Seiten 140-142 bereits ausgeführt) Besuche auf Intensivstationen vermeiden.

Ein weiterer wesentlicher Abwehrmechanismus besteht in der *Verleugnung* eines Gedanken, Gefühls oder einer Situation, die Angst verursacht (z.B.: die Verleugnung der Bedeutung der Erkrankung, der Bedrohung, der Verletzbarkeit und die völlige Verleugnung der Erkrankung). Dieser Vorgang ist weitgehend unbewusst, wirkt sich jedoch im Verhalten des Angehörigen in der Form aus, als dieser z.B. nicht in der Lage ist, den tatsächlichen Krankheitszustand des Patienten zu sehen.

Ein häufig beobachtetes und bereits erwähntes Phänomen in Belastungssituationen ist ein Rückfallen in frühkindliche Entwicklungsstadien, in Zustände der Passivität, die als *Regression* bezeichnet werden. So kann sich die Regression darin zeigen, dass Angehörige selbst ein großes Bedürfnis nach Versorgung und Pflege zeigen. Eine probate Prophylaxe stellt dabei die Gewinnung von Autonomie und Aktivierung des Individuums dar.

3 Material und Methode

Ein Kollektiv von 104 Versuchspersonen (Vpns) wurde in die Untersuchung einbezogen. Die Voruntersuchung (Eichstichprobe) wurde mit 84 Vpns (24 Vpns Patientenangehörigen und 60 Vpns aus der ‚Normalbevölkerung') durchgeführt.

Nach erfolgter Eichung wurde ein Splitting in jeweils 2 Gruppen (a 10 Vpns) nach dem Naheverhältnis zu dem Patienten durchgeführt, wobei sich eine zufällige Verteilung von 50%/50% ergab. In der Gruppe „Familie" (=Angehörige [nahe]) waren all jene Personen integriert, wo von einem starken Naheverhältnis, wie z.B. Mutter, Vater, Ehepartner, zum Patienten ausgegangen werden konnte. In die Gruppe der „Sonstigen" (=Angehörige [fern]) wurden Bekannte u.ä. aufgenommen. Das Splitting erfolgte aufgrund der Hypothese, dass je näher eine Person zum Patienten steht, desto grösser ist die emotionale Bindung/Beteiligung. Man kann sich dies in etwa konzentrischer Kreise vorstellen, in dessen Mittelpunkt der Patient sich befindet und je weiter nach außen gegangen wird desto ‚geringer' ist die emotionale Beteiligung.

Die *Testbatterie* bestand aus 3 Subverfahren (a) konstruierter Fragebogen, b) STAI und c) semistrukturiertes Tiefeninterview) mit einer Gesamtdauer von 45 Minuten für Testzeitpunkt 1 (T1) und Person (direkt auf Intensivstation). Bei der Retestung (allgemeine Station) kamen für die beiden Testverfahren (STAI und Fragebogen) Parallelverfahren zu Anwendung um so einen eventuellen ‚Lerneffekt' zu verhindern; die Dauer von T2 betrug 30 Minuten.

Erklärung der einzelnen Verfahren:

Ad a) *Konstruierter Fragebogen*:

Ziel bei der Entwicklung dieses Fragebogens war es, ein Untersuchungsverfahren zu entwickeln, welches die Situation Angehöriger erfasst, um damit die be- und entlastenden Faktoren optimal fokussieren zu können. Grundsätzlich wurde eine enge Anlehnung an die Fragebögen von Häuser (1985) sowie an das Instrumentarium von Hermanns, Salomon (1993) genommen.

Ad b) *Das STAI (STATE-TRAIT-ANXIETY-INVENTORY) nach Spielberger (1978).*

Dabei handelt es sich um ein Instrumentarium zur Erfassung interindividueller Unterschiede in der Zustands- und Eigenschaftsangst. Dies ermöglicht spezifische Aussagen über situative und persönlichkeitsspezifische Bedingungen die Angst auslösen, treffen zu können.

Die State-Skala, in der die Versuchsperson in ihr momentanes emotionales Erleben beschreiben soll, zerfällt in jeweils 2 Blöcke a 10 Fragen, wobei der erste Fragenteil aus Items besteht, die in Richtung Angst formuliert wurden (so z.B.: „I'm tense", „I feel nervous" oder „I'm worried"), hingegen der zweite Block aus Fragen zusammen gesetzt wurde, deren Tendenz in Richtung Angstfreiheit geht (z.B.: „I feel calm", „I feel content"). Zur Beantwortung steht eine 4-stufige Antwortskala zur Verfügung (1 = Not at all, 2 = Somewhat, 3 = Moderately, 4 = Very much).

Die Trait-Skala wird aus Items gebildet, die die allgemeine Befindlichkeit abfrägt (z.B. „I get in a state of tension or turmoil as I think over my recent concerns and interests"). Die Antwortskala ist wie folgt: 1 = Almost never, 2 = Sometimes, 3 = Often und 4 = Almost always.

Jede Skala besteht aus 20 Items und ist aufgrund ihrer Reliabilitätskennwerte für die interne Konsistenz mit einem Koeffizienten von r = 0.90 und für die Re-Testreliabilität bei variablen Zeitintervallen mit einem Koeffizienten zwischen r = 0.73 und 0.84 als valides und reliables Testverfahren zu bezeichnen respektive anzuerkennen.

Ad c): *Semistrukturiertes Tiefeninterview*:

Dabei wurden primär 3 Fragen vorgegeben, die wie folgt gestellt wurden:

1) Wie waren ihre Eindrücke auf der Intensivstation?
2) Wie war es für sie, als sie in der ersten Zeit mit ihrem Angehörigen nicht sprechen konnten?

3) Gibt es noch weitere Punkte, über die sie etwas sagen möchten?

Das gesamte Interview wurde sodann mittels Tonbandprotokollen transskribiert um so thematische Verläufe herausarbeiten zu können. Der nächste Schritt bestand in der Auswertung weiterer kumulativer Informationen um so eine Zusammenschau aller im Interview angesprochener Themen zu erhalten, die in der Abbildung einer Themenmatrix visualisiert wurden und die einzelnen Faktoren repräsentierten.

Die zur Anwendung gelangten *statistischen Verfahren* können wie folgt benannt werden:

- Faktorenanalyse mit Varimaxrotation zur Bestimmung der abzubildenden Faktoren die der Fragebogen zulässt.
- Mann-Whitney U-Test (Nonparametrics Distributions)
- Wilcoxon Matched Pairs Test
- Spearman Rs (X,Y); Rangkorrelation.

Für alle statistischen Verfahren gilt ein Signifikanzniveau von $\alpha = 5\%$.

Die zu prüfenden Haupt-*Hypothesen* können folgendermassen dargestellt werden:

H_1: Es bestehen signifikante Unterschiede zwischen T1 und T2 bei Angehörigen (nahe) im Bereich der Angst als Zustand.

H_2: Es bestehen signifikante Unterschiede zwischen T1 und T2 bei Angehörigen (fern) im Bereich der Angst als Zustand.

H_3: Es bestehen signifikante Unterschiede zwischen Angehörigen (nahe) und Angehörigen (fern) im Bereich der Angst als Zustand.

H_4: Es bestehen signifikante Unterschiede zwischen T1 und T2 bei Angehörigen (nahe) im Bereich der Angst als Eigenschaft.

H_5: Es bestehen signifikante Unterschiede zwischen T1 und T2 bei Angehörigen (fern) im Bereich der Angst als Eigenschaft.

H_6: Es bestehen signifikante Unterschiede zwischen Angehörigen (nahe) und Angehörigen (fern) im Bereich der Angst als Eigenschaft.

H_7: Es bestehen signifikante Unterschiede zwischen T1 und T2 zwischen Angehörigen (nahe) und Angehörigen (fern) im Faktor Information.

H_8: Es bestehen signifikante Unterschiede zwischen T1 und T2 zwischen Angehörigen (nahe) und Angehörigen (fern) im Faktor Emotionalität.

4 Ergebnisse

Ad Fragebogen: Hier konnten 2 Faktoren mit einem Eigenvalue von grösser 1 und einer erklärten Gesamtvarianz von: $Prp_{.(total)} = 43.4$ extrahiert werden.

Die Items mit der Nummer: 2, 3, 8, 10, 14 und 15 luden auf Faktor 1 (Information)

Die Items mit der Nummer: 4, 5, 6, 7, 9 11 und 12 luden auf Faktor 2 (Emotion).

Bei Betrachtung der semantischen Auflösung dieser Items können die auf dem Faktor 1 hochladenden Items als informative und in weiterer Folge als subsumierter Faktor ‚Information' bezeichnet werden. Sämtliche anderen Items luden auf dem Faktor 2 hoch und werden in Folge als den Faktor ‚Emotion' repräsentierend bezeichnet.

Bei der Auswertung des Fragebogens konnten folgende, statistisch abgesicherte Ergebnisse dargestellt werden: Angehörige (nahe) fühlen sich signifikant schlechter informiert, als Angehörige (fern). Weiters konnte beim Faktor ‚Emotionalität' eine signifikant niedrigere Ängstlichkeit (als Zustand) und niedriger Testkennwerte bezüglich der Wahrnehmung von Gefühlen dargestellt werden.

Ad Hypothesen: Angehörige wiesen zu beiden Testzeitpunkten (T1 + T2), gleich grosse Werte im Bereich Angst als Zustand.

Bei der Auswertung Angst als Eigenschaft konnten innerhalb der Gruppe keine signifikanten Ergebnisse dargestellt werden; allerdings konnte ein interessantes Ergebnis skizziert werden: die Angstkennwerte variierten zu beiden Testzeitpunkten stark voneinander. Dieser Umstand wurde jedoch von den Testautoren als nicht möglich dargestellt.

Ebenso konnten statistische Signifikanzen bei der Korrelation des Fragebogens mit dem STAI dargestellt werden. So wurden hoch signifikante Ergebnisse in den Vergleichen Familie (nahe) zum T1 in den Subtests ‚Emotionalität' mit den Skalen ‚Trait' und ‚Emotionalität' mit der Skala ‚State' als auch zum T2 im Bereich des Faktors ‚Information" mit ‚State' erzielt.

5 Zusammenfassung und Diskussion

Zusammenfassend können folgende Ergebnisse dargestellt werden:

- 76.9% der Befragten Angehörigen gaben an, dass ihre Situation als sehr belastend empfunden wird, dies sich in Ungewissheit, Hilflosigkeit und Stress vor dem Besuch auf der Intensivstation ausdrücke. Dies deckt sich mit den Ergebnissen von Schneider, Engelmann und Heinrich (1992). Überdies wurde die Zeit in der der Patient sediert und beatmet wurde explizit thematisiert und ebenso als starke Belastung dargestellt.
- 23,1% der in der Studie Befragten zeigten auf Grund von privaten Umständen eine geringe Belastung, was mit einer nicht engen Beziehung zum Patienten in Verbindung gebracht wurde.

Die Mehrheit der Besucher gab an, dass der medizinisch begründete Informationsfluss, der Verlauf der Behandlung sowie das Vertrauen in die medizinischen Apparaturen als ausreichend betrachtet wird.

Als störend und beängstigend wurden hingegen die Geräusche der Apparaturen empfunden.

Über 50% der Befragten thematisierten eine psychologische Betreuung von Angehörigen und präferierten die Möglichkeit während und nach dem Besuch an einer Intensivpflegestation mit einer psychologisch versierten Fachperson sprechen zu können um das Erlebte aufarbeiten zu können.

Weiters zeigten die Ergebnisse, dass Angehörige (nahe) die Belastung und Bedrohung des Lebens eines Patienten über die eigentliche Intensivpflege hinaus empfanden. Hingegen ließ sich bei der Stichprobe Angehörige (fern), also bei Freunden, Nachbarn und Bekannten zum Zeitpunkt T2 keine vermehrten Angstkennwerte erheben. Dies bedeutet, dass die Gruppe der Angehörigen (nahe) deutlich grösserem Stress und Belastungen unterworfen sind.

Im Hinblick auf die Antizipation von Information konnte die Gruppe der Angehörigen (fern) deutlich höhere Werte erzielen, als die Versuchsgruppe Angehörige (nahe).

Ebenso konnte im Bereich der Emotion aufgezeigt werden, dass Angehörige (nahe) deutlich mehr Abwehrmechanismen einsetzen und somit die Angehörigen (fern) der krisenhaften Situation auf einer Intensivpflegestation deutlich objektiver gegenüber stehen.

Betrachtet man die Korrelationsergebnisse zwischen STAI und dem Fragebogen so wird aufgrund dieser Tatsache evident, dass je angespannter ein Angehöriger ist, desto stärker Angst als Zustand generiert wird.

In Summation der Ergebnisse ist eindeutig, dass den Angehörigen von Patienten in einer Intensivpflegeeinrichtung eine fachkompetente psychologische Intervention im Sinne einer Krisenintervention zur Verfügung gestellt werden sollte. Dies könnte analog und oder im Rahmen der notfallpsychologischen Intervention statt finden.

Wie bereits im Theorieteil dargelegt und überdies die Ergebnisse der Untersuchung bestätigten, ist die psychische Situation von Angehörigen von intensivpflichtigen Patienten mit einer krisenhaften Situation darzustellen oder wie Sieland feststellt:

„Krisen sind entwicklungsbedingte Erlebnisse und Prozesse ... oder akuter Ereignisse ..., die von den Betroffenen nicht mehr sinnvoll bearbeitet und bewältigt werden können und daher die Gefahr einer pathologischen Entwicklung in sich tragen. Die Krisenintervention umfasst Aktionen zur Linderung krisenbedingter Leidenszustände und zur Verhütung ihrer sozialen, psychologischen und medizinischen Folgen“ (1994). Unter Krise wird im Allgemeinen ein Zustand eines Individuums oder einer Gruppe verstanden, in dem eine akute Belastung die Grenze der Bewäl-

tigungsfähigkeit entweder zu überschreiten droht oder diese schon überschritten wurde (Strotzka, 1984, 42). Dies erfolgt, da nicht genügend Abwehrmechanismen zur Verfügung stehen oder generiert werden können und führt zu einer Symptombildung. Wird der „Hilferuf" solcherart belasteter Personen gehört, können die Betroffenen nach Abklingen der krisenhaften Situation wieder zu ihren „normalen" Bewältigungsstrategien zurück kehren. Besteht die Belastung weiter und es erfolgt keine adäquate Hilfestellung, setzen Anpassungsmechanismen ein.

5.1 Überlegungen zur Umsetzung der Ergebnisse oder Techniken einer sinnvollen Krisenintervention an Intensivpflegestationen

Grundsätzlich ist unter Krisenintervention eine klinisch-psychologische Intervention zu verstehen, die *„... in ihrem Kern jene Form einer interventiven und präventiven helfenden Beziehung* [darstellt], *in der ein Berater mittels sprachlicher Kommunikation und auf der Grundlage anregender und stützender Methoden innerhalb eines vergleichsweise kurzen Zeitraumes versucht, bei einem desorientierten, inadäquat belasteten oder entlasteten Klienten einen auf kognitiv-emotionale Einsicht fundierten aktiven Lernprozess in gang zu bringen, in dessen Verlauf seine Selbsthilfebereitschaft, seine Selbststeuerungsfähigkeit und seine Handlungskompetenz verbessert werden können"* (Dietrich, 1983).

Im speziellen sind die Kriseninterventionsmaßnahmen an einer Intensivstation durch eine besondere Intensität und Dringlichkeit gekennzeichnet, die sich in den folgenden Punkten widerspiegelt:

1) Sie muss schnell erfolgen um Kurzschlusshandlungen sowie die Entwicklung von Fehlhaltungen zu verhindern.
2) Sie muss den Klienten eine einsehbare Hilfe bringen, ohne sie weiter regretieren zu lassen, d.h. dass eine erhebliche Ermutigung angezeigt ist, die sich ebenso auf die Äusserung und das Ausleben bezieht. Oder: die Intervention muss das Problem, das die Krise begründet erfassen.
3) Das soziale Netzwerk soll sinnvoll eingesetzt werden und muss (poly)pragmatisch-eklektisches Handeln beinhalten, sowie eine undogmatische Methodenvielfalt zulassen. Unter Umständen ist auch eine Konfrontation mit verdrängten und vor allem verleugneten Inhalten notwendig. D.h. die Intervention richtet sich primär auf das aktuelle Problem, was jedoch die Berücksichtigung der Vergangenheit nicht ausschließt.
4) Kurzdauernde Medikation ist unter Aufklärung über den subsidiären Charakter dieser Hilfe legitim.
5) Die zeitliche Begrenzung dieser Intervention muss dem Klienten klar sein.
6) Kulturell vorgegebene Rituale, etwa wie Trauerarbeit u.ä. erwiesen sich als nützlich.

Literatur

Averill, J.;Rosenn, M. (1972): Vigilant and nonvigilant coping strategies and psychophysiological stress reactions during the anticipation of electric shock. Journal of Personality and Social Psychology, 23, 128-141.

Bernhard, P. (1984): Angst und Angstbewältigung von Patienten und Personal einer medizinischen Intensivstation. Psychotherapie med. Psychologie, 34, 50-55.

Bunzl, B.; Pauser, G.; Wisiak, U.V. (1994): Psychische Führung des Intensivpatienten. In: Benzer, H.; Buchardi, H.; Larsen, R.; Suter, P. (Hrsg.): Intensiv Medizin, Springer Verlag, Berlin, Heidelberg, New York, 76-83.

Catell, R.B.; Bartlett, H.W. (1971): An R-dR-technique operational distinction of the states of anxiety, stress, fear, etc. Australian Journal of Psychology, 23, 105-123.

Catell, R.B. (1972): The nature and genesis of mood states: A theoretical model with experimental measurement concerning anxiety, depression, arousal, and other mood states. In: Spielberger, C.D. (Ed.): Anxiety: Current trends in theory and research. Academic Press, New York, 115-183.

Catell, R.B.; de Young, G.E.; Horn, J.L. (1974): Human motives as dynamic states: A dR-analysis of objective motivation measures. Journal of Multivariate Experimental Personality and Clinical Psychology, 1, 58-78.

Catell, R.B.; Nesselroade, J.R. (1976): The discovery of anxiety state patterns in Q-data and ist distinction in the LM-model from depression, effort, stress and fatigue. Multivariate Behavioral Research, 11, 27-46.

Chamo, L. (1975): Psychotherapy with comatose patients. Psychother. Psychosom., 25, 7-12.

Dietrich, G. (1983): Allgemeine Beratungspsychologie. Hogrefe, Göttingen.

Dimsdale, J.-E. et al. (1979): The role of social support in medical care. Soc. Psychiatry, 14, 175-180.

Flemming, B. (1977): Angst und Angstabwehr bei starker pschischer Belastung vor Herzoperationen. Dissertation der Universität Hamburg.

Freud, S. (1964): Das Ich und die Abwehrmechanismen. Kindler, München.

Freud, S. (1923): Das Ich und das Es. Gesammelte Werke, Imago, London, Bd. 13, 235-291.

Hannich, H.J. (1984): Eine Informationsbroschüre für Besucher einer Intensivstation. Anaestesial Intensivmedizin, 25, 252-254.

Hannich, H.J.; Wendt, M.; Hartenauer, U.; Lawin, P.; Kolck, C. (1983): Die intensivmedizinische Behandlung in der Erinnerung von traumatologischen und postoperativen Intensivpatienten. Anästh. Intensivther. Notfallmed., 18, 135.

Häuser, W.G. (1985): Die Intensivstation aus der Sicht der Angehörigen. Eine Fragebogenuntersuchung. Anaestesial Intensivmedizin, 26, 415-418.

Hermanns, K.; Samolon, F. (1993): Sterben und Tod auf einer operativen Intensivstation aus der Sicht naher Angehöriger (Fragebogenuntersuchung). Anästhesiol - Intensivmed. - Schmerztherapie, 28, 2, 75-80.

Kaminski, G. (1964): Ordnungsstrukturen und Ordnungsprozesse. In: Bergius, R. (Ed.): Handbuch der Psychologie, Bd. 1 Allgemeine Psychologie: Der Aufbau des Erkennens. Hogrefe, Göttingen, 373-492.

Krohne, H.W. (1975): Angst und Angstverarbeitung. Studientext, Standards Psychologie. Kohlhammer, Stuttgart.

Laux, L. (1996): Psychologische Stresskonzeption. In: Iro, E.: Der Einfluss von Paarberatung auf Selbst- und Fremdwahrnehmung und Belastungsbewältigung in Partnerschaften. Dipl., Universität Linz.

Lazarus, R.S. (1966): Psychological stress and the coping process. Mc Craw Hill, New York.

Lazarus, R.S. & Verill, J.R. (1972) Emotion and cognition: with special reference to anxiety. In: Spielberger, C.D. (Ed.): Anxiety, current trends in theory and research. Academic Press, New York, 2, 242-283.

Mecke, U. (1988): Zur Bedeutnug von nahen Angehörigen schwerkranker Patiente. In: Brähler, E.; Dohne, B; Klapp, B.F. (Hrsg.): Jahrbuch der medizinischen Psychologie, Psychosoziale Kardiologie, Springer, Berlin.

Mittermaier, M. (1989): Patientenorientierte Pflege an Intensivstationen. Was ein Projekt alles in Bewegung bringen kann. In: Kozon, V.; Fortner, N. (Hrsg.): Impulse für die Pflegepraxis. ÖGVP, Wien, 17-23.

Muthny, F. (1981): Einschätzung der Krankheitsverarbeitung durch Patienten, Ärzte und Personal. Gemeinsamkeiten, Diskrepanzen und ihre mögliche Bedeutung. Zeitschrift für klinische Psychologie, 17, 319-333.

Nitsch, R. (1981): zitiert nach: Iro, E. (1996): Der Einfluss von Paarberatung auf Selbst und Fremdwahrnehmung. Diplomarbeit der Universität Linz.

Pfeiffer, W.M. (1982): Das ärztliche Gespräch im Umfeld der Operation. Zentraleuropäischer Anästhesiekongress, Wiesbaden.

Sarason, I.G. (1974): Experimental approaches to test anxiety: attention and the uses of information. In: Spielberger, C.D. (Ed.): Anxiety: current trends in theory and research. Academic Press, New York, 2, 381-401.

Schneider; Engelman; Heinrich (1992): Handbuch der Intensivmedizin. Grundlagen 1.

Schröder, H.G. (1971): Psychoreactive problems of intensive therapy. Anaesthesia, 26, 28.

Sieland, B. (1994): Klinische Psychologie I: Grundlagen. Kohlhammer, Stuttgart.

Spielberger, C.D.; Jacobs, G.; Russel, S.; Crane, R.S. (1983): Assesment of anger. The state-trait anger scale. In: Butcher, J.N.; Spielberger, C.D. (Ed.): Advances in personality assessment, Vol. 2, Hillsdale, New Jersey, Erlbaum, 166-167.

Spielberger, C.D.; Johnson, E.H.; Russel, S.F.; Crane, R.J.; Jacobs, G.A.; Worden, T.J. (1985): The experience and expression of anger: Construction and validation of an anger expression scale. In: Chesney, M.A.; Rosenman, R.H. (Ed.): Anger and hostility in cardiovascular and behavioral disorders., Hemsisphere/McGraw-Hill, New York, 5-30.

Strotzka, H. (1984): Psychotherapie und Tiefenpsychologie, Springer, Berlin, 42.

Taylor, J.A. (1953): A personality scale of manifest anxiety. Journal of Abnormal and Social Psychology, 48, 285-290.

Watt: zitiert nach Gollner, C. (1982): Stressfaktoren in der Intensivmedizin. Dissertation der Universität Wien.

Waltz, M. (1986): Marital context and post- infarction quality of life: Is it social support or something more?. Soc. Sience Med., 1-5.

Weiss, K.H. (1980): Psychologische Aspekte in der Intensivpflege. Symposium der B. Braun-Stiftung, Die Schwester/Der Pfleger, 19, 574-576.

Ulcus cruris – Leben mit einem „offenen Bein“ Stand der internationalen Pflegeforschung

EVA-MARIA PANFIL
WITTEN

Das Thema „Chronische Wunden“ wird vermehrt in der Fachöffentlichkeit diskutiert. Der Grund dafür liegt in der hohen Zahl von Menschen mit chronischen Wunden. Nach Schätzungen von Experten leiden in der Bundesrepublik Deutschland insgesamt 2-3 Millionen Menschen an chronischen Wunden, davon allein 1,5-2 Millionen an einem Ulcus cruris. Angesichts der demografischen Entwicklung wird sich in Zukunft die Erkrankungshäufigkeit weiter erhöhen. Mit zunehmendem Alter steigt das Risiko, an einem Ulcus cruris zu erkranken, deutlich an (Morison, Moffatt). Während die Prävalenz in der Gesamtbevölkerung 1% beträgt, umfasst sie bei den über 80jährigen schon 4-5% (ICW).

Seine herausragende Bedeutung erfährt das Ulcus cruris venosum durch die oft „erhebliche Therapieresistenz“ (Peschen, Petter, Vanscheidt) und dem damit möglichen chronischen Verlauf der Erkrankung. Je nach Studie leiden etwa 1/3 bis 2/3 der Patienten an ihrem Ulcus mindestens ein Jahr (Callam et al., Moffatt et al.), 1/5 der Patienten mindestens 2 Jahre und 8% der Patienten sogar mindestens 5 Jahre (Callam et al.). Die längste Ulcusdauer wird von einer Patientin mit 62 Jahren angegeben. Die Chronizität des Ulcus cruris ist jedoch nicht nur in der Dauer der einzelnen Ulcera begründet, sondern gleichermaßen in der ausgesprochenen Rezidivneigung. Nach Callam et al. kam es bei 66% der von ihnen untersuchten Patienten zum wiederholten Auftreten von Unterschenkelgeschwüren. Der Volksmund spricht in diesem Zusammenhang auch von „einmal offenes Bein - immer offenes Bein“.

Mit einem offenen Bein sind erhebliche Kosten verbunden. Bereits 1993 waren in Deutschland 2,4 Mio. Arbeitsunfähigkeitstage und über 1,6 Mio. Krankenhaustage durch ein Ulcus cruris bedingt (Pelka). Durch eine durchschnittliche zweimonatige Arbeitsunfähigkeit und eine um 7,2 Jahre frühere Berentung entstanden eine jährliche finanzielle Belastung in Höhe von 2-3 Milliarden DM (ICW).

Welchen Beitrag leistet die Pflege bei der Versorgung von Menschen mit einem Ulcus cruris? Zur Darstellung des pflegerischen „State of the Art" wurde eine internationale Literaturrecherche zu pflegerelevanten Forschungsarbeiten zum Thema „Ulcus cruris" durchgeführt. Während in den deutschsprachigen Ländern über kein pflegerisches Thema so viel publiziert wird wie über den Dekubitus (Sowinski, Köster), sind Beiträge zum Thema „Ulcus cruris" relativ spärlich gesät. In einer Literaturrecherche ließen sich für die Jahre 1994 bis 1998 nur 11 Artikel zum Thema Ulcus cruris finden (Lindenberg). In den Aufsätzen wird hauptsächlich die „Behandlung einer Wunde" und weniger die „Pflege eines Menschen mit Wunde" beschrieben. Die Wundbehandlung ist zweifelsohne wesentlich für eine erfolgreiche und adäquate Therapie, aber beschreibt dies wirklich umfassend Pflege?

Was ist eigentlich Pflege? Die Aufgabe von Pflege ist die Erhaltung, Förderung und Unterstützung von Alltagskompetenzen zum Erhalten und Erlangen von Unabhängigkeit, Wohlbefinden, Gesundheit und Leben (Krohwinkel, Orem). Für die Betroffenen bedeutet dies nichts anderes als den Alltag mit der Wunde in Unabhängigkeit zu leben unter Bedingungen, die zur Heilung der Wunde und möglichst großem Wohlbefinden führen. Aus dieser Prämisse ergeben sich folgende pflegerische Fragestellungen: Welchen Herausforderungen müssen sich die Betroffenen in ihrem Alltag stellen? Welche Auswirkungen hat die Wunde auf den Alltag? Wo sind Betroffene in Alltagsaktivitäten eingeschränkt?

In der internationalen Pflegeliteratur lassen sich im Gegensatz zur deutschsprachigen Literatur zahlreiche Studien zu diesem Thema finden. Der Umfang der wissenschaftlichen Literatur spiegelt sowohl die jeweilige Tradition der Pflegewissenschaft als auch den Aufgabenbereich der Pflegekräfte wider. Im Gegensatz zu den deutschsprachigen Ländern obliegt englischen und amerikanischen Pflegekräften die gesamte Verantwortung für die Wundversorgung. Pflegekräfte führen eigenverantwortlich Doppleruntersuchungen zur Identifikation der Ulkusursache durch und entscheiden eigenverantwortlich die Maßnahmen zur direkten Wundversorgung. Qualitative und quantitative Studien thematisieren die Effektivität von bestimmten Therapieverfahren, z.B. den mehrlagigen Bandagiermethoden, die Effektivität und Effizienz von sogenannten „leg ulcer clinics", speziellen Wundambulanzen für Patienten mit Beingeschwüren, Patientenerfahrungen zum Leben mit chronischen Wunden und die Lebensqualität der Betroffenen. Einige Studien fokussieren spezielle Problematiken wie Schmerzen oder Ernährungsgewohnheiten von Menschen mit offenen Beinen. Im Folgenden werden nun einige Studien vorgestellt, die den Alltag der Betroffenen beschreiben.

Hamer, Cullum, Roe fragten in ihrer quantitativen Studie Betroffene zu den Ursachen des Offenen Beines. Die Hälfte der 88 Befragten gaben Verletzungen bzw. Druck als Ursache an. Bemerkenswert ist jedoch, dass jeder 5. Befragte die

Ursache nicht kannte. Ein Ulcus cruris muss immer ursächlich behandelt werden, das Wissen um die Ursache ist also wesentlich für das Verständnis der Therapie. Auf die Frage, was das Schlimmste an dem offenen Bein sei, gaben 38% der Befragten Schmerzen an. Die Schmerzen werden dabei sehr unterschiedlich erlebt. Patienten berichten von leichten Irritationen bis sehr intensiven Schmerzen, bei einigen sind sie tagsüber stärker als nachts, bei anderen genau umgekehrt (vgl. Walshe; Hofman et al.).

Für ein weiteres Drittel der Befragten (31%) waren Mobilitätsstörungen das Schlimmste. Hyland, Ley, Thomson verdeutlichen in einer anderen Studie die damit verbundenen Auswirkungen für den Alltag. Von 50 Betroffenen haben 40% Schwierigkeiten, in den Bus zu steigen, für 30% ist das Treppensteigen beschwerlich geworden und 38% gehen aus Angst vor Stößen nicht mehr zum Einkauf in belebte Einkaufszentren.

10% der von Hamer et al. Befragten werteten die Unbequemlichkeit der Wundverbände als das Schlimmste an ihrem Offenen Bein. Patienten entfernen sich zum Teil den Wundverband, weil sie ihn als zu unbequem empfinden. Dies ist ein Aspekt, der auch in die Pflegeanamnese thematisiert werden sollte. Welche Auswirkungen hat der Wundverband per se auf die Unabhängigkeit und das Wohlbefinden der Betroffenen?

Für die Entwicklung eines krankheitsspezifischen Fragebogens führten Hyland et al. in einer qualitativen Studie Gruppendiskussionen mit insgesamt 22 Betroffenen zu den Erfahrungen mit einem offenen Bein durch. In der Auswertung kristallisierten sich vier Thematiken heraus, die das Leben mit einem offenen Bein beschreiben: Schmerzen, Aktivitätseinschränkungen, Stimmungen/ Gefühle und die gedankliche Fixierung auf die Wunde. Die Aktivitätseinschränkungen verdeutlichen erneut die wundbedingten Einschränkungen. Patienten sind nicht nur durch die Schmerzen in ihren Aktivitäten eingeschränkt, sondern ebenfalls aus therapiebedingten Gründen. So sind sie wegen des von dem häuslichen Pflegedienst durchgeführten Verbandswechsels gezwungen, zu bestimmten Terminen zuhause zu sein. Weiterhin vermeiden Betroffene bestimmte Aktivitäten, um Verletzungen des Beines zu verhindern.

Die alltäglichen wundbedingten Einschränkungen verursachen bei den Betroffenen teilweise Gefühle des Bedauerns, der Depression, der Hilflosigkeit und auch der Energielosigkeit. Betroffene verlieren an Selbstwertgefühl, an Weiblichkeit und sind sich ständig der Füße bewusst. Für eine andere Gruppe der Befragten stellen die Einschränkungen jedoch eine Herausforderung dar, der es sich zu stellen gilt.

Die Befragten geben zusätzlich an, sich gedanklich oft mit der Erkrankung und der damit verbundenen Therapie zu beschäftigen. Unterschiedliche Aussagen der professionellen Therapeuten zur Heilungsdauer und zu Heilungsstrategien führen zur Unsicherheit über die Therapie. Patienten versuchen zum Teil, sich gezielt durch Aktivitäten von der ständigen gedanklichen Fixierung mit der Wunde abzulenken.

Chase, Melloni, Savage interviewten Patienten mit offenen Beinen und arbeiteten ebenfalls in der Auswertung vier Thematiken heraus, um die sich das Leben mit einem offenen Bein bewegt. Der erste Aspekt beschreibt die Erfahrung einer „unendlichen Heilung„. Betroffene fragen sich, ob die Wunde jemals heilt. Bei vielen existiert die Erkrankung schon so lange, dass sie sich nicht mehr an ihre erste Wunde erinnern können. Für Akutkranke stellt die Heilung nach Chase et al. eine positive Komponente dar. Heilung ist eine kurze Unterbrechung der normalen Aktivitäten. Einschränkungen, die mit der Heilung verbunden sind, werden mit dem Wissen einer nur kurzfristigen Dauer und der erfolgreichen Erreichung des Zieles, der Heilung, hingenommen. Von einem offenen Bein Betroffene müssen auf unbestimmte Zeit mit Einschränkungen leben. Für sie ist es ein dauerndes Warten auf Verbesserungen und Wahrnehmung von Verschlechterungen, ohne die sichere Gewissheit der Dauer der Heilung. Hinzu kommt der Schmerz als allgegenwärtiger Begleiter.

Das zweite identifizierte Thema umfasst „Grenzen und Anpassungen". Ein Mann antwortet auf die Frage, was das offene Bein ihn gekostet habe: „Nicht viel, nur meinen Job" und eine Frau antwortet auf die gleiche Frage: „Meine Freiheit". Betroffene sind regelmäßig mit Mobilitäts- und Aktivitätsgrenzen und Einschränkungen des Körperbilds konfrontiert und müssen Anpassungsleistungen vollbringen. Sie äußern das Gefühl, ihren Körper verstecken zu müssen, können bestimmte Kleidung, z.B. Röcke und Schuhe, nicht mehr tragen.

Das Erleben des Gefühls der „Machtlosigkeit" ist die dritte Thematik. Betroffene beschreiben das Fehlen an Möglichkeiten, die Erkrankung positiv zu beeinflussen und fühlen sich von einer unkontrollierbaren Natur abhängig. Chase et al. betonen, dass ein Phänomen nur kontrollierbar sei, wenn man es verstehe, und man eine Zeitlang beeinflussende Faktoren beobachten könne. Viele Betroffene kennen jedoch die Ursache der Erkrankung nicht, dies führt unnötigerweise zu dem Gefühl der Machtlosigkeit.

Das vierte Thema, das ein Leben mit einem offenen Bein ausmacht, ist nach Chase et al. „Wer sorgt sich um das Ulkus?". Für einige Betroffene ist es ein Ausdruck des eigenen Versagens, wegen einer nicht heilenden Wunde einen Arzt aufsuchen zu müssen. Patienten vergleichen die Wunde mit anderen Wunden, an denen sie in ihrem Leben schon litten. Sie verweisen auf ihr sonst gutes „Heilfleisch" und können sich nicht erklären, warum diesmal die Wunde nicht heilt. Andere Betroffene wiederum fühlen überhaupt keine aktive Rolle bei der Behandlung. Sie legen die gesamte Verantwortung in die Hände des Arztes oder der Pflegekraft.

Eine letzte Studie, die hier vorgestellt werden soll, beschäftigt sich ebenfalls mit der Frage nach den Erfahrungen der Betroffenen (Walshe). Patienten berichten von Belastungen durch Wundsymptome wie Schmerzen, Wundgeruch und Wundnässe. Sie beschreiben Einschränkungen der Mobilität, Schwierigkeiten bei der persönlichen Hygiene, Schwierigkeiten, das gewohnte äußere Erscheinungsbild durch Schuhe und Kleidung zu erhalten und sich so normal wie möglich zu präsentieren. Walshe identifizierte in ihrer Befragung von 13 Betroffenen jedoch auch vier verschiedene Copingstrategien:

- Betroffene bewerten ihren Krankheitsverlauf im Vergleich zu dem bei anderen Ulcuspatienten als nicht ungewöhnlich und sich selbst als vergleichsweise gesund. Betroffene verstehen ihre Erkrankung als Erbkrankheit und fühlen sich damit als entlastet bezüglich der persönlichen Verursachung der Krankheit.
- Betroffene fühlen sich ungeachtet der Einschränkungen relativ gesund. Unterstützt wird dieses Gefühl dadurch, dass nur eine Behandlung durch eine Krankenschwester notwendig ist und keine Arztbehandlung.
- Betroffene sehen die Erkrankung als Teil des Alterungsprozesses an und stellen damit „Normalität“ her.
- Betroffene versuchen positiv zu denken, indem sie Symptome negieren, sich abzulenken suchen oder ganz einfach froh sind, dass die Beschwerden zur Zeit nicht so schlimm sind.

Die genannten Studien zeigen deutlich die Einschränkungen und Probleme, mit denen sich die Betroffenen in ihrem Alltag auseinandersetzen müssen. Bezieht man auch die Ergebnisse anderer Studien mit ein, zeigt sich zusammenfassend folgende situative Problematik für Menschen mit offenen Beinen:

1. Wundspezifische Symptome:
   - Schmerz, Geruch, Nässe, Schwellungen, Juckreiz
   - Sprunggelenkversteifung
2. Wundbedingte direkte und indirekte körperliche Aspekte
   - Mobilitätseinschränkungen, Schlafstörungen
   - Einschränkungen bei der gewohnten Hygiene
3. Wundbedingte psychische Aspekte
   - Einschränkungen bei der äußeren Erscheinung
   - Soziale Isolation
   - Negative Gefühle hinsichtlich der Wundheilung
   - Körperbildstörungen
4. Wundbedingte soziale Aspekte
   - Arbeitsunfähigkeit, evtl. finanzielle Probleme
5. Therapiebedingte Aspekte
   - Unbequemlichkeit der Verbände, Schwierigkeiten bei der Durchführung der Therapie

- Unsicherheiten durch Inkonsistenzen der Therapie
- Mangelndes Verständnis der Wundursache und -therapie

Das Wissen um diese situative Problematik strukturiert die pflegerische Anamnese. Pflegende können gezielte Informationen eruieren, die auf den Ergebnissen der Studien basieren:

1. Welche Vorstellungen haben Betroffene über die Ursachen der Wunde und zur Heilung der Wunde? Betroffene verstehen das therapeutische Vorgehen nur mit Wissen um die eigentliche Ursache. Gleiches gilt für die Dauer der Therapie. Betroffene müssen wissen, dass ein offenes Bein nicht wie andere Wunden innerhalb von acht Tagen oder vier Wochen heilt. Betroffene müssen die Zeitdauer der Wundheilung kennen, damit sie sich auf die notwendige Zeit der Einschränkungen einstellen, um Gefühle der Frustration und des Misserfolgs nicht aufkommen zu lassen.
2. Welche Auswirkungen hat die Wunde und Wundbehandlung auf die Alltagskompetenzen der Betroffenen? Können die Betroffenen sich noch in gewohnter Weise waschen, sich kleiden, einkaufen, putzen oder sozialen Aktivitäten nachgehen? Wie können Pflegende die Betroffenen bei der Erhaltung der gewohnten Aktivitäten unterstützen? Müssen neue Umgehensweisen erlernt werden? Wissen Betroffene, wie sie Schmerzen, Schlafstörungen und Wundgeruch vermeiden können? Können Betroffene mit den gegebenen Verkehrsmitteln ohne Einschränkungen zum Arzt kommen?
3. Können Betroffene die Maßnahmen zur Wundversorgung in ihr Leben integrieren? Ist es während der Arbeit möglich, das Bein hochzulegen und im Bedarfsfall einen Verbandswechsel vorzunehmen? Haben Betroffene morgens ausreichend Zeit, einen Kompressionsverband anzulegen?
4. Wie nennen die Betroffenen die Wunde und die damit verbundenen Phänomene? Der notwendige Dialog zwischen Betroffenen und Pflegenden mit Schulung, Beratung und Ermutigung lässt sich nur auf der Basis einer gemeinsamen Sprache herstellen. Betroffene sprechen nur selten von einem Exsudat, sie sprechen von „Wasser“, welches am Bein hinunterläuft und sprechen nicht von einem „Ulcus cruris“, sondern von einem „Offenen Bein“.

Aus den Ausführungen wird deutlich, dass Medizin und Pflege das gleiche Geschehen „Ulcus cruris“ aus unterschiedlichen Perspektiven angehen. Während der Blick des Arztes die Krankheit fokussiert, gilt der Blick der Pflege dem Kranksein. Pflegerische Tätigkeiten wie die sachgerechte Beobachtung der Wunde und die Durchführung der Wundversorgung sind Aufgaben von Pflege im Rahmen der „Mitarbeit bei ärztlicher Diagnostik und Therapie“ (Krohwinkel). Die eigentlichen eigenverantwortlichen professionellen Pflegetätigkeiten umfassen die Erhaltung, Förderung oder Wiedererlangung von Alltagskompetenzen, deren Ausübung durch die Wunde eingeschränkt oder sogar völlig undurchführbar wurde. Entsprechende pflegerische Maßnahmen sind edukative und unterstützende Maßnahmen wie „beraten", „anleiten", „ermutigen" oder auch „für jemanden anderen handeln", indem beispielsweise die Wundversorgung von der Pflegekraft übernommen wird (vgl. Krohwinkel; Orem).

Eine effektive Versorgung von Menschen mit einem offenen Bein bezieht sich nicht allein auf die Wunde, sondern auf den Menschen mit Wunde. Eine erfolgreiche Wundbehandlung braucht den Blickwinkel der Medizin, den Blickwinkel der Pflege aber auch den Blickwinkel der Betroffenen selbst. Die Betroffenen sind Experten für ihr Leben! Sie müssen die notwendigen therapeutischen Maßnahmen in ihr ganz persönliches Leben integrieren und neue Tätigkeiten erlernen. Eine professionelle Pflege bringt damit innerhalb der Versorgung von Menschen mit einem Ulcus cruris einen eigenen Beitrag. Professionell pflegen bedeutet nicht „Pflege bei ulcus cruris", sondern „Pflege eines Menschen mit einem offenen Bein".

Literatur

Callam, M.J.; Harper, D.R.; Dale, J.J.; Ruckley, C.V. (1987): Chronic ulcer of the leg: clinical history. British Medical Journal, 294, 1389-1391.

Chase, S.K.; Melloni, M.; Savage, A. (1997): A forever healing: the lived experience of venous ulcer disease. Journal of Vascular Nursing, 15, 2, 73-78.

Hamer, C.; Cullum, N.; Roe, B.H. (1994): Patients' perceptions of chronic leg ulcers.Journal of Wound Care, 3, 2, 99-101.

Hofman, D.; Ryan, T.J.; Arnold, F.; Cherry, G.W.; Lindholm, C.; Bjellerup, M.; Glynn, C. (1997): Pain in venous leg ulcers. Journal of Wound Care, 6, 5, 222-224.

Hyland, M.E.; Ley, A.; Thomson, B.(1994): Quality of life of leg ulcer patients: questionnaire and prelimanary findings. Journal of Wound Care, 3, 6, 294-298.

Initiative Chronische Wunden (ICW)(1997): Leitlinie Ulcus cruris venosum. Kaufbeuren.

Krohwinkel, M. (Hrsg.)(1992): Der pflegerische Beitrag zur Gesundheit in Forschung und Praxis. Agnes-Karll-Institut für Pflegeforschung (DBfK). Schriftenreihe des Bundesministeriums für Gesundheit, Baden-Baden.

Lindenberg, E.(1999): Die Pflege bei Menschen mit chronischen Wunden in der häuslichen Versorgung aus dem Blickwinkel des Managementmodells von Krohwinkel. Unveröffentlichte Bachelorarbeit, Witten.

Moffatt, C.; Franks, P.; Oldroyd, M.; Bosanquet, N.; Brown, P.; Greenhalgh, R.; McCollum, C. (1992): Community clinics for leg ulcers and impact on healing. British Medical Journal, 305, 1389-1392.

Morison, M.; Moffatt, C. (1996): Ulcus cruris. Ullstein Mosby, Berlin, Wiesbaden.

Orem, D.E. (1997): Strukturkonzepte der Pflegepraxis. Ullstein Mosby, Berlin, Wiesbaden.

Pelka, R.P. (1997): Expertise zur Kostensituation bei chronischen Wunden. Kaufbeuren.

Peschen, M.; Petter, O.; Vanscheidt, W. (1996): Chronisch-venöse Insuffizienz - von der Pathophysiologie zur Therapie. Folge 4: Behandlung des Ulcus cruris - Therapierichtlinien. Fortschritte der Medizin, 114, 30, 395-397.

Sowinski, C.; Köster, A.S.(1993): Fachliteratur zu den dreizehn AEDL-Bereichen. Forum Sozialstation, 17, Sondernummer 1, 3, 8-10.

Walshe, C. (1995): Living with a venous leg ulcer: a descriptive study of patients' experiences. Journal of Advanced Nursing, 22, 1092-1100.

V.A.C. nach Sternotomie Ein Erfahrungsbericht

DORIS SCHÜTT, MARTIN VODRAZKA
ST. PÖLTEN

1 Einleitung

Wir möchten hier keine großartigen Neuerungen oder revolutionäre Methoden präsentieren. Hier geht es lediglich um eine Methode, die auf anderem Gebiet schon oftmals erfolgreich angewandt wurde, nämlich die V.A.C. (Vacuum Assisted Closure)-Therapie.

2 Das V.A.C. - System

Durch Ausübung eines negativen Druckes auf die Wundoberfläche soll die Bildung von granulierendem Gewebe beschleunigt werden. Die Herstellung des Unterdruckes wird durch eine mit durchsichtigem Folienverband luftdicht verschlossene Schaumstoffwundauflage (Dressing), die über ein Schlauchsystem mit integriertem Wundsekretkontainer an eine tragbare Vacuumpumpe angeschlossen ist, erreicht. Die Größe des negativen Druckes kann am Bedienungsdisplay der Funktionseinheit schrittweise, individuell eingestellt werden. Der Anwender kann zwischen zwei Funktionen wählen:

1. Kontinuierliche Therapie.
   Während der kontinuierlichen Therapie wird über den gesamten Behandlungszeitraum ein ständiger Unterdruck auf die Wunde ausgeübt.
2. Intermittierende Therapie.
   Der Anwender legt an der V.A.C.-Funktionseinheit die Dauer der Intervalle fest. Die Therapie intermittiert zwischen Unterdruck und ausgeglichenem Druck.
   Durch die V.A.C.-Therapie soll es zur:

1. Beschleunigung der Granulationgewebeneubildung
2. Reduktion der Bakterienkolonisation

3. Reduktion des Wundödems
4. Unterstützung der Zellemigration
5. Sicherung einer feuchten Wundheilung
6. Förderung der Durchblutung im Wundgebiet
7. Förderung der Sauerstoffanreicherung im Wundgebiet
8. Absaugung des Wundsekrets kommen.

Nach herzchirurgischen Eingriffen kommt es manchmal, wie in jedem anderen chirurgischen Fach, zu Wundheilungsstörungen. Leider ist die Wundfläche sehr nahe an einem Knochen (Sternum) und danach auch sehr nahe dem Mediastinum, dies erfordert in der Wundbehandlung ein exaktes und rasches Vorgehen. Wird dies nicht befolgt kann es zu langwierigen Knocheninfektionen oder zur Mediastinitis kommen. Vor Anwendung des V.A.C. - Systems mussten bei Wunddehiszenzen täglich mehrere Verbandwechsel durchgeführt werden um das Wundsekret abzuführen und eine höchstmögliche Sauberkeit der Wundfläche zu erreichen. Trotzdem kam es manchmal zu langwierigen Verläufen die letztendlich nur mehr vom plastischen Chirurgen mittels Rectus-abdominis-Lappen gedeckt werden konnten. Vom Patienten verlangte dies den gesamten Aufwand all seiner physischen und psychischen Kräfte. Die Patienten bleiben sehr lange im Krankenhaus, zuerst bis die Wunde so sauber ist, bis sie plastisch-chirurgisch versorgt werden kann, danach wartet der Patient bis die Wunde so weit verheilt ist, bis eine Entlassung möglich ist. Die meisten der Patienten ertragen stillschweigend dieses Warten und teilweise mehrere chirurgische Interventionen, doch bei manchen liegt die Schwelle des Erträglichen nicht so hoch und der Patient streikt, oft mit gutem Grund. Dann sind wir als Pflegepersonen und Ärzte aufgerufen etwas zu machen was für den Patienten erträglich und seiner Erkrankung nützlich ist.

3 Erfahrungsbericht

3.1 Fallbeispiel 1

Wir möchten Ihnen über eine Patientin berichten, bei der V.A.C.- Therapie angewendet wurde. Die Patientin kam Ende Juli 1999 an unsere Abteilung zur Aortenklappen- und Bypassoperation. Was mir nicht unwesentlich erscheint, denn litt auch noch an einem Diabetes Typ II b. Der Körperbau läßt sich als adipös beschreiben und auch die Brust war relativ groß. Die Operation, eine Aortenbioprothese und ein dreifach Bypass, erfolgte Anfang August 1999. Danach folgte ein achttägiger Intensivaufenthalt. Am 8. postoperativen Tag wurde die Patientin zu uns auf die Normalpflegestation transferiert. Einen Tag später wurde eine kleine Wunddehiszenz im unteren Drittel der Sternumnaht festgestellt. Aus dieser Wunde entleerte sich über 9 Tage immer wieder seröse Flüssigkeit. Während dieser Tage musste die Patientin auch noch wegen einem Pleuraerguß punktiert werden. Gleichzeitig wurde mit der Antibiotikatherapie begonnen. Für die Patientin waren die täglichen Negativmitteilungen immer schwieriger zu ertragen, die Stimmungslage wechselte in das Depressive, Antidepressiva wurden verordnet. Von Seiten des Pflegepersonal wurde Sie mit sehr viel Aufmerksamkeit, Geduld und Zuwendung behandelt.

In der Wundumgebung trat am 18. postoperativen Tag eine 5x10 cm große Schwellung auf, und aus der Wunde selbst entleerte sich immer wieder altblutiges Sekret, welches sich wenig später auch im oberen Wunddrittel entleerte. Die Schwellung der Wundumgebung nahm unter laufender Antibiotikatherapie wieder etwas ab. Zusätzlich benötigte Sie Erythrozytenkonzentrate. Anfang September, am 30. postoperativen Tag musste neuerlich operiert werden, eine Bypassanastomosenblutung war aufgetreten. Es folgte im Anschluss wieder ein fünftägiger Aufenthalt auf der Intensivstation. Am 5. postoperativen Tag nach Revision kam die Patientin wieder zu uns auf die Normalpflegestation retour. Die Sternumwunde war mit Sekundärnähten verschlossen und mit Stütznähten gesichert.

Die nun mittlerweile stark strapazierte Frau hatte durch den Intensivaufenthalt an Körpergewicht und vor allem an Mut verloren. Die Stimmungslage musste als depressiv und skeptisch gegenüber den Genesungsfortschritten bezeichnet werden. Trotz vermehrter Zuwendung und Aufmunterung besserte sich die psychische Situation nicht. Was kein Wunder war, denn der Wundverlauf war nicht gerade positiv. Es trat erneut blutig, seröse Sekretion im unteren Wunddrittel auf und zusätzlich bildete sich zwischen Sekundärnaht und den Stütznähten eine kleine Gewebsnekrose, welche trotz entfernen der Stütznähte etwas ausgeprägter wurde. Die Wunddehiszenz wurde nach Zuziehung des plastischen Chirurgen mit Octeniseptfeuchtbehandlung versorgt. Es könnte ebenfalls genauso gut eine Lavasept Lösung angewendet werden, die ein gleichwertiges Lokalantiseptikum ist. Die Nekrose wurde mit Betaisodona flüssig betupft. Danach unterstützte das Tupfen mit Castellanitinktur die Abtrocknung der Gewebsnekrose. Da die Sekretion im unteren Sternumdrittel gleichblieb und die Wunde sich klinisch verschlechtete, wurden einige Nähte entfernt und Nahtränder gespreizt. Dabei entleerte sich aus der Tiefe putrides Sekret, eine Nebacetinspüldrainage wurde eingelegt.

Da die Patientin wegen der Spüldrainage ständig naß war und pausenlos der Verband gewechselt werden musste, war sie sehr wortkarg und zog sich immer mehr zurück. Ende September wurde die demarkierte Nekrose abgetragen und der Wundgrund wurde mit 10% Natriumchloridfeuchttupfern behandelt. Bei den Verbandwechseln trat, wenn die Patientin hustete, ein glucksendes Geräusch auf.

Die Herzchirurgen erwogen mit den plastischen Chirurgen eine chirurgische Deckung. Als diese Tatsache der Patientin mitgeteilt wurde, folgte von Seiten der Patientin der psychische Zusammenbruch, sie lehnte jeden weiteren Eingriff mit den Worten: „Keine Operation mehr, keine Narkosen mehr. Egal was mit mir geschieht, ich fahre in keinen Operationssaal mehr!“ ab.

Somit stand unser Ärzte- und Pflegeteam vor der fast sauberen, jedoch nicht gerade kleinen Wundfläche von 9x7 Zentimetern mit einer Ausdehnung von 2,5 cm in die Tiefe, aus der sich täglich doch eine beachtliche Menge an Wundsekret entleerte. Jetzt war eine Idee gefordert -die Wundfläche musste verschlossen werden und das Wundsekret abgeführt - jedoch ohne Operation und ohne Narkose. Zusätzlich war für die Patientin ein noch lange dauernder Spitalsaufenthalt nicht vorstellbar und kaum mehr zu ertragen. Und das Wundgebiet nahe dem Mediastinum welches als kompliziert zu bezeichnen war.

Bei vorangegangenen Fortbildungen in Sachen Wundversorgung, konnten einige Mitarbeiter das V.A.C.-System (speziell in der Decubitusversorgung) bereits kennen lernen (vgl. Gosch). Wir waren aber in diesem speziellen Bereich verunsichert ob die Unterdrucktherapie, da die Wundhöhle eine Verbindung in die Tiefe - sprich Richtung Mediastinum zu haben schien, nicht etwa größeren Schaden anrichten würde. Bei einer Problembesprechung des Pflegepersonals und der Herzchirurgen wurde von unserer Seite die V.A.C.-Therapie vorgeschlagen und von den Fachärzten nach genauer Risikoabwägung verordnet. Die Patientin wurde daraufhin vom diplomierten Pflegepersonal über das V.A.C.-System aufgeklärt. Sie stimmte skeptisch aber doch in der Hoffnung auf Besserung zu. Wir entschlossen uns zur Anwendung eines Mini-V.A.C.-Systems, um der Patientin größtmögliche Mobilität und Bewegungsfreiheit zu ermöglichen. Wir hofften, dass die wieder gewonnene Eigenständigkeit zur Besserung der psychischen Situation beitragen würde. Am 15.10. 1999 wurde die V.A.C.-Therapie begonnen, bei gleichzeitiger Instruktion der Patientin, welche aufmerksam und motiviert mitarbeitete. Durch die Einbeziehung der Patientin in die Behandlung, gewann die Patientin wieder an Selbstvertrauen und Mut.

Die Vacuumtherapie konnte gleich mit 125 mm Quecksilbersäule begonnen werden. Es wurde jeden zweiten Tag das Schwämmchen gewechselt. Die Wunde wurde merklich kleiner und das Wundniveau glich sich an das Hautniveau allmählich an. Die Patientin konnte am 27. Oktober mit dem Mini-V.A.C.-Gerät nach Hause entlassen werden, da die Patientin während des Aufenthalts soviel an Erfahrung sammeln konnte um zu Hause mit der Therapie zurecht zu kommen. Die Verbandwechsel erfolgten an unserer plastischen Ambulanz. Am Wochenende kam die Frau zu uns auf die Station zum Verbandwechsel. Hierbei konnten wir feststellen wie die Patientin nahezu durch die Behandlung in häuslicher Umgebung aufblühte.

Der weitere Verlauf in kurzen Stichworten: Von 4.11. bis 13.11. Verbandwechsel mir dem schwarzen grobporigen Schwämmchen. Ab dem 16.11. bis 30.11. Verbandwechsel mit dem weißen feinporigen Schwämmchen. 30.11. Ende der V.A.C.-Therapie. Danach Wundversorgung mit Aquacell und Nu-Gel. Die Endkontrolle erfolgte am 11.4. 2000.

Der Wundheilungsverlauf in diesem speziellen Fall war sicher sehr lang, jedoch für die Patientin die optimale Möglichkeit ohne Operation und in häuslicher Umgebung ihre drastischen Wundverhältnisse in den Griff zu bekommen. Somit wurde durch Anwendung einer erfolgreichen und mehrfach erprobten Methode für einen Patienten und in der Folge für mehrere Betroffene, eine psychisch sehr belastende Komplikation etwas erträglicher gestaltet.

3.2 Fallbeispiel 2

Durch diese positive Erfahrung wurde das V.A.C.-System weiter bei Wundheilungsstörungen, jedoch in früheren Stadium angewandt. Der nächste Verlauf war für den Patienten aufgrund der vorangegangenen Erfahrung und der Kürze optimal. Der Patient erhielt am 1.2. 2000 einen zweifachen aorto-coronaren Bypaß. Am 6.2. trat geringe Sekretion in der Wundmitte auf, anfangs trockene Verbandwechsel. Am 11.2. Vorwölbung und Rötung der besagten Stelle. Beginn der antibiotischen Abschirmung, Inzission und Spreizung durch den Chirurgen, es entleert sich putrides Sekret. Am 13.2 Octenisepdesinfektion der offenen Stelle in der Sternumwundenmitte. Entfernung von 4 Vicryl-Intracutannähten, trockener Verbandwechsel. Am 15.2. Beginn der Mini-V.A.C.-Therapie mit 75 mm Quecksilbersäule. Jeden zweiten Tag Verbandwechsel mit Schwämmchenwechsel. Am 4.3. ist die Wunde soweit sauber um mittels Sekundärnaht verschlossen werden zu können. Der Betroffene konnte 4 Tage nach Sekundärnaht, mit einer blanden und verschlossenen Wunde nach Hause entlassen werden. Die Nahtentfernung erfolgte beim Hausarzt.

3.3 Fallbeispiel 3

Zum Schluss ein Fall, der mit Bildern dokumentiert wurde. Der Patient erhielt am 17.2. 2000 einen dreifachen aorto-coronaren Bypass. Am vierten postoperativen Tag - Krepitation im Sternum. Am 23.2. erfolgt eine operative Wundrevision wegen Sternum mobile. Der Patient benötigt danach einen Intensivstationsaufenthalt wegen respiratorischer Probleme. Am 12.3. kommt er retour auf die Normalpflegestation mit laufender antibiotischer Therapie. Die Wunde entwickelt sich weiter negativ, was mit folgenden Fotos dokumentiert wurde.

Hier sehen sie (Abb. 1) den unterer Teil der Sternumwunde mit 2 Drainagennähten, versorgt mit Vliessaugkompressen. Diese sind vollgesaugt mit blutig-

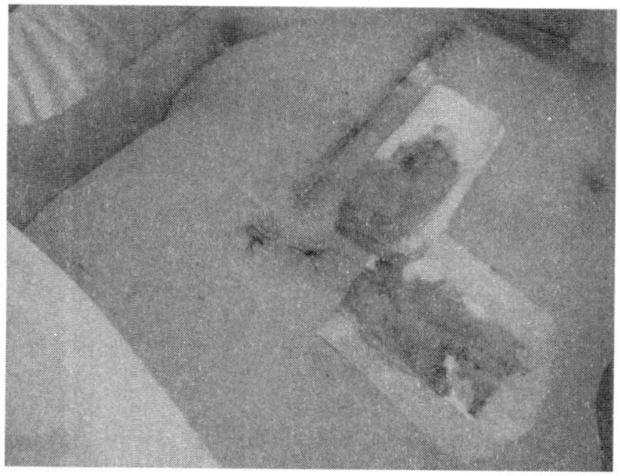

Abbildung 1: Sternumwunde

putridem Sekret. In dieser Situation wurde mit den Herzchirurgen die Entscheidung getroffen ein V.A.C.-System anzulegen. Um das Wundsekret abzusaugen und ein Fortschreiten der Infektion zu unterbinden.

Am 24.3. wurde die Wunde vom Herzchirurgen gespreizt und gereinigt und für das V.A.C.-System vorbereitet. Hier sehen sie die gereinigte und vom Chirurgen gespreizte Wunde (Abb. 2) für das Anlegen des V.A.C.-Systems vorbereitet.

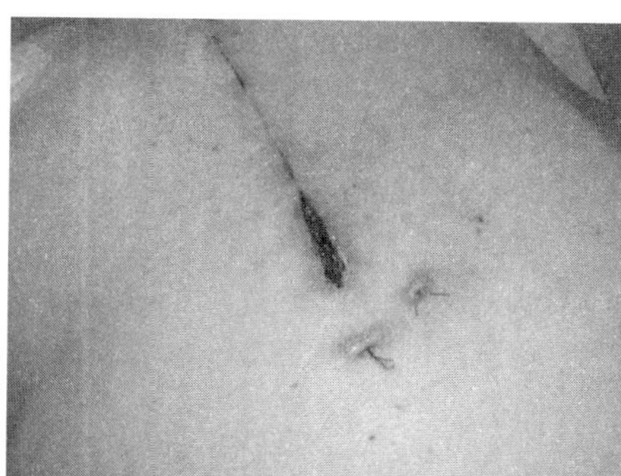

Abbildung 2: Gespreizte Wunde

Hier die Wunde beim Anlegen des Mini-V.A.C.-System. (Abb. 3) Dieses Bild zeigt die Wunde abgedeckt mit einer Folie. Im Bereich der Wundfläche wird die Folie eingeschnitten.

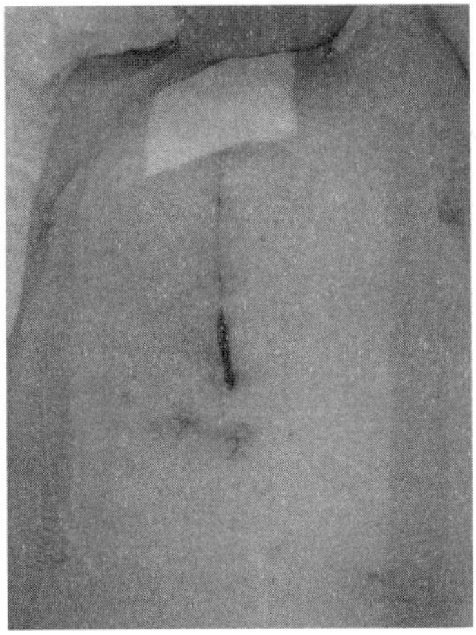

Abbildung 3: Wunde mit einer Folie abgedeckt

Auf diesem Bild wird ein kleiner Teil vom grobporigen Schwamm in die Wunde eingebracht. (Abb. 4)

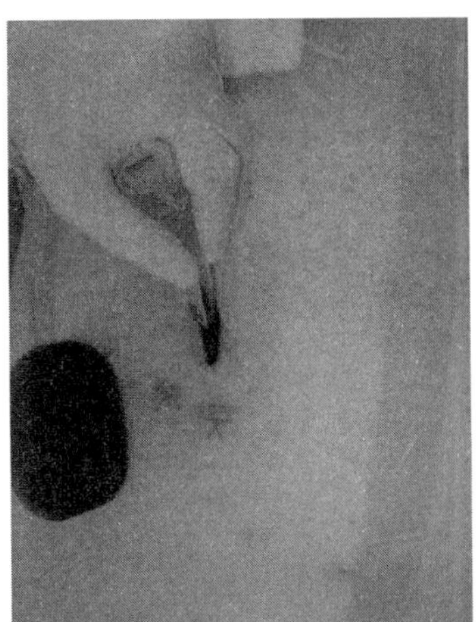

Abbildung 4: Wunde mit Schwamm

Danach wird der Rest des Schwammes darauf gelegt und mit der luftdichten Folie abgedeckt. Das Schlauchsystem wird an die Funktionseinheit (Pumpe) angeschlossen. (Abb. 5)

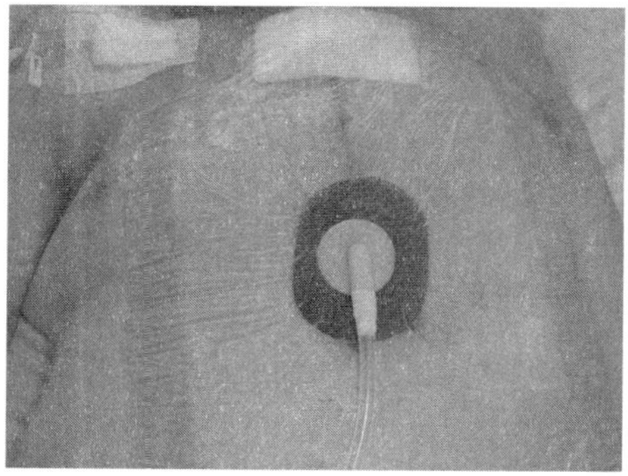

Abbildung 5: Schwamm mit Schlauchsystem abgedeckt mit Folie

Bei unseren Fällen wurde immer die kontinuierliche Therapieform mit je nach Patientenverträglichkeit angepaßtem Vakuum verwendet. Wir haben in allen Fällen das Mini-V.A.C.-System verwendet, um den Patienten in seiner Bewegungsfreiheit nicht einzuschränken. Was für diese Menschen sehr wichtig ist, um Ihnen aus psychischen Gründen so gut als möglich normale Mobilität zu verschaffen.

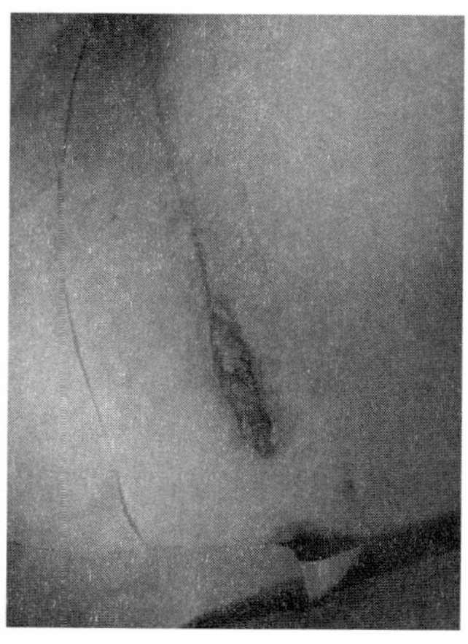

Abbildung 6: Wunde vor sekundärer Naht

Das System wurde so lange belassen, bis die Sekretmengen im Container stark zurück gingen.

Am 5.4. ist die Wunde soweit sauber, dass sie sekundär genäht werden kann. Der Patient befindet sich bereits abgedeckt und gereinigt im Operationsraum. (Abb. 6) Die Wunde wurde sekundär genäht. (Abb. 7)

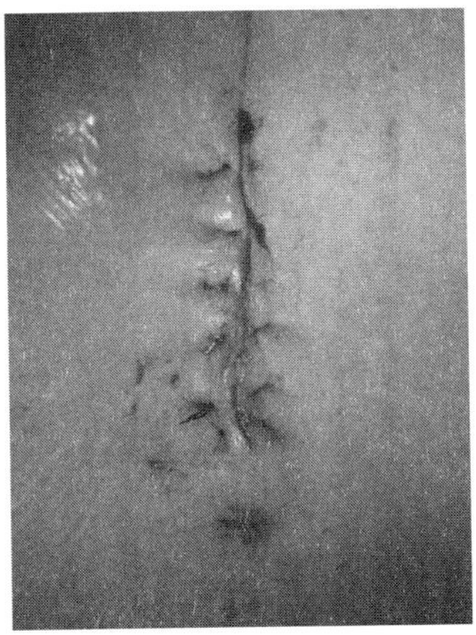

Abbildung 7: Wunde nach sekundärer Naht

Der Patient kann am 12.4. 2000 in das Rehabilitationszentrum Felbring mit einer blanden und sekundär genähten Wunde überstellt werden. Die Nahtentfernung erfolgte im Rehabilitationszentrum.

4 Schlusswort

Wir hoffen mit diesem Beitrag aus unseren Praxis Ihre Kreativität und das Bestreben all unser Fachwissen in eine gute interdisziplinären Zusammenarbeit mit dem medizinischen Bereich, zum Nutzen des Patienten, einzubringen.

Literatur

Gosch, B. (1999): The V.A.C.ä. Ein neues Verfahren zur Beschleunigung der Wundheilung. In: Zöch, G. (Hrsg.): Dekubitus. Das Buch zum Seminar. KCI-MEDISCUS, Wien, 87-90.

Ausbildung zum zertifizierten Wundmanager

GERHARD KAMMERLANDER, EMBRACH
THOMAS EBERLEIN, CHEMNITZ

1 Einleitung

Die Entwicklung des modernen Wundmanagements hat im Laufe der vergangenen 15 Jahre grundlegende Umdenkprozesse gegenüber alteingefahrenen therapeutischen Konzepten erzwungen.

Die persönlichen Erfahrungen der vergangenen 22 Jahre im Bereich der dermatologischen Pflege (davon insgesamt 14 Jahre an den Universitäts-Hautkliniken in Innsbruck und Zürich) führten Herrn DGKP Gerhard Kammerlander zur Entwicklung eines Wundmanagementkonzeptes, welches mittlerweile nicht nur bei Einzelanwendern, sondern auch in Krankenhäusern, ambulanten Diensten und Krankenkassen Anerkennung und Umsetzungen in die Praxis erfahren hat („Wundkoffer" an der Steiermärkischen Gebietskrankenkasse - seit 1997; Klinikstandardisierungen im interdisziplinären Wundmanagementbereich - AKH Linz - A, Klinik Bülach - CH, Klinik Wetzikon - CH, Klinik Baden - CH, Klinik Aarberg - CH, ...).

Ein weiteres Grossprojekt in Österreich beginnt im Jahr 2001. Es wird hierbei ein gesamtes Bundesland zeitgleich im Kassen- wie im klinischen und ambulanten Bereich in einem einheitlichen Wundstandardisierungsprojekt synchronisiert.

Der Erfahrungsaustausch mit mittlerweile mehr als 70.000 Kursbesuchern zum Thema Wundmanagement förderte im Besonderen auch die Entwicklung von Herrn G. Kammerlander in dem Sinne, die besonderen Probleme in den verschiedenen Gebieten (A - CH - D) von unmittelbar betroffenen Fachpersonen (pflegerischer wie ärztlicher Bereich) zu erfahren und in die Projektplanung und -umsetzung einzubeziehen.

Die ohnehin gute Kooperation mit verschiedensten ärztlichen Fachbereichen in den vergangenen Jahren führte im Jahr 1997 zu einer direkten Zusammenarbeit mit Herrn Dr. Harald Klier, Chefarzt des Heilmittelreferates der StGKK sowie mit Herrn Dr. Thomas Eberlein (Facharzt für Dermatologie). Da Wundmasnagement wird direkt von beiden Seiten, der Pflege wie des ärztlichen Bereiches, zusammenfassend dargestellt.

Die ausgezeichnete Zusammenarbeit mit dem Österreichischen Gesundheits- und Krankenpflegeverband, namentlich dem ÖGKV-Schulungszentrum in Graz (seit nunmehr 10 Jahren), führte zur Entwicklung des gemeinsamen Projektes zur Weiterbildung zum „zertifizierten Wundmanagerã" nach §64 GuKG. Im Besonderen sei hier Herrn Lorenz Schneider als ehemaliger Leiter und Frau Cäcilia Petek als derzeitige Leiterin des Schulungszentrums des ÖGKV - Graz gedankt. Durch Ihren Einsatz kam es erst zur entgültigen Entwicklung, Beantragung, Bewilligung und Umsetzung dieses Projektes im Jahr 1999/2000.

2 Zielsetzung der Weiterbildung

Die Weiterbildung zum „zertifizierten Wundmanagerã" soll dazu befähigen, die Leistungsfähigkeit von medizinischen Fachpersonen im Bereich des „modernen Wundmanagements" unter fachlicher, menschlicher, sozialer und ökonomischer Kompetenz zu ermöglichen und zu fördern.

Das Ziel ist es im Besonderen, die zusätzlich qualifizierten Fachkräfte in Ihrer anspruchsvollen beruflichen Tätigkeit zu befähigen, praxisbezogen und ganzheitlich am Patienten zu handeln.

2.1 Zielgruppe

Medizinische Fachpersonen aus dem diplomierten Pflegebereich sowie aus dem ärztlichen Bereich, welche im Gesundheitswesen eine besondere Stellung zum Thema Wundpatient und Wunde einnehmen.

2.2 Lernziele

- den eigenen Verantwortungsbereich unter Berücksichtigung der vorhandenen Ressourcen sowie der aktuellen wissenschaftlichen und rechtlichen Grundlagen zur Sicherstellung einer fachgerechten, ganzheitlichen, den Bedürfnissen des Patienten resp. Klienten angepassten Unterstützung bzw. Behandlung im Bereich des Wundmanagements zu gewährleisten
- die zentralen Fachaufgaben hinsichtlich Produktkenntnis, Produktauswahl, Methodenkenntnis und Anwendung im Hinblick auf die Gesamtzielsetzung des Betriebes anwenden und umsetzen
- Auszubildende im speziellen Fachbereich des Wundmanangement unter pädagogischen und fachlich kompetenten Gesichtspunkten anzuleiten und zu fördern

- bei der Koordination der Leistungsbereiche des Gesundheitswesens im Bereich des Wundmanagement innerhalb und ausserhalb der Organisation unter Berücksichtigung des eigenen Verantwortungsbereiches mitzuwirken

Die Weiterbildung umfasst eine Gesamtstundenzahl von 260 Stunden (160 Theoriestunden und mindestens 100 Praxisstunden) und gilt als Ausbildungsplan zum „zertifizierten Wundmanager-/in".

Die Praxisstunden können auch im eigenen Arbeitsbereich durchgeführt werden. Die Arbeitszeit sowie die schriftlich gestellten „Praktikumsaufgaben" erfüllen die Anforderungen des Praxisbereiches.

Es ist somit nicht notwendig, die Praxis in einer anderen Einrichtung durchzuführen. Dadurch kann die Erfüllung des Weiterbildungsplanes ohne Kollisionen mit den allgemeinen dienstlichen Aufgaben erfolgen.

2.3 Der theoretische Lehrplan umfasst folgende Fachbereiche

Sachgebiet	Lehrinhalte	Stunden
1. Grundausbildung zum Thema Wunde und Wundmanagement	- Physiopathologie der Haut, Wunden und Gefässsysteme - Ernährung und Wundpatient (Basis) - Hautpflege (Basis) - Wundtherapeutische Massnahmen und Methoden - Teil 1 (Basis) - Kompressionstherapie - Lagerung und Dekubitus (Teil 1) - Kostenaspekte und Verordnungsaspekte	**40**
2. Vertiefung und Aufbau	- Einleitung zum 2. Block - Hautphysiologie, -anatomie (Vertiefung) - Ausbildung zum Laseranwender - Hautpflege (Vertiefung) - Dekubitus und Lagerungsmethoden - ERFA - Ernährung (Vertiefung) - Ernährung - Ergänzung - Praxistips/Studien - Hygiene, Spitalhygiene	**40**
3. Erweiterung der wundtherapeutischen Aspekte	- ERFA-Tag (Erfahrungsaustausch, Vorbereitung zur Prüfung) - Kosten und Verordnungsaspekte der Kasse, Psyche und psychosoziale Aspekte des Wundpatienten	**40**

	- QM Management und Wunde - Hautzüchtungen und Transplantate - Plastisch-chirurgische Versorgung und Nachbehandlung akuter und chronischer Wunden (inklusive Narbenbehandlung) - Spezielle Aspekte von Brandverletzten - Besondere Aspekte des diabetischen, arteriellen, neuropatischen Fusses - Orthopädietechnik und diabetischer - neuropatischer Fuss - Fusspflege	
4. Erweiterung der Kenntnisse im Dokumentations-, Rechts- und Fusspflegebereich	- Chirurgischer Verbandwechsel - Rechtskunde in der Pflege - EDV gestützte Wunddokumentation; WCASOL - KARO1; Pflegediagnosen - ERFA - Akupunktmassage und Laser bei schmerzhaften und entzündeten Wundverhältnissen - ERFA - Abschlussprüfung theoretisch - Multiple choice - Evt. mündliche Nachprüfungen, Supervision - Besondere Praxisaspekte von Entero-/Urostoma sowie Kontinenz - Supervision - Videokontrolierte Übungen	**40**

2.4 Praktische Ausbildung

Ausbildungseinrichtung	**Fachbereich**	**Stunden**
- Fachabteilung einer Krankenanstalt mit Wundpatienten - Einrichtungen die Hauskrankenpflege, andere Gesundheitsdienste oder soziale Dienste im Wundbereich anbieten	- Akutpflege - Langzeitpflege - rehabilitative Pflege - ambulante, extramurale Pflege - Fachabteilungen /-zentren	**100**
	Total	260

3 Aufnahmebedingungen

- Krankenpflegediplom (Krankenpflegeexamen) oder vergleichbares
- Abgeschlossene Arztausbildung
- Berufspraxis (unabhängig vom Fach) von mindestens 5 Jahren

4 Abschluss der Weiterbildung für den „zertifizierten Wundmanager-/in“

Die erfolgreich abgelegten Einzelprüfungen werden durch ein Lehrgangszeugnis gemäss § 57 dokumentiert.

Die Weiterbildung berechtigt zur Führung der Zusatzbezeichnung „zertifizierter Wundmanager-/in“. Der Schutz dieses Begriffes ist über das österreichische Patentrecht unter den Nummern AM 5581-2000, AM 5582-2000, AM 5583-2000 und AM 5584-2000 gesichert.

5 Organisation der Weiterbildung

Der **Basiskurs** (1. Woche - Wundmanagement) wird von DGKP Gerhard Kammerlander - Kammerlander Consulting - organisiert und durchgeführt.

Der **Weiterbildungsaufbau** (Woche 2 - 4) wird von DGKP Gerhard Kammerlander - Kammerlander Consulting - Embrach und dem Österreichischen Gesundheits- und Krankenpflegeverband - Schulungszentrum Graz - Frau Cäcilia Petek, gemeinsam geplant und durchgeführt.

6 Erste Weiterbildung 1999/2000

Der erste Weiterbildungslehrgang konnte am 12. Mai 2000 erfolgreich abgeschlossen werden. Überzeugend war während der vier Theoriewochen die Homogenität und der Esprit der gesamten Wundmanager - Gruppe.

Die Abschlussbewertungen aller Teilnehmer sowie die Rückmeldungen aus der Praxis (Stand 31.7. 2000) sind durchwegs sehr positiv. Die Vernetzung der Wundmanager-/innen innerhalb der ARGE „zertifizierter Wundmanager©“ unterstützt den interdisziplinären Zusammenhalt und Informationsaustausch.

Es werden innerhalb der ARGE jährliche Fortbildungen angeboten und durchgeführt. Das Ziel hiervon ist es, qualitätserhaltende Massnahmen zu fördern.

Alle zwei Jahre werden Informations- und Erfahrungsaustauschtage durchgeführt um die bis dahin erworbenen Praxisfähigkeiten (positiver wie negativer Natur) darzustellen und zu besprechen.

Pflege bei einem Durchgangssyndrom Denn sie wissen nicht, was sie tun

Christian VACULIK
Wien

Ein Patient in der postoperativen Phase - er kämpft nicht nur ums körperliche Überleben. Seine Psyche versucht mit Gedankengängen, die kaum nachvollziehbar sind, die vorangegangene Katastrophe zu bewältigen. Wir nennen es Durchgangssyndrom. Es erscheint uns oft unmöglich, so einen Patienten sicher durch den Krankenhausalltag zu führen.

Ein emotionelles Mißverständnis:

Ein Patient ist schwer krank, wahrscheinlich tut ihm vieles weh. Wir fügen ihm noch zusätzliche Schmerzen durch Venflons, Drainagen, zentrale Zugänge und beim Lagern zu. Manchmal ist er schutzfixiert. Es ist naheliegend, dass er Angst hat, dass seine Gefühle uns gegenüber negativ besetzt sind. Er kann nicht differenzieren, ob die Handlungen, die wir an ihm setzen, seine Situation verbessern, oder ob wir ihm nur Böses antun wollen. Zudem ist seine Gedächtnisleistung nach Narkose, Sedierung, Operation, Reanimation oder anderen somatischen Katastrophen schlecht. Er hat uns gegenüber eine negative Erwartungshaltung. Wir hingegen wollen Gutes bewirken. Wir wollen ihn gesund machen, ihn pflegen, seine körperliche und geistige Situation verbessern. Wenn wir jemandem Gutes tun, erwarten wir zumindest Akzeptanz, manchmal auch Dankbarkeit. Dazu ist der Patient nicht fähig. Wir können seine angstvollen Gedankengänge nicht nachvollziehen. Das erzeugt in uns negative Emotionen. Es entsteht ein Gefühl der Ohnmacht, manchmal auch der Wut. Es hängt nun von unserer emotionalen Intelligenz ab, wie wir diese Gefühle steuern. Schaffen wir es, unsere Gefühle in den Griff zu bekommen - den Verwirrten als Patienten zu sehen, der in seinen Emotionen gefangen ist?

Emotionale Intelligenz bedeutet Empathie, Selbstbeherrschung, emotionelle Defizite bei sich selbst erkennen. Nur wenn wir es schaffen, uns auf einer rationalen Ebene zu bewegen, können wir die Probleme des Patienten diagnostizieren und Maßnahmen dagegen setzen.

Emotion ist das Herz, es sieht nur den Augenblick. Es ist der Motor und die Bremse, gibt Bewegungsimpulse.

Ratio (Vernunft) ist der Kopf, er kann langfristig denken. Er ist die Steuerung und gibt die Bewegungsrichtung an.

Die Emotion ist keinesfalls schlecht, solange sie positiv besetzt ist. Überschießende emotionelle Reaktionen wie Zorn oder Aggression mögen entwicklungsgeschichtlich von großer Bedeutung gewesen sein. So verschaffte sich ein aggressiver, furchtloser Mensch sicherlich einen entscheidenden Vorteil, um zu überleben. In unserem Beruf ist eine solche Reaktion kontraproduktiv; sie aktiviert den Körper, nicht die Vernunft. Um Gefühle besser verstehen zu können, müssen wir uns ein wenig mit der *Anatomie der Psyche* befassen. Das *rationale* Gehirn sitzt im Neocortex, dem entwicklungsgeschichtlich jüngsten Teil des Gehirns. Das *emotionale* Gehirn befindet sich im limbischen System. Es entstand aus dem Riechhirn. Beide Teile stehen natürlich durch zahlreiche Bahnen eng miteinander in Verbindung. Bei starken emotionalen Aktivitäten (Wut, Angst) schaltet das limbische System den Neocortex aus. Sie gehen vom Mandelkern aus (Amygdala) und können positiv oder negativ gefärbt sein. Die Amygdala ist für die Erkennung von Gefühlen zuständig. Sie ist das Gefühl der Gefühle, der Speicher der emotionalen Erinnerung und für die Sinngebung von Emotionen verantwortlich. Sie kann, wenn tief getroffen, jedes rationelle Denken ausschalten. Sie wirkt wie ein neuronaler Stolperdraht des Gehirns. Ihre Funktion wurde von Joseph Le Doux entdeckt.

Der Hippocampus ist für die Assoziation zuständig. Er speichert Tatsachen und Details unseres Lebens, der Mandelkern den emotionellen Beigeschmack. „Der Bär im Zoo bedeutet etwas anderes, als ein Bär in meinem Hinterhof." Der präfrontale Cortex im Neocortex bewertet die emotionalen Reaktionen. Er ist der emotionale Manager, indem er den Mandelkern unterdrückt. Bei Alkoholikern fehlt oft dieser Mechanismus, sie sind frontal enthemmt.

Der Mandelkern entwickelt sich sehr früh und speichert emotionale Ereignisse der Prägungsphase. Oft reagieren wir auf Situationen stark emotionell, ohne uns den Grund erklären zu können. Der Hippocampus war in diesem Alter noch nicht fähig, eine erklärbare Erinnerung zu speichern. Wir können unsere Gefühle selbst nicht deuten, wir reagieren inadäquat auf eine Situation. Das passiert uns auch, wenn wir eine Situation nicht rational überdenken können. Im Alter (Minderdurchblutung, Demenz, MID) oder nach einem schweren Eingriff (Narkose, Operation, Reanimation) funktioniert der Neocortex nicht gut. Wir werden von Emotionen (Mandelkern) gesteuert. „Man weiß nicht genau was es ist, man weiß nur, dass es Angst macht." Genau in dieser Situation befinden sich viele unserer Patienten, sie können nicht rational denken. Sie haben Angst, die corticale Gedächtnisleistung ist schlecht. Die rationale Gedächtnisleistung hängt eng mit dem Neuzeitgedächtnis im Neocortex zusammen. Geht diese, wenn auch nur passager, verloren, kennt sich der Patient in der momentanen Situation nicht aus. Er ist verwirrt. Verwirrtheit, Desorientiertheit weckt ein Gefühl der Unsicherheit - der Angst. Angst ist Emotion.

Je höher das emotionelle Niveau, auf dem wir uns befinden, ist, desto weniger können wir rational denken. Je schlechter wir rational denken können, desto mehr Angst bekommen wir. Es entsteht ein Teufelskreislauf, der, unterstützt durch die an sich schon verminderte Gedächtnisleistung, in Panikattacken enden kann. Nun hängt es vom Charakter des Betroffenen ab, wie sich diese Angst äußert.

Der Charakter entsteht großteils in der Prägungsphase (Adler, von 0 - 6 Jahren; empirisch nach E. Böhm von 0 - 20 Jahren). In dieser Zeit erlernt der Mensch auch seine Copings (Überlebensmechanismen, Arten der Konfliktbewältigung). Wie diese wahrscheinlich aussehen, leitet sich vom Kulturkreis, vom sozialen Umfeld und schließlich von der Erziehung der Eltern ab. Es ist offensichtlich, dass ein Mensch, der in einem brutalen Zuhältermilieu aufgewachsen ist, andere Copings besitzt, als die wohlbehütete Dame aus aristokratischen Kreisen. Für den Menschen aus dem Zuhältermilieu ist die Konfliktbewältigung durch Aggression und körperlichen Angriff normal. Bei der aristokratischen Dame spielt Zurückhaltung und Diplomatie die führende Rolle.

Sehen wir uns nun den Aufbau der Persönlichkeit nach einem Modell von Eric Berne und Thomas A. Harris an.

Eltern Ich	All die Normen, die wir in unserer Erziehung (kulturell, sozial, Eltern) übernommen haben.
Erwachsenen Ich	Bei guter Gedächtnisleistung hat das *Erwachsenen Ich* die emotionalen Ebenen im Griff. Emotionen eliminieren das *Erwachsenen Ich* großteils.
Kindheits Ich	Der Egoismus, das Kind. Das *Kind* will haben, will ohne Rücksicht überleben. Für das *Kind* gibt es keine Wenn und Aber, keine Zugeständnisse. Es besteht größtenteils aus Gefühlen. Das Kind war damals noch nicht fähig die Eindrücke zu bewerten und klare Gedanken zu fassen.

Im „normalen Leben“ verhalten sich diese Persönlichkeitsebenen mehr oder weniger ausgewogen. Man kann Entscheidungen treffen (*Erwachsenen Ich*), man paßt sich den sozialen Strukturen an (*Eltern Ich*), und man pflegt einen gesunden Egoismus (*Kindheits Ich*).

Allfällige Unstimmigkeiten in diesem Gefüge stellen sich als Schwankungen im seelischen Gleichgewicht bzw. als Neurosen dar. Ein großer Teil der Menschen in unserem Kulturkreis kämpft mit überzeichneten negativen *Eltern Ich* - Normen, die sich in einem mehr oder weniger stark ausgeprägten Minderwertigkeitsgefühl oder einem überzeichneten Gerechtigkeitssinn ausdrücken. Wird diese Persönlichkeitsstruktur nun aber durch eine Krise beeinträchtigt, verliert als erstes das *erwachsenen Ich* an Gewicht. Wer hat sich noch nicht im Zuge eines Streites mit dem Partner emotionell so hochgeschaukelt, dass er vollkommen unvernünftige und irrationale Argumente vorgebracht hat. Völlig von seiner Gefühlswelt gesteuert, sich einen Tatbestand zusammengereimt hat, der jeder Rationalität entbehrt. Wenn wir uns nach dem Streit auf dem Boden der Tatsachen wiederfinden, wundern wir uns oft selbst über diesen Ausflug der Phantasien.

Wird nun die Neuzeitgedächtnisleistung durch eine körperliche Beeinträchtigung (cerebrale Durchblutungsstörung, MID, Narkose, Sedierung, Reanimation) drastisch vermindert, und die rationelle Ebene ausgeschaltet, bleiben der Persönlichkeit des Menschen nur mehr die beiden emotionalen Ebenen:

das *Eltern Ich* und das *Kindheits Ich*

Wir sehen bei älteren Menschen immer wieder recht eindrucksvoll, wie diese beiden Persönlichkeitsebenen in den Vordergrund treten. Das Neuzeitgedächtnis funktioniert schlecht, aktuelle Informationen können sie sich schlecht merken. Das erfüllt sie mit Unbehagen. Sie sprechen immer wieder von der „guten alten Zeit" - von ihrer Prägungsphase. Mögen die Lebensumstände damals auch noch so armselig gewesen sein. Das ist die Zeit, die im Altzeitgedächtnis gespeichert ist. Dort kennen sie sich aus. Das gibt ihnen Sicherheit. Diese Phase ist voll von *Eltern Ich* Normen. „Ein Mann im Pflegeberuf? Hätten Sie besser etwas gescheites gelernt!" Der Mann hatte einen gestandenen, eher handwerklichen Beruf. Pflegen war Frauensache - neben Kochen, Putzen, Kindern und Kirche. Man kann auch sehr gut beobachten, dass ältere Damen, deren Neuzeitgedächtnisleistung - also das *Erwachsenen Ich* - schlecht funktioniert, in ihren *Eltern Ich* - Normen wesentlich ruhiger und demütiger agieren als Männer. Das Frauenbild von „damals" schrieb „dulden, ertragen, ruhig sein" vor. Diese Verhaltensregeln wurden den Mädchen schon in der Prägungsphase vermittelt. Männer und Buben hingegen mussten sich immer schon produzieren, laut sein, sich wehren. Dieses Schema ist auch in unserer Zeit großteils noch aufrecht.

Das Frauenbild hingegen hat sich in den letzten Jahrzehnten stark verändert. Frauen sind - obwohl nicht in allen Gesellschaftsschichten - emanzipierter geworden. Sie werden von ihrem sozialen und familiären Umfeld selbstbewußter geprägt. So stoßen wir gerade bei jüngeren Frauen, die ihre rationale Ebene nach somatischen oder psychischen Krisen kurzfristig verloren haben, auf starken und lauten Widerstand bei unseren pflegerischen und therapeutischen Handlungen. Um diese Reaktionen zu verstehen und ihnen erfolgreich entgegenwirken zu können, brauchen wir viel Empathie (Einfühlungsvermögen) und Phantasie. Wir kommen nicht umhin, uns Gedanken über die Prägungsphase des Patienten zu machen.

Erwin Böhm (Oberpfleger einer gerontopsychiatrischen Abteilung des Psychiatrischen Krankenhauses auf der Baumgartner Höhe in Wien) hat diesbezüglich einen gangbaren Weg gefunden. Er erstellt von jedem seiner Patienten eine personelle Biographie die auch regionale und historische Besonderheiten beinhaltet. Damit kann er sehr gut Copings und Verhaltensmuster des Patienten aus der Prägungszeit nachvollziehen und ihnen dadurch Sicherheit geben. Bekanntes aus dem Altzeitgedächtnis gibt Sicherheit - Sicherheit nimmt Angst - weniger Angst bedeutet ein niedrigeres emotionales Niveau - eine niedrige emotionale Ebene gibt dem Neuzeitgedächtnis die Chance, wieder zu funktionieren. Da wir in den seltensten Fällen auf solch eine Biographie zurückgreifen können, müssen wir selbst Themen finden, die der Patient im Altzeitgedächtnis gespeichert hat. Oft genügt eine Frage über die Eltern, die Jugend, die Hochzeit, und der Verwirrte beginnt bereitwillig und geordnet über „damals" zu erzählen. Er begibt sich freiwillig in die Zeit, in der er sich auskennt. Hier hat er keine Angst. Verwandte oder Bekannte können natürlich auch über die Biographie des Patienten berichten. Sie sehen jedoch meist dessen Leben sehr subjektiv und ihre Angaben können oft nicht verwertet werden.

Wirklich schwierig wird diese Situation, wenn die betreuende Pflegeperson die rationale Ebenen verläßt und sich auf ein hohes emotionales Niveau begibt. Wenn wir nun dem Patienten gegenüber hochemotional begegnen, befinden wir uns annähernd auf derselben Stufe wie er. Unser rationales Denken verliert an Stellenwert, wir werden vorwiegend von Gefühlen geleitet. Dabei empfinden wir Zorn und auch Angst, der Patient könnte sich einen lebenswichtigen Zugang (Cavakatheter, Thoraxdrainage) entfernen und daran sterben. Wir würden uns dann schuldig fühlen. Es ist aber mindestens genauso gefährlich, einen Patienten auf einer hochemotionalen Ebene zu begegnen. Die Vernunft tritt dabei stark in den Hintergrund. Am Krankenbett kann dies fatale Folgen haben. Es ist daher in einem solchen Zustand enorm wichtig, den Patienten an einen Kollegen abzugeben. Wenn die betroffene Pflegeperson diese Situation nicht selbst einschätzen kann, ist es die Aufgabe des Teams, regulierend einzugreifen. Es darf nicht als Niederlage gewertet werden, einen Patienten, den man nicht mehr aushält, einem Kollegen zu überlassen. Jeder von uns hat andere Prägungsmuster, jeder hält andere Situationen schwer aus. Von dem Leitbild, dass die Schwester (der Pfleger) alles ertragen und bereinigen muss, egal wie es ihr/ihm dabei geht, haben wir uns ja hoffentlich schon entfernt. Wir können im Umgang mit dem Patienten die vielfältigen Persönlichkeitsstrukturen unserer Kollegen gut nützen.

Wie vorhin schon erwähnt, besteht das *Kindheits Ich* vorwiegend aus Gefühlen. Es sind Emotionen, die in der Kindheit reaktiv auf äußere Einflüsse entstanden sind. Wir können sie oft nicht deuten, wir wissen nur, dass sie vorhanden sind. Damals konnten wir noch keine Zusammenhänge erfassen, unsere Gefühle nicht in Worte kleiden.

Auch völlig rational denkende Menschen stolpern immer wieder über dieses Phänomen. Ein Blick, eine Geste, ein Gesicht erzeugt in uns ein Unwohlsein, läßt in uns ein schlechtes Gefühl aufkommen. Wir können es uns nicht erklären, wir wissen nur, dass eine Antipathie dem Anderen gegenüber besteht. Andererseits fühlen wir uns bei bestimmten Gerüchen, Melodien und Stimmlagen wohl. Ein Mensch oder eine Situation ist uns sympathisch. Man kann solche Momente schwer durchschauen, man lebt sein Gefühl.

Das Kind hat den genetisch einprogrammierten Drang, seinen Darm zu entleeren, wann immer es soweit ist. Es weiß, dass in den meisten Fällen dann die Mutter kommt um es zu loben und zu wickeln. Es erfährt angenehmen Körperkontakt. Das Kind hat den Drang, alles zu erkunden und kennenzulernen, auf alles mögliche draufzuhauen, überall zu ziehen und zu bohren, seine Gefühle auszudrücken und all diese angenehmen Empfindungen zu erleben, die mit Bewegung und Entdeckung zusammenhängen. Wir erkennen in dieser Beschreibung eine Vielzahl unserer Patienten wieder, die hemmungslos an ihren Dauerkathetern und zentralen Zugängen ziehen, sie verknüpfen; die ihren Stuhl ins Bett absetzten und ihn dann genüßlich mit den Händen über ihren ganzen Körper verteilen. Wird der Mensch in dieser Phase mit Eindrücken konfrontiert, die nicht in dieses Kindheitsmuster des Wohlfühlens passen, ist er irritiert. Er kann mit den tadelnden Worten des Pflegepersonals nichts anfangen, die ihn auf rationaler Ebene erklären wollen, dass dies gefährlich für ihn sei. Wie jedes Kind wird er bei nächster Gelegenheit seinem Erkundungstrieb wieder freien Lauf lassen. Wir fühlen uns gezwungen den Patienten zu fixieren. Schließlich hängt sein Leben von den zentralen Zugängen und Überwachungssystemen ab. Dabei weisen wir ihn in strengem Tonfall zurecht. Wir sprechen zu ihm, wie Eltern, die mit einem schlimmen Kind schimpfen. Wir lassen uns ins *Eltern Ich* drängen, der Patient fühlt sich in seiner Rolle als Kind bestätigt. Beide haben sich von der rationalen Ebene entfernt. Die Eltern ärgern sich über den Ungehorsam des Kindes, das Kind versteht das aggressive Verhalten der Eltern nicht. Es ist zu klein. Durch die Schutzfixation fühlt sich das Kind ungeliebt und zieht sich nach unzähligen Befreiungsversuchen entgültig zurück. Wir können dies bei Kleinkindern, die ohne Eltern im Krankenhaus bleiben müssen, gut beobachten. Nach einer Phase des Aufstandes und der Gegenwehr, werden sie apathisch und verschließen sich der Außenwelt. Oft erkennen wir diesen Zustand nicht. Wir empfinden den Patienten als angenehm und pflegeleicht. Jetzt können wir uns wieder voll und ganz der Pflege seines Körpers widmen. Er stört uns nicht mehr dabei. Auffällig in dieser Situation ist nur, dass der Patient aus unerfindlichen Gründen nicht erwacht. Die gesamte neurologische Diagnostik verläuft ergebnislos. Es gibt zahlreiche therapeutische Konzepte, Menschen aus dieser Regression zurückzuführen. Sehr brauchbare Behandlungsmethoden haben N. Feil mit der Validation, E. Böhm mit der reaktivierenden Pflege und A. Fröhlich und C. Bienstein mit der basalen Stimmulation entwickelt.

Ich will nun noch auf ein interessantes Phänomen eingehen, das wir bei hochemotionellen, angstbesetzten Menschen beobachten können. Fast alle versuchen sich in dieser Situation *psychomotorisch abzureagieren*. Jeder, der sich auf ein hohes emotionelles Niveau begibt, verspürt unweigerlich den Drang sich zu bewegen. Sei es, dass man vor Freude Luftsprünge machen möchte, man vor Sorgen im Kreis geht oder vor Schmerzen die Wände hochklettern will. Menschen, die kein anderes Coping erlernt haben, bereinigen solche hochemotinalen Spannungen mit den Fäusten. Andere wiederum reagieren ihre emotionalen Höhenflüge durch kilometerweite Waldläufe ab. Autisten die ihre Gefühle nicht verbalisieren können zeigen stundenlang immer wieder dieselben Bewegungsmuster. Auch das Militär arbeitet nach diesem Prinzip: wer körperlich ausgepumpt wird, ist kaum bereit sich von seinen Kamaraden gegen die Führung aufwiegeln zu lassen. Bewegung befreit von überschießenden Gefühlen, oder macht sie zumindest leichter erträglich. Versetzten wir uns nun in die Lage eines Patienten, der sich in einer Mischung aus Angst und verminderter Gedächtnisleistung befindet. Beides potenziert sich zu einem Zustand, der kaum zu ertragen ist. Er verspürt den Drang sich zu bewegen, sich psychomotorisch abzureagieren. Wir beschreiben dann den Patienten als unruhig bis agitiert, mit Tachycardien und Blutdruckspitzen.

Was können wir nun wirklich tun, wenn wir einen angstbesetzten, verwirrten Menschen im Durchgangssyndrom vor uns haben? Ich wage zu behaupten, dass auch bei jungen Menschen im Durchgangssyndrom die altbewährten Konzepte aus der Geriatrie mit gutem Erfolg angewandt werden können. Es handelt sich beim Durchgangssyndrom, ähnlich wie bei der cerebralen Insuffizienz im Alter, um eine Minderleistung des Neuzeitgedächtnis mit ganz ähnlichen Verhaltensauffälligkeiten. Der Unterschied liegt lediglich darin, dass diese beim Durchgangssyndrom nur passager auftreten. Ich habe nun die Strategien der *Validation* von Frau *Naomi Feil* bei Patienten mit Durchgangssyndrom ausprobiert (siehe Anhang). Die Praxis zeigt, dass dieses Konzept ausgezeichnet funktioniert. Man braucht dabei viel Geduld, Willenskraft und natürlich auch Zeit. Ob wir uns diese Zeit nehmen und vielleicht auf andere, nicht berufsspezifische Tätigkeiten im Stationsalltag verzichten, liegt in unseren Händen.

Anhang

VALIDATIONSTECHNIKEN nach Naomi Feil

Zusammengefaßt von Andrea Vaculik-Meinhardt

Vor Anwendung einer der Techniken sollte man den Patienten durch genaue Beobachtung einem der *vier Stadien der Verwirrtheit* zuordnen:
I - mangelhafte oder unglückliche Orientierung (Beschuldigter/Märtyrer)
II - Zeitverwirrtheit
III - sich wiederholende Bewegungen
IV - Vegetieren/vor sich hindämmern

Technik 1 – Stadium I und II

Verwenden Sie eindeutige, nicht wertende Wörter, um Vertrauen herzustellen. Menschen die gerade ihr Leben aufarbeiten, wollen ihre Gefühle nicht verstehen. Sie interessieren sich nicht für ihr momentanes Verhalten. Wenn man sie mit ihren Gefühlen konfrontiert, ziehen sie sich zurück. Die Pflegende sollte Tatsachenfragen stellen -*wer, was, wann, wie und wo?* Die Frage *warum?* Sollte auf jeden Fall vermieden werden.

Technik 2 – Stadium I und II

Wiederholen

Für verwirrte Menschen ist es oft ein Trost, ihre Worte noch einmal von anderen zu hören. Wiederholen bedeutet, dass die Pflegeperson den Sinn dessen, was der Patient gesagt hat, noch einmal sagt und dabei möglichst die gleichen Schlüsselwörter verwendet. Auch auf den Klang der Stimme, die Sprachmelodie und die Geschwindigkeit des Gesagten sollte eingegangen werden.

Technik 3 – Stadium I und II

Extreme einsetzen

Man fordert die Person nach einer vorgebrachten Beschwerde auf, an die schlimmste Möglichkeit zu denken. Der Patient drückt jetzt dadurch seine Gefühle intensiver aus und empfindet dadurch Erleichterung. (z.B. Beschwerde über Essen - Frage der Pflegenden: „Ist das das schlechteste Essen, welches sie jemals gegessen haben?" Da der Patient nun seinen Ärger ablassen kann, hilft man ihm seinen Frust und die Angst zu verkleinern, die eigentlich seinem locker werdenden Gebiß galt).

Technik 4 - Stadium I

Sich das Gegenteil vorstellen

Dies führt oft dazu, dass man sich an eine bereits bekannte Lösung des jeweiligen Problems erinnert. Voraussetzung ist, der alte Mensch vertraut der Pflegenden. *Beispiel*: Eine Frau beklagt sich, dass jede Nacht ein Mann in ihrem Zimmer ist. Um sie zu validieren fragt die Pflegeperson sie, ob sie sich an Zeiten erinnern könne, da der Mann nicht gekommen sei. „Mein Gott ja! Jetzt wo ich daran denke! Als sie mich letzte Nacht besuchten, ist er nicht in mein Zimmer gekommen. Aber sobald sie weg waren, war er wieder da." Die Pflegende wiederholt diese Worte: „Sie meinen dieser Mann kommt immer dann wenn Sie alleine sind? Wenn ich bei Ihnen bleiben würde, würde er nicht kommen?" Patient: „Wissen Sie, ich war in meinem Leben nie alleine. Mein Mann war immer bei mir - es war schrecklich, als er starb". - „Was haben Sie gemacht, als er tot war?" Indem sie die Frau dazu bringt, an eine Situation zu denken, in der dieser Mann nicht auftauchte, hilft ihr die Pflegeperson, sich daran zu erinnern, wie sie mit einer ähnlichen Lage früher im Leben fertig geworden ist.

Technik 5 - Stadium I

Erinnern

Das Erforschen der Vergangenheit führt dazu, dass man bereits bekannte Methoden zur Lösung eines Problems wieder einsetzt. Wenn man Worte wie *„immer"* oder *„nie"* verwendet, weckt man damit möglicherweise frühere Erinnerungen. Beispiel: „War es immer schon so, dass sie schwer schlafen konnten - auch als noch zu Hause waren?" Man hilft frühere Lösungsmöglichkeiten zu finden. Technik 4 und 5 werden gemeinsam angewendet - sie helfen den Verwirrten, alte Methoden zum Streßabbau wieder zu verwenden.

Technik 6 - Stadium II und II

Ehrlichen, engen Augenkontakt halten

Menschen, im *Stadium der Zeitverwirrtheit* und *der sich wiederholenden Bewegungen* fühlen sich geliebt und sicher, wenn ihnen die Pflegende durch tiefen Augenkontakt Anteilnahme vermittelt. Sogar Menschen die nicht mehr so gut sehen, können es fühlen, wenn man ihnen tief in die Augen blickt. Leute, die das Zeitgefühl verloren haben und herumwandern, ständig auf der Suche nach einem Elternteil sind, der sich um sie kümmert, hören oft mit dem Herumwandern auf, wenn eine Pflegende ihnen in die Augen sieht. Aus der Validierenden wird ein Elternteil, der sich um sie kümmert und der *zeitverwirrte* Mensch fühlt sich sicher und geliebt.

Technik 7 – Stadium II und III

Mehrdeutigkeit - setzen Sie unbestimmte Fürwörter ein, die mehrere Lösungen zulassen

Zeitverwirrte Menschen verwenden oft Wörter die für andere keinen Sinn ergeben. Läßt die Pflegende aber Mehrdeutigkeit zu, kann man oft auch mit diesen Menschen kommunizieren, auch wenn man gar nicht versteht, was sie sagen. Beispiel: „Diese Katagänge tun mir furchtbar weh!" Die Pflegeperson reagiert: „Wo tun *sie* weh?"- Das unbekannte Wort wird durch „*sie*" ersetzt. Ein zeitverwirrter Patient kann dem Validierenden auch anvertrauen: „Ich drodle mit den Wummsern". Darauf könnte man antworten „War *es* lustig ? Haben *sie* irgend etwas gesagt?" Die Worte - *er, sie, es, jemand und etwas* - ersetzen jene Wörter, die man nicht im Wörterbuch findet. Die *Zeitverwirrten* können sich aber weiterhin mitteilen und man verhindert einen Rückzug in das Vegetieren, in den Dämmerzustand.

Technik 8 – Stadium II und III

Klar, sanft und liebevoll sprechen

Ungeduldiges oder unfreundliches Sprechen führt bei Verwirrten oft dazu, dass sie zornig werden oder sich zurückziehen. Hohe sanfte Klänge sind wiederum für ältere Menschen schwer zu hören. Es ist wirklich wichtig, dass man mit einer klaren, sanften und liebevollen Stimme spricht. Oft führt eine solche Stimme eben dazu, dass Erinnerungen an eine geliebte Person wieder wach werden. Sie hilft auch dabei, Streß abzubauen.

Technik 9 – Stadium II und III

Beobachten - die Bewegungen und Gefühle der Person spiegeln

Personen die sich im Stadium II oder III befinden, teilen die Gefühle oft ohne jede Hemmung mit. Um mit ihnen in Verbindung zu treten, ist es wichtig, ihre typischen körperlichen Merkmale zu kennen und auch die Art, wie sie sich bewegen. Damit sie ihre Körperhaltung genau nachahmen können, müssen Pflegende folgende Einzelheiten genau betrachten: die Augen, die Gesichtsmuskeln, die Atmung, Veränderungen der Hautfarbe, das Kinn, die Unterlippe, die Hände, den Bauch, wie sie im Stuhl sitzen, wo sie die Füße haben und den allgemeinen Zustand der Muskeln. Wenn die Person, die validiert wird, auf und ab geht - geht auch die Pflegeperson auf und ab. Bei heftigem Atmen, atmet auch die Pflegeperson heftig.

Wenn das mit Anteilnahme gemacht wird, kann *das Spiegeln* sehr viel dazu beitragen, Vertrauen aufzubauen. Es ermöglicht den Pflegenden erstens, die Gefühlswelt von *zeitverwirrten* Personen zu betreten, und zweitens eine wortlose Beziehung, eine Beziehung die ohne Worte auskommt, herzustellen. *Das Spiegeln* der manchmal sehr merkwürdigen Bewegungen kann für viele zu einer aufwühlenden Erfahrung werden. Nicht alle Pflegende setzen daher diese Technik ein. Nur Personen, die wirklich den Willen dazu haben, die Welt eines Patienten zu betreten, der sich im *Stadium der sich wiederholenden Bewegungen* befindet, sollen diese Technik wagen. Manchmal kommt es vor, dass durch dieses Spiegeln Personen nach Monaten wieder zu Sprechen beginnen und, dass sie sich ihrer Umgebung wieder bewußter werden.

Technik 10 – Stadium II und III

Setzen sie das Verhalten in Beziehung zu jenem menschlichen Grundbedürfnis, das nicht erfüllt wird

Alle Menschen haben das Bedürfnis, geliebt und umsorgt zu werden, tätig und nützlich zu sein und ihre tiefen Gefühle jemandem mitzuteilen, der mit Anteilnahme zuhört. Liebevoll faltet eine Frau eine Papierserviette. Sie streichelt jede Unebenheit glatt und faltet die Serviette so, dass die Kanten genau übereinander liegen. Alles hat seine feinste Ordnung. Eine Person, die nichts von Validation versteht, nimmt ihr die Serviette aus der Hand und öffnet sie wieder. Daraufhin fängt die alte Frau an zu schreien, so laut sie kann: „Hilfe! Hilfe!“ Eine Validierende wird diese Frau jetzt nicht mit einem Medikament beruhigen oder gar festbinden, sondern wird ihr die Serviette wiedergeben. Zusammen werden sie die Serviette noch einmal ebenso sorgfältig falten, sie werden jede Unebenheit wieder glätten. „Fühlen sie sich dadurch sicher und warm?“ fragt die Pflegeperson. Die Frau lächelt. Sie streichelt die Serviette und stöhnt: „Mama, Mama, Mama. Ich liebe dich!“ Irgendwie ist die Serviette für die Frau zu ihrer sanften, liebevollen Mutter geworden. Der Pflegende verbindet das Falten mit dem menschlichen Bedürfnis nach Liebe. Wenn Leute schlagen, auf- und abgehen, reiben oder klopfen, kann eine validierende Pflegeperson diese Arten von Verhalten einem der drei menschlichen Grundbedürfnissen zuordnen. Es sind dies das Bedürfnis nach Liebe, das Bedürfnis nützlich zu sein (Wiederaufnehmen von Bewegungen, die mit der Arbeit verbunden sind) und das Bedürfnis eigene Gefühle auszudrücken.

Technik 11 – Stadium I und II

Das bevorzugte Sinnesorgan erkennen und einsetzen

Viele Leute bevorzugen ein Sinnesorgan. Für manche sind das sie Augen, für andere der Geruchsinn, wieder für andere ist es vielleicht der Tastsinn. Wenn man das bevorzugte Sinnesorgan eines Menschen kennt, kann man leichter Vertrauen aufbauen, weil es einem hilft, die Sprache dieser Person zu sprechen, ihre Welt zu betreten. Um herauszufinden, welches Sinnesorgan jemand bevorzugt, muss man genau zuhören und beobachten. Man soll versuchen, einen Schlüssel zu dem zu finden, was die Person sagt oder versucht zu sagen. Eine Möglichkeit es herauszufinden, besteht darin, die Person zu bitten, dass sie an eine Begebenheit in der Vergangenheit denkt und sie beschreibt. Oft enthüllt bereits der erste Satz, den die Person äußert, das bevorzugte Sinnesorgan.

Eine Frau äußert: "Es war wundervoll, wir konnten die Spitzen der Bäume sehen!“ Diese Frau bevorzugt sehr wahrscheinlich ihre Augen und es kann sein, dass sie auf Wörter reagiert, die das Sehen beschreiben. Andere reagieren eher auf Klänge oder Berührung und bevorzugen daher eher Wörter, die mit dem Hören zu tun haben z.B. „das klingt schlecht“ oder „ich habe es genau gehört“ oder „seine Stimme war grausam“.

Beispiele für den Tast- oder Spürsinn könnten so lauten: „ich spüre was“ oder „das hat mich hart getroffen“. Um Vertrauen aufzubauen sollten Pflegeperson möglichst solche Wörter verwenden, die das bevorzugte Sinnesorgan des Patienten ansprechen.

Technik 12 – Stadium II, III und IV

Berühren

Berühren ist eine Technik die für Leute, die *unglücklich orientiert* sind, nicht geeignet ist. Sie hilft aber oft bei *zeitverwirrten* Personen. *Zeitverwirrte Menschen* haben ihre „Rüstung“ verloren, sie können nicht mehr gut sehen und hören. Dadurch bekommen sie über diese Organe auch keine Anreize mehr, keine Informationen. Sie haben aber das Bedürfnis, die Gegenwart eines anderen Menschen zu spüren. Sie haben auch keinen Begriff mehr von der Uhrzeit und sind oft nicht mehr in der Lage, Personen zu erkennen. Sie unterscheiden nicht mehr zwischen den Personen, die sie ihr Leben lang gekannt haben und solchen, die sie noch nie zuvor gesehen haben. Da *zeitverwirrte Personen* Fremde in ihre Welt einbauen, kann auch eine validierende Pflegeperson für sie zu einem geliebten Menschen aus der Vergangenheit werden.

Personen *im Stadium III* wissen nicht mehr, wo sie sind. Sie sind eingekapselt in ihrem eigenen Raum. Um mit ihnen zu kommunizieren, müssen Pflegende in ihre Welt eintreten und sie so berühren, wie sie von einer geliebten Person berührt worden sind. Feil meint, dass angenehme Erinnerungen an die frühe Kindheit oft durch eine Berührung wieder auftauchen. Mit Menschen *im Stadium III* kann eine validierende Pflegeperson manchmal sofort eine innige Beziehung aufbauen, wenn sie folgende Techniken einsetzt:

- mit den Fingerspitzen leicht oben an der Wange kreisen
- mit dem Fingerspitzen leicht kreisen und dabei sanft auf den Hinterkopf drücken
- die kleinen Finger an die Ohrläppchen legen und dann mit der Hand langsam und sanft vom Kinn bis zum Genick streichen
- mit den Fingerknöcheln beider Hände am Genick leicht kreisen
- mit beiden Händen die Schultern und den oberen Teil des Rückens reiben
- die Waden leicht mit den Fingerspitzen berühren.

Eine andere Person zu berühren ist etwas sehr intimes und man sollte immer berücksichtigen, dass manche Personen nicht berührt werden wollen. Eine Pflegeperson sollte jedes Zeichen von Widerstand gegen körperlichen Kontakt auch so auslegen lernen. Man muss den persönlichen Raum eines Menschen immer respektieren - auch wenn er verwirrt ist.

Technik 13 - Stadium II, III und IV

Musik einsetzen

Wenn die Wörter verschwinden, kehren gut bekannte, früh gelernte Melodien wieder zurück. Etwas, das man früh gelernt und sich immer wieder eingeprägt hat, bleibt für immer im Gehirn gespeichert. Leute, die im Stadium III sind, können zwar nicht mehr sprechen, aber die können manchmal sehr gut ein Gute-Nacht-Lied vom Anfang bis zum Ende singen. Ein alter Mensch erkennt zwar seine Familie nicht mehr, er weiß auch den Titel des Liedes nicht, aber er singt jedes Wort des Textes eines ihm aus der Kindheit bekannten Liedes. Die Familie kann auf diesem Weg mit ihm kommunizieren. Weil der Alte nicht mehr sprechen kann, singt man eben mit ihm. Auch hier sprechen Leute in diesem Stadium manchmal ein paar Worte, nachdem sie ein bekanntes Lied gesungen haben. Musik gibt Menschen im zweiten und dritten Stadium Energie.

Literatur

Böhm, E. (1999): Psychobiographisches Pflegemodell nach Böhm. Verlag Wilhelm Maudrich, Wien.

Feil, N. (1993): Ausbruch in die Menschenwürde. Health Professions Press, Baltimore.

Goleman, D. (1997): Emotionale Intelligenz. Deutscher Taschenbuch Verlag, München.

Harris, T.A. (1975): Ich bin o.k. Du bist o.k.. Rowohlt Taschenbuch Verlag, Reinbek.

Psychotherapeutische Beratung und Unterstützung pflegender Angehöriger

Doris FASTENBAUER
Wien

1 Einleitung

Wo früher häufig der Trend war ältere Menschen in Pflegeheimen unterzubringen (ohne den Versuch der Rehabilitation zu machen), geht seit einigen Jahren der Trend in die entgegengesetzte Richtung. Aus finanziellen Gründen werden ältere Patienten so schnell wie möglich aus dem Spital nach Hause entlassen, entsprechende Rehabilitation gibt es nicht aureichend. Oft müssen dann Angehörige die Betreuung übernehmen, ohne entsprechend darauf vorbereitet zu sein und auch ohne entsprechendes Wissen über die Erkrankung und den weiteren möglichen Krankheitsverlauf. Häufig sind es Frauen, die die Pflege der Angehörigen übernehmen und dadurch zu einer ungeplanten Lebensänderung gezwungen werden. Laut deutschen Untersuchungen, deren Werte auch für Österreich gelten dürften, zeigt sich, dass ca. 80 % der Pflegenden Frauen sind und ca. 20 % Männer. Pflege ist also Frauensache!

Die Hälfte der pflegenden Frauen sind zwischen 40 und 60 Jahren. Das kann zu finanziellen Einbußen führen, aber auch zur Verringerung der Altersversorgung. Denn trotz Einführung der Möglichkeit der Weiterversicherung, stehen pflegende Frauen im Alter schlechter da, als voll berufstätige Frauen, besonders wenn sie Kinder groß gezogen haben. Außerdem werden Frauen, die Angehörige pflegen durch die neueste Pensionsreform noch stärker sozial und finanziell benachteiligt. Wir sollten uns hier besonders überlegen, wie die Gesellschaft mit Frauen umgeht, die sich einerseits der Pflege und Erziehung der Kinder, anderseits der Pflege von älteren Menschen widmen, bevor verwundert gefragt wird, warum immer weniger Frauen dazu bereit sind.

Niemals zuvor in der Geschichte der Menschheit wurden von so vielen Menschen über einen derart langen Zeitraum freiwillig Pflegebedürftige betreut. In Zukunft wird die Nachfrage nach häuslicher Pflege noch erheblich wachsen.

Dafür gibt es verschiedene Ursachen:

- die stark zunehmende Zahl Älterer, besonders Hochbetagter
- Verlagerung von stationärer Pflege zu häuslicher Pflege (durch Reduzierung der Zahl von Krankenhaus- und Pflegebetten sowie Verkürzung der Aufenthaltsdauer, Rückgang der Pflegeplätze in Pflegeheimen)
- verstärkte Einsparungen im Gesundheitsbereich
- steigende Anzahl von Ehescheidungen, auch unter Älteren
- kleinere Familien
- entferntes Wohnen der Kinder
- mehr Alleinlebende (Singles)
- eine längere Lebenserwartung, wodurch die Zahl Älterer mit einer chronischen Krankheit wie Rheuma, Krebs oder Morbus Alzheimer zunimmt
- Zunehmende Berufstätigkeit von Frauen, für die die Pflege von Angehörigen nicht mehr selbstverständlich ist.

Ein besonderes Problem ist, dass pflegende Angehörige oft „hineinrutschen", ohne zu wissen, was sie erwartet. Am Anfang sind es nur wenige Stunden, zum Beispiel beim Einkaufen helfen, dann kann es langsam unmerklich immer mehr werden, und irgendwann kann der pflegende Angehörige in einer Zwickmühle sein.

Soll die pflegende Angehörige, meistens eine Frau, ihre eigene berufliche Arbeit reduzieren? Aber „wer kümmert sich sonst", und „sie kennt sich ja am Besten aus, was die Mutter braucht", und außerdem „die Mutter will ja niemanden Fremden und sie vertraut ja niemandem, außer der Tochter". „Ja und die Brüder haben kaum Zeit, die müssen ja eine Familie erhalten" usw. Langfristig kann das aber zur Aufgabe der beruflichen Tätigkeit führen, was nicht nur zu finanziellen Einbußen und zu eigener Abhängigkeit führen kann, sondern auch zu sozialer Isolierung und Einsamkeit.

Wenn die Belastung für pflegende Angehörige zu groß wird und sie sich keine Hilfe organisieren können (z.B: aus Scham oder Schuldgefühlen), haben wir es mit weiteren (potentiellen) PatientInnen zu tun, die häufig selbst psychische und körperliche Beschwerden aufweisen. Häufige Symptome können Depression, Schlaflosigkeit, Kopfschmerz, Magen- und Darmbeschwerden sein.

Laut einer kürzlich durchgeführten Studie, sollen 46 % der pflegenden Angehörigen an Depressionen leiden. Diese Zahlen machen deutlich, dass pflegende Angehörige also selbst „potentielle" PatientInnen sind.

Helfer, die mit hilfsbedürftigen Älteren in Kontakt kommen, sollten deswegen ihr Augenmerk sowohl auf den Patienten als auch auf sein Umfeld richten. Um zu verhindern, dass der pflegende Angehörige unter der Last einer zu großen oder zu lang anhaltenden Belastung zusammenbricht, mit der Folge, dass die ganze Pflege eine professionelle Angelegenheit wird. Ein weiterer wichtiger Grund, warum professionelle Helfer (z.B. PsychotherapeutInnen) pflegenden Angehörigen genügend Aufmerksamkeit schenken sollten, besteht darin, dass der körperliche und psychische Zustand des zu betreuenden älteren Menschen auch im hohen Maße von der körperlichen und psychischen Verfassung des pflegenden Angehörigen abhängt. Achtung, Gewalt gegen ältere Menschen kann durch psychische und physische Überforderung des pflegenden Angehörigen ausgelöst werden.

2 Was sind Motive für die Pflege?

Nur ein kleiner Teil der pflegenden Angehörigen gibt an, die Entscheidung sehr bewußt getroffen zu haben. Ca. 75 Prozent der pflegenden Töchter bzw. Schwiegertöchter sind unmerklich zu unvorbereiteten Pflegepersonen geworden.

Das hängt häufig mit dem schleichenden Charakter der Krankheit des hilfsbedürftigen Angehörigen zusammen. Man kann dann so Aussagen hören, wie „Es ist einfach so passiert“ oder „Erst im nachhinein wurde mir klar, auf was ich mich da eingelassen habe“ oder aber auch „Ich hatte keine Wahl“. Andere erklären auf die entsprechende Frage, es aus Pflichtbewußtsein getan zu haben. Oder es gab eben keine andere Wahl.

Ca. 25 Prozent der pflegenden Angehörigen möchten die Pflege gar nicht machen, fühlen sich aber moralisch verpflichtet.

Diese pflegenden Angehörigen waren dem moralischen Druck des hilfsbedürftigen Angehörigen oder anderer aus dem unmittelbaren Umfeld nicht gewachsen.

Der gesellschaftliche Druck spielt eine enorme Rolle: Wie kann man den Partner überhaupt ins Heim geben? (Ob die Ehefrau den Partner noch versorgen kann, wird dann kaum nachgefragt. Oder kann die Ehefrau den Partner überhaupt noch aufheben, wenn er fällt?)

Beispiel: Eine Frau wird von ihren langjährigen Freundinnen gemieden, weil sie ihren an „Alzheimer“ erkrankten Ehemann ins Altersheim gibt. (Die Ehe war sehr schlecht gewesen und alle Freundinnen der Frau hatten von seinen wechselnden Damenbekanntschaften gewußt.)

Für viele Angehörige sind Liebe und Zuneigung der wichtigste Beweggrund für die Pflege. Aber meistens gibt es mehrere Motive: Es kann auch ein ungeliebter Arbeitsplatz sein, und der/die Angehörige ist froh nicht mehr außer Haus arbeiten zu müssen. Es können auch Schuldgefühle sein z.B: gegenüber den Eltern. Viele unbewußte Gründe können den Pflegenden zur Übernahme einer Pflege bewegen. Wenn der/die BetreuerIn nicht wenigstens ein positives Gefühl nennen kann, wird es sehr schwierig sein die Pflege durchzustehen bzw. den Betreuten gut zu pflegen. Wenn die Motive positiv sind („Liebe, Zuneigung“), ist der/

die BetreuerIn oft besser und länger in der Lage zu pflegen. Gleichzeitig besteht die Gefahr, zu weit zu gehen und die Grenzen der psychischen und körperlichen Möglichkeiten zu überschreiten. Wenn negative Gefühle dominieren, ist die Gefahr von körperlichen und/oder psychischen Mißhandlungen besonders groß, wie z.B. Schlagen, Verwahrlosen und/oder psychisch Quälen. Dann kann die Aufnahme in ein Heim die beste Lösung sein. (Es kann z.B. auch zur Umkehr der Machtverhältnisse kommen: Stark dominierender Ehemann wird dement und zum Pflegefall, jetzt hat die Ehefrau plötzlich die Macht. Jetzt kann sie sich rächen.) Die Mehrheit der Pflegepersonen möchte pflegen und macht es auch gerne. Sie leiten daraus Befriedigung und Freude ab. Mancher Betreuer erlebt die Pflege auch als ein Zurückgeben für frühere Zuwendungen durch den Vater oder die Mutter.

3 Aber was erschwert die Pflege?

Es gibt Faktoren, die für die Pflege erleichternd oder erschwerend wirken können. Das können u.a. die *Art der Krankheit* sein. Für Angehörige sind Krankheiten mit geistiger Beeinträchtigung schwerer zu ertragen als mit körperlichen Einschränkungen. Aber auch *lästiges Verhalten* des Patienten kann schwer erträglich sein. Die *Persönlichkeit und Stimmung des hilfsbedürftigen Älteren* kann die Betreuung unerträglich machen, wenn nur genörgelt und gefordert wird. *Emotionale Unterstützung* kann oft unterstützender sein, als aktive Hilfe. *Kritik von anderen Angehörigen* kann pflegende Angehörige dagegen schwer beeinträchtigen, zu Kränkungen führen, die u.a. psychosomatische Beschwerden oder Depressionen auslösen bzw. verstärken. Die *frühere Beziehung* (vor Ausbruch der Krankheit) zu dem kranken Angehörigen kann starken Einfluß auf die Pflegebeziehung haben, da alte Konflikte wieder aktuell werden können und zu schwer lösbaren Krisen führen können (hier wäre psychotherapeutische Unterstützung besonders wichtig). *Informationen und Kontakte* zu anderen Betroffenen können entlastend sein, besonders sollen hier Selbsthilfe-Gruppen erwähnt werden. Der *Grad des Fortschreitens der Krankheit* oft besonders belastend.

4 Verschiedene Merkmale, die auch die Belastbarkeit beeinflussen können

Geschlecht: Männer können mehr Unterstützung und gesellschaftliche Anerkennung erwarten. Von Frauen wird erwartet, dass sie gut pflegen und ein Gelingen der Pflege als selbstverständlich angenommen.

Gesundheit: Ein Angehöriger kann sich zwar zur Pflege verpflichtet fühlen, aber durch eigene Erkrankung stark überfordert sein. Je gesünder jemand ist, desto besser können die körperlichen und psychischen Belastungen ertragen werden.

Informationen über die Diagnose und die Krankheit: Je besser die Information, desto besser kann das Verhalten eines Patienten verstanden werden.

Andere Verpflichtungen: Erziehung und Verantwortung für noch minderjährige Kinder oder noch andere pflegerische Verpflichtungen (zusätzlich zu pflegenden Eltern bzw. Schwiegereltern kann ein erkrankter Ehepartner dazukommen.)

Grad der Intimität: Die Intimpflege kann bei einem Vater für eine Tochter unerträglich sein, aber auch für den zu Pflegenden. Hier sollte unbedingt professionelle Hilfe durch ambulante Pflegedienste angefordert werden.

Weitere mögliche Einflußfaktoren können *intakte oder gestörte Familienverhältnisse,* aber auch die *Wohnverhältnisse* sein.

5 Zusammenfassung, wie pflegende Angehörige unterstützt werden können, wenn sie es wünschen

Pflegende Angehörige geben immer wieder an, dass sich kaum jemand um ihre Bedürfnisse und Probleme kümmert, weder Politiker, Arbeitgeber, Helfer und nicht pflegende Angehörige.

Wichtig wäre es für pflegende Angehörige, jemanden zu haben, (z.B. einen Psychotherapeuten) mit dem sie z.B. über die eigenen Gefühle der zu pflegenden Person gegenüber sprechen könnten, über ihre Zukunftsängste, oder die Probleme mit der Rollenverschiebung („Früher hat meine Mutter mir immer geholfen, jetzt fühle ich mich als Mutter meiner Mutter"). Aber auch über die eigene Erschöpfung, vielleicht auch mangelnde Dankbarkeit, mangelnde Unterstützung und vielleicht auch Enttäuschung über den zu pflegenden Elternteil.

Informationen über Selbsthilfegruppen wären wichtig, aber auch über Besuchsdienste und verschiedene Hilfsdienste, um die pflegende Angehörige stundenweise zu entlasten oder vielleicht Wochenende manchmal frei zu sein. Informationen über Pflegeheime, oder andere Institutionen, Versorgungsnetze und andere Informationen können unterstützend wirken.

Angehörige müssen lernen für sich selbst zu sorgen. Wichtig ist auch emotionale Unterstützung.

5.1 Wichtige Rechte pflegender Angehöriger

1. Anerkennung und Wertschätzung
2. Anerkennung der eigenen Bedürfnisse

3. Unterstützende Einrichtungen
4. Gelegenheit und Möglichkeiten auszuspannen
5. Praktische Hilfe zur Erleichterung der Pflegeaufgaben
6. Eine Person, mit der über eigene Bedürfnisse gesprochen werden kann
7. Informationen über verfügbare Unterstützungen und Einrichtungen
8. Alternativen zur Pflege
9. Soziale Absicherung und menschenwürdige Pensionsansprüche
10. Keine finanzielle und soziale Benachteiligung durch die Pflegeleistung

Literatur

Iveson, Ch. (1993): Whose Life? Community Care of Older People and their Families. BT Press, London.

Mayer, K.U.; Baltes, P.B. (Hrsg.)(1999): Die Berliner Altersstudie. 2. Aufl., Akademie Verlag, Berlin.

Terry, P. (1997): Counselling the Elderly and their Carers. Mac Millan Press, London.

Gesundheitsberatung, Raucherentwöhnung Nichtraucherseminare nach der Methode von Allen Carr

ERICH KELLERMANN
SPIELBERG

Vorab möchte ich Ihnen ein wenig über Allen Carr erzählen. Allen Carr gilt im englisch sprachigen Bereich als der Experte was die Raucherentwöhnung betrifft. Sein Buch ist ein Bestseller und seine Kurse sind weltweit Wochen im Voraus ausgebucht. Die Kurse gibt es mittlerweile seit über 18 Jahren und wir hatten international ca. 50000 Kursteilnehmer. In Österreich, wo die Kurse seit 1998 stattfinden, haben wir schon über 2000 Kursteilnehmer gehabt. Eine steigende Tendenz bei unserer Kursteilnehmerzahl ist zu beobachten. Die meisten Raucher, die zu seinen oder zu meinen Seminaren kommen, kennen jemanden oder haben von jemanden gehört, dass es leicht ist mit der Methode von Allen Car sich das Rauchen abzugewöhnen.

Auch mir als ehemaliger Raucher ist es gelungen, mit dieser Methode mit dem Rauchen aufzuhören und ich kann bestätigen, dass diese Methode sehr effektiv ist, das es leicht ist, ja das es sogar Spaß macht sich das Rauchen abzugewöhnen. Es ist ein Hochgefühl das seines Gleichen sucht. Endlich frei zu sein! Allen Carr rauchte selbst bis zu 100 Zigaretten täglich aber mindestens 60 Zigaretten jeden Tag. Und er genoß das Rauchen absolut nicht. Denn wenn man jeden Tag 60 Zigaretten und mehr Raucht dann verliert sich die Illusion des Genießens sehr schnell. Das Rauchen ist eine lästige Angewohnheit wo man jeden Tag 20-40-60 mal etwas tut ohne genau zu wissen warum.

Stellen Sie sich das ganze Rauchen als eine gemeine ausgeklügelte Falle vor, in die wir schon als Jugendliche gelockt werden. Und dann verbringen wir den Rest unseres Lebens damit, unseren Kopf in den Sand zu stecken oder versuchen unzählige Male, es aufzugeben. Die Umstände, unter denen wir unsere erste Zigarette rauchen, sind zwar bei jedem Raucher verschieden, aber die Art und Weise, wie wir hinein getappt sind, ist bei jedem Raucher gleich. Denn *niemand* entscheidet bei seiner ersten Zigarette, ein lebenslanger Raucher zu werden.

Wir probieren einige wenige Zigaretten, und die schmecken grauenhaft. Doch ehe wir uns versehen, kaufen wir uns nicht nur selbst welche, sondern wir geraten sogar in Panik wenn wir merken, dass uns abends plötzlich die Zigaretten ausgehen. Natürlich dauert es eine Weile, bis man erkennt, dass man in einer Falle sitzt.

Jeder unserer Trainer war selbst einmal starker Raucher, der mit dieser Methode zum Rauchen aufgehört hat. Ein Trainer, der nie geraucht hat, könnte schnell die Glaubwürdigkeit gegenüber dem Raucher verlieren und einen Raucher vielleicht mißverstehen, wenn er z.B. sagt: „die erste am Morgen tut so richtig gut" oder „die zum Kaffee" oder „beim Telefonieren" oder „nach dem Sex" oder „in einer geselligen Runde" usw. So habe auch ich knapp 20 Jahre geraucht und die letzten 5 Jahre sogar mindestens 40 Zigaretten täglich und wenn es abends später wurde entsprechend mehr. Ich kann daher mit Sicherheit und glaubwürdig sagen: „Ich kenne auch jede einzelne, angeblich so gut schmeckende Zigarette".

Sollten Sie übrigens Angst haben, dass das Leben ohne Zigaretten nicht mehr lebenswert sein wird, vergessen Sie den Gedanken gleich wieder, denn wenn Ihr Körper erst mal nicht mehr nach Nikotin verlangt, und noch wichtiger, wenn die Gehirnwäsche, die dazu gehört, erst mal aufgehört hat, und hier meine ich diesen Glauben, dass Sie das Leben ohne Zigarette nicht genießen können oder es ohne Zigaretten nicht mehr lebenswert sei, wenn das alles erst mal weg ist, dann werden Sie nicht nur genauso glücklich sein wie jetzt, nein, noch viel glücklicher. Ich meine nicht nur, dass Sie reicher und gesünder sein werden, ich meine, dass Sie die Zigaretten nicht vermissen werden, das Leben mehr genießen werden, denn Sie werden sich sowohl körperlich als auch geistig stärker fühlen. Die schönen Seiten des Lebens werden noch schöner und die Tiefen werden nicht mehr ganz so tief erscheinen.

Die wundervolle Wahrheit ist, es ist ganz einfach mit dem Rauchen aufzuhören, wenn Sie wissen, wie es geht. Raucher zu sein ist wie sich in einem Labyrinth verlaufen zu haben. Sie sind mit 12 -15 - 18 - oder 25 Jahren mal hinein getappt und finden einfach nicht mehr hinaus. Was wir tun ist: wir führen Sie in unserem Seminar ganz langsam und vorsichtig hinaus. Bis an den Ausgang.

Die Methode von Allen Carr funktioniert bei jedem Raucher. Unsere aktuelle Erfolgsquote liegt bei über 90% (basierend auf der Geld zurück Garantie) und das beinhaltet auch Raucher, die schwer zu heilen sind. Mir ist natürlich klar, dass Sie sich jetzt vielleicht denken „zu denen gehöre ich oder meine Patienten auch". Machen Sie sich nichts daraus, das dachte ich mir auch, jeder Raucher denkt das von sich. Aber es ist auch bei Ihnen und ihren Patienten möglich und vor allem für alle Raucher ganz leicht.

Alles, was man tun muss, ist offen zu sein und den Anweisungen der Seminarleitung folgen. Alle die das tun, werden auch das Seminar als glückliche Nichtraucher verlassen. Allen Carr,s Methode zur Raucherentwöhnung ist das völlige Gegenstück zu üblichen Methoden, die wir die Willenskraft-Methode nennen. Bei dieser Willenskraft-Methode macht man sich all die schrecklichen Nachteile des Rauchens bewußt (Krebs, Geldverschwendung usw.) und sagt sich „Wenn ich es nur lange genug ohne Zigarette aushalte, dann geht auch das Verlangen danach weg und ich bin frei. Ich weiß, dass das logisch klingt, aber Sie werden bald feststellen, dass alles was beim Rauchen logisch zu sein scheint, genau umgekehrt funktioniert. Logisch betrachtet sollten wir aufgrund der Angst vor Krebs aufhören zu rauchen. Aber die Gesundheitsrisiken haben genau den gegenteiligen Effekt. Sie bewirken zwar, dass Sie aufhören wollen, aber Sie helfen Ihnen nicht dabei. Genau wie bei einer Diät. Wenn Sie eine Diät machen, wird das Essen dadurch nicht weniger wertvoll, ganz im Gegenteil, wir knien doch vor dem Kühlschrank und beten plötzlich diesen Kasten an. Und eine der Situationen, in denen wir nach einer Zigarette greifen, ist, wenn wir nervös sind. Doch wenn ich zu einem Raucher sage: „Du, dass Zeug bringt dich um", was braucht der Raucher auf diesen Schreck? Eine Zigarette! Tatsache ist, dass die Warnung des Gesundheitsministers auf den Zigarettenschachteln noch dazu dient, die Raucher bei der Stange zu halten. Jedesmal, wenn ein Raucher diese Warnung versehentlich lesen sollte, kommt plötzlich Angst in ihm hoch und er fühlt sich schlecht. Und was braucht ein Raucher wenn es ihm schlecht geht? Eine Zigarette!

Was wir im Seminar tun werden, ist, alle starken Gründe, warum wir nicht rauchen sollten, ignorieren und uns zuerst einmal die andere Seite anschauen. Was ist eigentlich so toll daran, ein Raucher zu sein? Warum rauchen Sie? Schauen Sie:

- Trotz der massiven Gehirnwäsche habe ich keine Zigaretten gebraucht, bevor ich mit dem Rauchen angefangen habe, ich war absolut glücklich, ich musste sogar hart arbeiten, bis die ersten mir geschmeckt haben.
- Nichtraucher vermissen gar nichts, sie scheinen ohne Zigaretten absolut glücklich zu sein. (Völlig unverständlich für die meisten Raucher.)
- Millionen von Raucher haben bereits aufgehört. Sie scheinen damit auch glücklich zu sein.
- Auch die soziale Komponente ist weg, heutzutage ist man nicht mehr der coole Typ oder die geheimnisvolle Frau, wenn man raucht.

Warum glaube ich also, dass ich mir diese Dinger den Rest meines Lebens in den Mund stecken und sie auch noch anzünden muss? Die wundervolle Wahrheit ist, Sie müssen nicht. Der Punkt ist nicht, ob das Rauchen aufhören schwer ist. Sie hören nach jeder Zigarette die Sie ausdrücken mit dem Rauchen auf. Der Punkt ist warum Sie sich jeden Tag 10-20-30-40-50-60 mal eine in den Mund stecken und diese auch noch anzünden. Denn wenn Sie sich keine mehr anzünden ist es vorbei. Es ist nicht der Genuß der Sie beim Rauchen hält – es ist die Angst. Denn denken Sie über das Weiterrauchen nach und über die eventuellen Folgen dann bekommen Sie Angst. (Dreckig, Eklig, Stinkt, Krebs, usw.) Denken Sie aber andererseits über das Rauchen aufhören nach wird Ihnen auch gang mulmig. Ohne mein Genuß, ohne meine Stütze, ohne meinen Freund. Das ist das Tauziehen im Kopf eines Raucher. Was der Raucher nicht erkennt ist, dass beide Ängste erst von der Zigarette erzeugt werden. Raucher glauben, das Problem beim Aufhören sind die schrecklichen Entzugserscheinungen. Nikotin ist eine der stärksten Drogen, die die Menschheit kennt, was die Geschwindigkeit betrifft, mit der sie süchtig macht. Ein einziger Zug reicht nämlich um den Suchteffekt auszulösen. Sie sind aber niemals total süchtig nach der Droge selbst. Nur 3 Wochen nach dem Aufhören hat 99% des Nikotins Ihren Körper verlassen und rein technisch gesehen, sind Sie kein Drogenabhängiger mehr. Aber das ist nicht das eigentliche Problem. Das wahrnehmbare körperliche Verlangen ist tatsächlich schon nach wenigen Tagen vorbei. Das spürbare körperliche Verlangen ist so geringfügig, dass die meisten Raucher nicht einmal merken, dass es sich um eine Drogensucht handelt. Die meisten Raucher schlafen nachts 8 Stunden durch ohne den Entzug zu spüren. Wir benutzen den Begriff „nikotinsüchtig“ ähnlich dem Begriff „Golf- oder Tennis- süchtig“, als ob es nur eine Angewohnheit wäre, in die wir halt ‚rein gerutscht sind. Und die meisten Raucher glauben, dass sie entweder aus Gewohnheit rauchen, oder wegen der Stütze oder wegen dem Genuß. Die tatsächlichen Entzugserscheinungen vom Nikotin sind weniger schlimm als eine leichte Erkältung. Und würden Sie das gleiche Gefühl durch eine Erkältung haben, würden Sie nicht einmal aufhören zu arbeiten. Wußten Sie schon, dass Spielsüchtige die gleichen Entzugssymptome bekommen. Also kann es gar nicht vom Nikotinentzug sein. Auch Prüfungsangst führt zu diesen Symptomen, wie Schlafstörungen, Schweißausbrüche, Schwindel, Zittern, Magenkrämpfe, Blackouts ...)

Das körperliche Verlangen ist also nicht das Problem. Das wirkliche Trauma besteht aus zwei Aspekten:

a) Obwohl wir wissen, dass wir als Nichtraucher besser dran sind, glauben wir aber trotzdem etwas opfern zu müssen.
b) Die meiste Zeit rauchen wir ganz automatisch bzw. wir ersticken uns, und wünschen uns, dass wir nicht rauchen würden. Auf der anderen Seite haben wir dann endlich damit aufgehört, dann denken wir uns die ganze Zeit „Mensch, ich würde gerne eine rauchen“. Das ist ein Widerspruch. Der Zweifel.

Die Methode funktioniert genau andersherum. Anstatt aufzuhören und sich durch eine Durststrecke zu quälen und dabei zu hoffen, die richtige Einstellung zu bekommen, werden wir zuerst das Verlangen, die Gehirnwäsche und all die

Einwände loswerden. Wenn Sie nach dem Seminar gehen, dann sind Sie bereits ein Nichtraucher, sie wollen einer sein und genießen es, einer zu sein.

Nun, ich rede auch über Lungenkrebs und das Geld, das Sie verschwenden. Damit will ich Ihnen aber keine Angst machen, denn wenn Sie das dazu bringen würde, aufzuhören, dann hätten Sie bereits aufgehört. Sie müssen aber die ganze psychologische Seite der Falle, in der Sie sich befinden, verstehen. Der Mechanismus heute ist der gleiche, der er schon immer war. Der einzige Weg, wie jeder von uns hineingerät, ist, dass all die anderen Raucher es tun. Da geht ein Kind mit 14 Jahren zum Raucher und sagt: „Du Raucher, warum rauchst du?“ Und der Raucher sagt: „Ja, weil ich es genieße.“ Dann sagt der Jugendliche: „Dann gib mir auch eine.“ Darauf der Raucher: „Nein, lass die Finger von dem Zeug.“ Und insgeheim wünscht sich der Raucher das er niemals damit angefangen hätte. Sehen Sie den Widerspruch. Ich genieße es - lass aber Du die Finger davon - hätte ich doch niemals damit angefangen. Was die Falle zuschnappen läßt, ist, dass die Zigaretten schrecklich schmecken. Gerade Jugendliche haben die Illusion, dass die Erwachsenen rauchen, weil sie den Geschmack und den Geruch des Tabaks genießen. In Wirklichkeit passiert das aber nie. Nicht einmal bei den sogenannten ganz besonderen Zigaretten, wie z.B. nach dem Essen. Fragen Sie z.B. einen Raucher „Wenn du deine Zigarettenmarke nicht bekommst und nur eine Marke bekommst, die du schrecklich findest, hörst du dann mit dem Rauchen auf?“ Keine Chance! Raucher würden auch Blumentopferde rauchen, wenn sie es müssten. Auch Marlboro-Raucher würden Mild Sorte rauchen, wenn nichts anderes da wäre und umgekehrt. Wir arbeiten so hart daran, süchtig zu werden, und verbringen dann den Rest unseres Lebens damit, unendlich viel dafür zu zahlen und uns zu fragen warum wir es tun, und ab und an versuchen wir, davon loszukommen. Dass das Rauchen nichts weiter als eine Art Sklaverei ist, scheint uns niemals in den Sinn gekommen zu sein. Ein Leben lang werden wir von der restlichen Bevölkerung verachtet, ja Sie schaut sogar auf uns herab. Aber das Schlimmste am Rauchen ist, dass ein ansonsten attraktiver, intelligenter und gesunder Mensch sich ein Leben lang selbst verachtet. Wenn wir glauben, dass das Rauchen uns Genuß, Stützte und Entspannung bringt, dann haben wir uns schwer getäuscht. Genau das Gegenteil passiert. Als körperlich und geistig gesunde junge Menschen begannen wir und im Laufe unseres Lebens zahlen wir viel zu viel und machen uns selbst zu körperlichen und geistigen Wracks. Sie werden sagen: „Alles schön und gut. Das wissen wir alles. Aber wenn man erst mal süchtig ist, dann ist es fast unmöglich, wieder aufzuhören.“ Das ist es aber nicht. Es ist lächerlich einfach, damit aufzuhören. Nur die Raucher machen es schwer, in dem Sie einer Sache nachtrauern, die gar nicht existiert.

Die Raucher empfinden das Rauchen als eine Art Tauziehen. Auf der einen Seite bringt es mich um, kostet mich ein Vermögen usw., auf der anderen Seite ist es mein Vergnügen, mein Genuß, meine Stütze. Aber auch bei der Stütze oder beim Genuß ist es so, als ob wir uns mit einem Hammer absichtlich auf den Daumen hauen, oder eben zu enge Schuhe anziehen würden, nur damit es schön ist, wenn beim Ausziehen der Schmerz nachläßt. Das ganze Rauchen ist in Wirklichkeit nur so, als ob wir uns extra zu enge Schuhe anziehen, nur damit wir uns freuen können, dass der Schmerz so schön nachläßt, wenn wir Sie wieder ausziehen. Subjektiv betrachtet fühlen Sie sich zwar besser beim Rauchen aber objektiv betrachtet geht es Ihnen immer nur ein bisschen weniger schlecht. Wer von Ihnen würde sich absichtlich zu enge Schuhe anziehen nur um dieses tolle Gefühl zu erleben wenn beim Ausziehen der Schmerz nachläßt. Genau so funktioniert Rauchen.

Die Herz- und Kreislauferkrankungen nehmen immer stärker zu und das Rauchen ist einer der schwerwiegendsten Risikofaktoren, die diese Krankheiten begünstigen. Besonders die Pflegepersonen können auf Ihren Abteilungen oder im extramuralen Bereich, durch Beratung Ihrer Patienten, einen wesentlichen Beitrag zur Reduzierung der Risikofaktoren und für ein gesünderes Leben leisten.

Autoren

Abasinejad Ilona

DGKS, Akademische Leiterin des Pflegedienstes
Zentraler Ambulanzbereich, Allgemeines Krankenhaus
Universitätskliniken, Wien

Allmer Gertrude

DGKS, Mag. Dr. iur., gerichtlich beeidigte Sachverständige für Krankenpflege, Bgld. KRAGES, Stabstelle: Pflegemanagement, Pflegepädagogik
Lehrerin für Gesundheits- und Krankenpflege
Gesundheits- und Krankenpflegeschule, Oberwart

Aslim Erdal

Dr. med., Universitätsklinik für Chirurgie,
Allgemeines Krankenhaus, Universitätskliniken, Wien

Danzinger Anna

DGKS, Lehrerin für Gesundheits- und Krankenpflege,
Sonderausbildung für lehrende Pflegepersonen,
Direktorin der Schule für allgemeine Gesundheits- und Krankenpflege am AKH Wien

Eberlein Thomas

OA Dr. med.
Chemnitz, Deutschland

Fahey Victora

RN, MS, CVN, Department of Vascular Surgery
Northwestern Memorial Hospital, Chicago, IL, USA

Fastenbauer Doris

Psychotherapeutin, Vorsitzende der Arbeitsgruppe für Gerontopsychotherapie im Österreichischen Bundesverband, Betreuung und Unterstützung von Pflegepersonal und Angehörigen, Gerontopsychotherapie, Wien

Fortner Norbert

DGKP, Stationspfleger und Mentor der Klin. Abt. für Gefäßchirurgie, Allgemeines Krankenhaus, Universitätskliniken, Wien
Sonderausbildung für leitende Krankenpflegepersonen,
Präsident der „Österreichischen Gesellschaft für vaskuläre Pflege"

Hölzenbein Thomas

Univ. Prof. Dr. med., Universitätsklinik für Chirurgie, Allgemeines Krankenhaus, Universitätskliniken, Wien
Wissenschaftlicher Beirat der „Österreichischen Gesellschaft für vaskuläre Pflege"

Kabagaya-Fröhlich Eva

DGKS, Akademische Lehrerin für Gesundheits- und Krankenpflege
Direktion des Pflegedienstes, Referat für Innerbetriebliche Fortbildung
Allgemeines Krankenhaus, Universitätskliniken, Wien

Kammerlander Gerhard

DGKP, Freier klinisch dermatologischer- und Wundmanagement Pflegefachberater, Kammerlander Consulting, Embrach, Schweiz
Ehrenmitglied der „Österreichischen Gesellschaft für vaskuläre Pflege"

Kellermann, Erich

Technische Ausbildung, Ausbildung zum Allen Carrs Easyway Trainer, Mitglied in der „Association of Allen Carr Therapists International", Spielberg

Kozon Vlastimil

DGKP, Mag. phil., Dr. phil., Studium der Pflegewissenschaften und Erziehungswissenschaften, Pflegeforscher und Lehrer für Gesundheits- und Krankenpflege, Allgemeines Krankenhaus, Universitätskliniken, Wien, Vizepräsident der „Österreichischen Gesellschaft für vaskuläre Pflege"

Müllebner Gabriele

DGKS, akademische Krankenhausmanagerin
des. Pflegedirektorin des Geriatriezentrums Floridsdorf
Sonderausbildng für lehrende Krankenpflegepersonen,
Universitätslehrgang für Krankenhausmanagement
Wiener Krankenanstaltenverbund, Wien

Panfil Eva-Maria

DGKS, M.A., Studium der Soziologie, Betriebswirtschaftslehre
und Erziehungswissenschaften, wissenschaftliche Mitarbeiterin
Institut für Pflegewissenschaft der Universität Witten/Herdecke
Deutschland

Pelzer Ulrich

Dr. rer. nat., Dipl. Chemiker, Umweltschutzbeauftragter
Leiter des Departments Umweltschutz bei Baxter Deutschland GmbH
Unterschleißheim, Deutschland

Plefka Ernst

Mag. rer. nat., Dr. rer. nat., Studium der Biologie
Manager bei Baxter GmbH, Kommunikations- und Wirtschaftstrainer
Ausbildung als Wissens- und Changemanager, Wien

Prager Manfred

OA Dr. med., Universitätsklinik für Chirurgie,
Allgemeines Krankenhaus, Universitätskliniken, Wien

Sator-Katzenschlager Sabine M.

OA Dr. med., Universitätsklinik für Anästhesiologie und Intensivmedizin, Allgemeines Krankenhaus, Universitätskliniken, Wien

Schiesser Andreas W.

DGKP, Mag. rer. nat., Dr. phil., Studium der Philosophie und Psychologie, Gesprächstherapeut, Univ. Ass. Prof. an der Universität des Fürstentums Liechtenstein, Abteilung für Experimentelle und Klinische Psychologie, Vorstand des Institutes für Biofeedbackforschung im Fürstentums Liechtenstein

Schütt Doris

DGKS, Herzchirurgie
Allgemein öffentliches Krankenhaus, St. Pölten

Tuma Elisabeth

DGKS, akademische Krankenhausmanagerin
des. Pflegedirektorin des Geriatriezentrums Favoriten
Sonderausbildng für leitende Krankenpflegepersonen
Sonderausbildung für Altenpflege und Pflege chronisch Kranken
Universitätslehrgang für Krankenhausmanagement
Wiener Krankenanstaltenverbund, Wien

Vaculik Christian

DGKP, Sonderausbildung für Intensivpflege
Universitätsklinik für Chirurgie, Allgemeines Krankenhaus
Universitätskliniken, Wien

Vodrazka Martin

OA Dr. med., Herzchirurgie
Allgemein öffentliches Krankenhaus, St. Pölten

Walter Ilsemarie

DGKS, Mag. phil. Dr. phil., Studium der Psychologie, Soziologie und Übersetzungswissenschaften, wissenschaftliche Mitarbeiterin
Institut für Pflege- und Gesundheitssystemforschung der Johannes Krepler Universität Linz, Abteilung für Pflegeforschung, Wien
Ehrenmitglied der „Österreichischen Gesellschaft für vaskuläre Pflege"

Weidenauer Christine

DGKS, Lehrerin für Gesundheits- und Krankenpflege
Sonderausbildung für lehrende Pflegepersonen
Leitung Aus-, Fort- und Weiterbildung, Wiener Hilfswerk, Wien

Weidner Frank

DGKP, Dr. phil., Studium der Gesundheitswissenschaften, Berufspädagogik und Germanistik, Professor für Pflegewissenschaft an der Katholischen Fachhochschule Nordrhein-Westfalen, Köln
Direktor des Deutschen Instituts für angewandte Pflegeforschung e.V. Köln, Deutschland